なぜ、賢い人が集まると愚かな組織ができるのか

組織の知性を高める7つの条件

THE POWER OF MINDS AT WORK
ORGANIZATIONAL INTELLIGENCE IN ACTION

KARL ALBRECHT
カール・アルブレヒト著
有賀裕子＋秋葉洋子 訳

ダイヤモンド社

THE POWER OF MINDS AT WORK

by

KARL ALBRECHT

Original English language edition published by AMACOM, a division of the American Management Association, International, New York.
Japanese translation rights arranged with AMACOM, a division of the American Management Association, International, New York.

はじめに

火星探査機〈マーズ・クライメート・オービター〉は、赤く輝く星を目指して時速一万七〇〇〇マイルで飛行を続けていた。NASA（アメリカ航空宇宙局）が総額一億二五〇〇万ドルを投じて生み出した科学技術の粋である。すべてが計画どおりに見えた。時に一九九九年九月三〇日早朝。カリフォルニア工科大学ジェット推進研究所（JPL）の精鋭チーム、そして世界各地の関係者が息を凝らしていた。宇宙船から、無事に火星周回軌道に乗ったことを告げる信号が送られてくるはずだった。誰もが待った。待ち続けた……。

突然、送信機からの信号が弱まり、消えていった。宇宙船との交信が途絶えたのである。

専門家たちは衝撃に揺れながらも、夜に日を継いでひたすら原因を追い求め、懸命に交信再開を試みた。実験と分析を慎重に重ねた末に辿り着いたのは、不本意な結論だった。火星から一五〇キロメートルの地点で静止するはずだった宇宙船が、おそらく六〇キロ圏内まで接近したのだという。これでは近すぎるため、宇宙船は火星大気との摩擦によって跡形もなく燃え尽きたと思われる。

JPLの上層部とNASAの最高幹部は危機管理態勢に入った。詳しい調査の結果、打ち上げ用ナビゲーション・ソフトウェアの開発は縦割りで進められ、誰ひとりとしてミッションの全貌をとらえていなかったと判明した。信じがたいことに、あるチームはメートル法に従って「キロメートル」「キログラム」を、別のチームは「マイル」「ポンド」を用いる、といった有り様だったのだ。一キロメートルは一マイルの一〇分の六で、一キログラムは一ポンドのおよそ二・二倍……ということは……。

原因究明委員会のディレクターはこう述べている。「われわれが調査したところ、他にも重大な問題が複数見つかりました。それらによってミスが起き、修正されないまま増殖していったのです。そして、火星までの進路に大きな狂いが生じたと思われます」。この言葉の裏には、組織の愚かしさがいくつも隠されている。宇宙船を闇のかなたに葬り去った愚かしさが。

世界に冠たる頭脳集団（これは掛け値なしの事実である）が、あきれるほど愚かしい失敗をする。こうしたことがなぜ起きるのだろうか？　関係者に批判の矛先を向ける前に、あるいは彼らの能力を疑う前に、思い出しておきたい。産業界では、宇宙船を塵にするのに似たことは国を問わず日常茶飯事なのだ。世界のニュースとして取り上げられるほど大それた失敗は、稀に違いない。数億ドル規模の損失が生じるケースもおそらく多くはないだろう。だが率直に述べて、精鋭の集まりが愚かな失敗をする事例は、ビジネスの世界ではここかしこで後を絶たないのだ。

実務レベルでも、組織でたとえ短い期間でも働いた人なら誰もが、毎日のように見聞きしているように、組織では成員の知性や才能が活かされにくい。意欲あふれる人々の素晴らしい志がくじかれかねない。意図したわけではないにもかかわらず、良識ある人々がいさかいを起こしかねない。

組織が病んでいると知りながら目を逸らす、仕方がないと開き直る、対処をせずに逃げ回る、といった姿勢は今こそ返上すべきではないだろうか。

私は以下のような目的から、本書を書こうと思い立った。

目的1

組織で働く人々の満たされない思いを代弁する——どうしようもなく融通の利かない組織に毎日のように熱意をくじかれ、消耗させられている無数の人々の思いを。

目的2

組織で働く人々、そのマネジメントにあたる人々に、変革への斬新なアイデアを提供する。

目的3

できるかぎり多くのCEO（最高経営責任者）や経営陣に、リーダーとして日々襟を正してもらう。それとともに、「その時々の状況に対処できる聡明な企業を創り上げよう」との使命感を持ち続けてもらう。

目的4

私自身、胸のつかえを下ろしたい。社会に出てから二五年、角が立つのを避けて自分の思いを胸の内にとどめてきたが、それをこれから明かすのだ。私の心には、かのピーター・ドラッカーが何年か前に述べた言葉が刻み込まれている。「『わかってほしい』などと期待しながら、婉曲なもの言いをするのは無駄だろう。奥歯に物の挟まったような言い方をしたのでは、誰も耳を傾けてなどくれない」。私も年齢とキャリアを積み重ね、奥ゆかしさを装おうとの気持ちは薄れてきた。このあたりで、自分の経験をもとに率直に考えを述べてもよいだろう。

この本は、読み手にショックを与えるに違いない。ここでは何かが狂った組織、どこかに綻びが生じた組織を紹介していく。痛いところを突かれたと感じる向きもあるだろうが、そのような人々に遠慮するつもりは少しもない。場合によっては固有名詞を出すべきだとも考えている。少なくとも、衝撃を与えて揺り起こす価値のありそうな企業については。

とはいえぜひ述べておきたいのだが、私が主に関心を寄せているのは組織の愚かしさではなく、むしろ組織の聡明さ（知能）である。組織の知性とは何か、どのようにすればその存在に気づき、守り育て、花開かせることができるのか、といった点なのだ。たしかに組織では、愚かしさに比べて聡明さに接する機会は少ない。しかし重要なのは、多くの人が集まればより大きな聡明さを手にできる、実際にそのような事例がある、という事実なのだ。

企業のマネジメントに関しては、識者による体験、事例、著作、講演集など、知恵の宝庫が用意されている。組織の知性とは何か、その本質を十分に解き明かせるに違いない。どのような条件を整えれば、聡明な組織を作れるのかも、見きわめられるはずである。

これは差し迫った課題だろう。二〇世紀の企業業績を振り返ってみると、フォーチュン五〇〇社の寿命は平均で四〇年から五〇年だ。法人全体にまで対象を広げると、実に一五年に満たないと推定される。何とか平均寿命を超えたとしても、永遠の命が約束されるわけではない。一〇〇年、二〇〇年、三〇〇〇年、あるいはそれ以上生き永らえてきた企業もあるが、それらを見ても、長寿は可能だが保証されてはいない、ということがわかるだけだ。古くからの利益信仰では、ＲＯＣ（資本収益率）という言葉が呪文のように唱えられている。これは短期の生き残りには役立つかもしれないが、長年にわたって健全に生き続けるうえではさほど大きな意味を持たないだろう。

先ごろ明らかになったように、時の試練に耐えていつまでも繁栄する企業は、表面的な利益だけを追い求めるのではない。メンバーとその振る舞いが文化を織り成しながら、生き物のように生命を持ち、成長し、進化しているのだ。煎じ詰めれば、知性をきらめかせているのである。

サンディエゴにて
カール・アルブレヒト
KarlAlbrecht.com

なぜ、賢い人が集まると
愚かな組織ができるのか

❖目次❖

第3章 OI：組織の知性 43

第4章 わかりやすいビジョン 73

第5章 全員を結ぶ一体感

第6章 変わろうとする意志

第7章 仕事への情熱

157

第8章 足並みの揃った組織

175

第9章　知識を広め、活かす

第12章 企業に心理療法をほどこす

第1章

アルブレヒトの法則

人類が知性を伸ばすのが先か、文明が滅びるのが先か。この競争は深刻さの度を深めている。

H・G・ウェルズ

プロフェッショナルとして仕事を始めておよそ二五年。この期間のほとんどを私は、狂ったような組織の実態を間近で眺めながら過ごしてきた。混乱、フラストレーション、怒りなどに接し、希望を失った人々を励ましてきた。情熱と志にあふれ、知性にも恵まれた人々が、硬直し切った組織と何年も戦い続けた末に、やがて燃え尽きて不信を募らせていく様を、どれだけ見てきたことだろうか。組織コンサルタントという職業柄、実に多彩な企業の実に幅広い失敗事例にも接してきたが、多くの企業は内側から崩れ去っている。強大なライバルと四つに組んで戦い、その結果敗れたという事例はむしろ少数なのだ。

三人寄れば文殊の……?

コンサルタントとして七年。それ以前にアメリカ陸軍情報部員として二年、連邦政府で民間プログラムの管理を二年、航空宇宙関連企業のテクニカル・マーケティング・マネジャーとして五年。これらの実務経験をもとに私は、あえて「アルブレヒトの法則」を提案せずにはいられなかった。注1

聡明な人々が集まると、得てして愚かな組織ができあがる。

決して耳に心地よい表現でないというのは、十分に承知している。それどころか、尊大だとすら受け取られるかもしれない。だが、これまで二五年の経験から私は、こう主張せずにはいられないのだ。

多くの人々が集まると力を発揮できなくなるというのは、事業活動に付きものでも、避けられないことでもない。聡明であるはずの人材が、みずからこのような失態を招いているのだから。リーダーたちも、これを見過ごしたり、受け入れたりしているのだから。

最近では各企業とも、かつて経験したことのない難問と戦っている。かつてない手段を用いて、複雑さと不透明さを増すばかりのグローバル市場で競争力を保とうと努力している。とりわけアメリカ企業は、コストを削減し、柱となるビジネスモデルを根本から見直し、事業の再構築（リストラクチャリング）を進め、付加価値を生み出すプロセスを全面的に改め、成果につながらない経営資源を手放してきた。前例のないほど大量の人員削減を行う企業も珍しくない。

だが、業績を高める最大の好機は、実は私たちのすぐ目の前にある。資産の合理化、コストの削減などが実を結んだとして、その後はどうすればよいのだろうか？　事業からより高い効率、生産性、収益性を引き出し続ける手段は、どこにあるのだろうか？　その答えは「組織の知性を高める」に違いない。全員の知性をかぎりなく引き出していくのだ。

主なビジネス雑誌、経営書や経営コンファレンスなどで何度となく繰り返されているように、西欧、なかんずくアメリカの経営観はここ数年来着実に、人間的な温もりを失いつつある。それがきわまると、人材を他の資産とひとくくりに考えるようになる。なるほど各社の年次報告書には、依然として決まり文句が書き連ねられている。「人こそ当社の最も重要な資産です」「他社を寄せつけない秀逸な人材で勝負します」「お客さま対応を担うひとりひとりのスタッフが、わが社の顔です」。続いて、顧客についてもおおよそ同じ表現が並べられる。「お客さまあっての当社です」「お客さまのお役に立つのがわが社の使命です」。これらを文字どおりに実践している企業もゼロではないかもしれない。しかし多くの企業にとっては、いや、最近では大多数の企業にとっては、これらはたんなる謳い文句にすぎない。企業経営から人間味が失われつつあると見抜いていそうな人々をうまく言いくるめようとして、中身の伴わない決まり文句、体のよいスローガンを示しているのだ。

コンピュータとソフトウェアに何もかもを任せられる方法でも見つからないかぎり、企業には組織、制度、業務プロセスなどが欠かせない。そのどれもが、効率の悪さ、無駄、きしみなどと分ちがたく結び付いている。無人で事業を進める方法を考えでもしないかぎり、企業の業績は人間の頭脳の働き、士気、献身などに大きく左右され続けるだろう。さらに言えば、人々の知力を結集し、活かし、より強める方法を身につけないかぎり、私たちにはほとんど手立てがない。組織を改編する、あるいは資産の配分を変えてわずかでも利益をひねり出す、といった方法に頼るしかないのだ。

組織が同じ失敗を何度も重ねるのは防げないものだろうか。組織に集まる知識、ノウハウ、知恵をうまく活かせないものだろうか。私たちは皆、折に触れてこのように思いを巡らせてはいるが、それにもかかわらず組織では依然として、集団ならではの愚かしさが毎日のように発揮されている。

【事例】「制御できない」制御棒

原子力発電会社の技術者が、アメリカ南西部の砂漠で新型原子炉の組立てに取りかかった。だが、核反応を調整する黒鉛製の制御棒が太すぎて、核燃料ブロックの管に差し込めない。自動車にタイヤを取り付けようとしたところ、サイズが違って埒があかないのと同じで、実に初歩的なミスといえる。原因を探ったところ、核燃料システムを設計した部門が、エンジニアリング上の理由から制御棒を差し込む管のサイズを変えたのだという。

だがこの部門の人々は、制御棒の設計部門に変更内容を伝えるべきだとは、露ほども思わなかった。開いた口がふさがらないとはこのことだろう。というのもこの二つの部門は、一〇ヶ月ものあいだ一〇メートルと離れていない場所で仕事をしていたのだ。それぞれの仕事を。

この本は、集団の愚かしさを取り上げようとしているのではなく、集団の知性に光を当てようとしている。組織の知性はたしかに存在する。私自身がこの目で見てきたのだから。ただし、組織の知性よりも愚かしさの方を多く目にしてきたのもまた事実である。愚かしさのきわみと呼べそうな事例にすら接してきた。だがそれらが示しているのは、組織の知性を伸ばし、高い水準に保つのが

難しいということだけだろう。不可能だと決まったわけではないのだ。

「エントロピー」——決して取り戻せないエネルギー

正常な組織であっても変調をきたすことが少なくないが、それらはすべて、物理学の言葉を借りるなら「エントロピー」が増大している状態だといえるだろう。熱力学でエントロピーというと、外部とエネルギーや物質の出入りがない状態（孤立系）での乱雑さの度合いを指していて、「成果につながらないエネルギー」とも定義できる。

部門間の対立、誤った判断、不満を抱く従業員、器量の足りないリーダー、歯車が狂った組織、現実におよそそぐわない制度、時代遅れの戦略、不安に覆われた企業文化……。これらはすべて、企業のエントロピーを増大させる。言い換えれば秩序を乱すのだ。組織が複雑な人間関係のうえに成り立っている以上、企業の潜在力を正しく見きわめるのはあまりに難しい。現在の知的水準ですら、客観的には測れないだろう。ここでは「エントロピー」を、いや知性を、広い意味に用いることにする。比喩的に用いると言ってもよいかもしれない。

かりにエントロピーを正確に測定できないとしても、この概念を用いれば、人間組織がどれだけ向上への可能性を秘めているかというテーマにうまくスポットライトを当てられる。輝かしい成果を上げた組織も含めて、すべての組織で働く人々がほぼ一様に、「本来は、これほど愚かな組織ではないはずだが」といぶかしく感じていることだろう。少しでも注意を払えば、誤った行い、誤った働き、誤った組織によって、企業が何かを失っていることに気づくはずだ。集団の愚かしさとそれが生み出すエントロピーのせいで、ヒト、モノ、カネが十分に生かされていないのである。

組織のＩＱ――１＋１＋１は３とはかぎらない！

人間の知能指数（ＩＱ）の最高は、私の記憶に間違いがなければ、二〇〇ほどだったと思う。このレベルになると評価そのものが不可能となり、数字では知能の高さを表わせなくなる。では、組織にもＩＱがあるのだろうか？　組織のＩＱは最高でどれくらいか想像できるだろうか？　そもそも、組織のＩＱとは何を指すのだろうか？　集団の知能はどのような形で示されるのだろうか？

かりに、企業あるいは部門が一〇〇人で構成されていて、平均のＩＱが一〇〇前後だとしよう。一〇〇人のＩＱを単純に合計すると一万になる。問題は、このうちどれだけを実際に使っているかだ。ＩＱを活用してもしなくても、組織は事前に対価を支払っている。従業員が出社した時点で、一〇〇ポイントほどのＩＱを購入したか、少なくともそれを利用するオプション（選択権）を手に入れたことになる。終業時にはそのオプションを行使したか、行使せずに期限切れを迎えたかいずれかだ。かけがえのない一日が過ぎてしまえば、期限が切れたオプションは二度と行使できない。

たとえ全員のＩＱを合計すれば組織のＩＱを計算できたとしても、全社としてどれくらいの潜在力があるかを胸を張って示せる企業はごく一握りだろう。大企業では必ず、きわめて高い知性を発揮するグループと、あきれるほどの愚かしさを示すグループとが入り交じっているものだ。

ただし忘れないでいただきたい。集団が愚かな言動を示したとしても、ひとりひとりの成員に能力や知性が欠けているとはかぎらず、聡明な人々が善意で行動しても、互いの足を引っ張ってしまう場合が少なくないのだ。

【事例】制限すれば減る、というわけではない

オハイオ州の大きな病院で、従業員がリネン費の削減に乗り出した。リネン費が高額に上るというのは、どの病院にも共通する悩みで、この病院では物流部門の人々が特別チームを作って解決にあたった。提案されたのは、リネンの支給と使用を厳しく制限するという方法だった。支給場所を集約して、受け取り者にサインを求め、場合によっては使用量にも上限を設けた。するとどうだろう。瞬く間に、リネン費は以前よりもさらに膨れ上がったのだ。というのも、看護師をはじめとした看護スタッフが、「配給物資」であるリネンを余っても返さず、仲間内で融通し合うようになったのだ。実際に使うよりも常にやや多めの量を受け取って、余ればそのまま溜めておき、患者のリネンを切らさないようにしたのである。

そこで特別チームは、看護スタッフを幅広く巻き込んで対処を試みた。リネンの支給量を絞るのではなく、逆に増やすことで看護師らの協力を取り付け、やがて、行き届いた看護を続けながらリネン費を大幅に削減したのである。

多くの人々が集まった結果、全体として愚かな行動を取ってしまうのには、ふたつの道筋がある。①そのような行動パターンを進んで身につけるケースと、②状況によってそうせざるを得なくなるケースである。①は成員が考えることを許されていない、あるいは考えてはいけないと思い込んで

いる、②は規則や制度に縛られるあまり、創造的に、前向きに、あるいは独自に発想するのが不可能になっている場合である。

思慮の足りない組織では、業務プロセスにも不備が生じるものだ。何年も前になるが、リチャード・コーニュエルという経営コンサルタントが、笑い飛ばすにはあまりに深刻だが、真面目に聞くには滑稽すぎるエピソードを披露している。著書『マネジメント過剰から抜け出そう』でコーニュエルは、大多数の事業組織はマネジメント過剰に陥っており、そのほとんどは何の役にも立っていないか、逆に害になっていると指摘した。例えばこんな事例がある。

【事例】彼女に「考えさせない」のは誰なのか？

巨大なプラスチック成形機の前に、若い女性が神妙な面持ちで立っていた。成形機からは、数秒ごとに、ガチャンという音とともに大きなケーキ皿用のカバーらしきものが吐き出されてくる。女性は手袋をした手でそれをつかむと慣れた仕種で回し、周囲にあるうず高い製品の山、彼女の上背よりも高く、今にも崩れ落ちそうな山に積んでいく。

機械のスイッチが切れ、私たちは話を始めた。彼女は、自分の仕事はきわめて単純だと率直に述べた。機械から出てくる成形物を手に取って注意深く眺め、欠陥がなければそのままダンボール箱に詰める。不具合があれば、つまり気泡、ヒビ、突起などが見つかれば、ゴミ箱に投げ入れる。

彼女の心にひっかかりがあるとすれば、マネジャーから渡されたゴミ箱が小さすぎて、とうの昔に不良品があふれ出していることだった。その機械が作るケーキカバーは、もう長いあいだ製品検査に合格していない。しかし彼女は疑問を抱かずに、命じられた作業を淡々とこなすのだった。[注2]

組織にも「心」があるのだろうか?

各人の知性を集めたものが組織の知性だとするなら、組織の「心」はどのような動きをするのだろうか? 組織はどのようにして「考える」のだろう? 実のところ個人と組織とは、驚くほど似通った心の動きを見せる。例えば、人間には意識、無意識ふたつの世界があるとよく言われるが、組織にもこのふたつがあるのだ。

愚かな組織はコミュニケーションが歪んでいる

しばし意識の世界について考えてみよう。私たちは日々、あるいは一瞬一瞬、さまざまな物事を認識するが、これは意識の力による。意識は五感をとおして多くの情報を集め、整理してかみくだき、どのように対応すべきかを判断している。意識の働きの多くは言葉に表わせるため、私たちはそれを心の中の会話のようなものとしてとらえがちだ(本当はそれ以上のものなのだが)。

組織にとって人間の思考プロセスに当たるものが何かといえば、各種のコミュニケーションである。会話、文書による連絡、そして最近では電子的なコミュニケーションが増えている。これらのコミュニケーションをとおして、企業の隅々にまで考え方や情報が行き渡っていくのだ。組織内の人々はありとあらゆる種類のトピック、課題、計画などについて絶えずメッセージを交わしている。このようにアイデアや議論が洪水のように流れ続けているため、少なくとも比喩的な意味では、企業内で意識の世界が形作られているのだ。

心理学者は、相手の話す内容をもとにその心理状態を推し量るという。対象が組織に変わったとしても、内部の人々の話に耳を傾ければ、何か起きているか、行動パターンはどのようなものか、何に最も関心があるか、動機づけの要因は何か、意思決定はどうなされるかをすぐに見抜ける。実際、経験豊富な組織コンサルタントなら、「人々の言葉から、その組織での事業の進め方、リーダーの考え方、問題点などをいとも容易につかみ取れる」と異口同音に述べるはずだ。独特の言いまわし、スラング、話し方、比喩、社内特有の意味合いなどは、その企業ならではの考え方を浮き彫りにするのである。

このような絶え間ない多方向のコミュニケーションに豊かさや深みがあるかどうか、組織の全員がどの程度までそれに関わることが許されているかは、一般に、組織全体がどれだけ効果的に使命を果たせるかを測る尺度だといって差し支えないだろう。社内抗争や非難合戦が繰り広げられ、情報やアイデアの囲い込み、助け合いの拒否などが起きている場合には、ひとりひとりの知性を十分に引き出せず、それがコミュニケーションの歪みとなって表われる。

「組織の文化」は無意識のレベルから生じる

では、無意識という名のもうひとつの心についてはどうだろうか。組織では、無意識の世界はどこにあり、どのように働いているのだろう？　実は、その働きは人間とほとんど変わらないのだ。自分の無意識の世界がどう動いているかを考えてみればよい。意識の世界が、情報の処理や周囲とのコミュニケーションを担っているのに対して、無意識のプロセスはさまざまな反応、解釈、衝動、感情、直感をつかさどり、それらが自分にとって何を意味するかを読み取っている。

意識の世界を騒がす情報はほとんどが言葉だが（心の中の会話である）、無意識の世界からの情報は言葉以外の姿でふつふつと湧き上がってくる。言い換えれば、無意識の世界からの情報をそのまま意識の世界に持ち込むわけにはいかず、意識の世界で通じるように、言葉に置き換えなくてはならないのだ。どこかしら、画像ファイルや音声ファイルを文書ファイルに挿入するのに似ているだろう。意識、無意識ふたつの世界は、それぞれ異なった形を取りながら共存しているのだ。

人の無意識の世界には言葉に表わせない思いが映し出されており、それと同じように、組織の無意識の世界にもその暗黙の思いが映し出されている。それは言葉にされることのない思いと「言葉にすべきではない」思いとから成り立っている。私はこの「言葉にすべきではない」を、組織の皆が知っているが口に出して言えない、という意味で使っている。

意識の世界での会話では往々にして、特別な言葉、話し方、内輪の専門用語などを用いて、言葉に直接は表わされない姿勢、信念、優先順位、感情の襞などを伝えている。婉曲表現が生まれるのはこのためである。言葉にできない無意識の意味合いを、誰もが安心して使える口頭表現に落とし込む必要があるのだ。組織心理学では、「文化」の大部分はこの無意識のレベルから生じており、意識の世界で解き明かせるのはごく一部だという考え方が主流となっている。

【事例】相手が変われば名前も変わる

プロフェッショナルの多くは、顧客と話す時と仲間内で「顧客について」話す時では言葉を使い分けている。株式ブローカーが仲間内で「商品」という場合には、投資信託（ミューチュアル・ファンド）、退職年金、マネー・マネジメント商品などを指している。「上がり」は販売手数料の額である。ところが投資家の前に出ると、「確かなアドバイス」「有益なリサーチ内容」「資産」「お客さまの投資ポートフォリオ」「投資目的」「機会」といった営業用語に切り替えるのだ。

株式ブローカーは、顧客に頻繁な取引を推奨して手数料収入を増やそうとしており、自分たちの営業テクニックを仲間内では「過当取引の勧誘」と呼んでいる。しかし顧客の前では（時には他の営業担当者の前でも）、「積極的にポートフォリオを組み替える」という遠まわしな表現を用いるのだ。

【事例】顧客をどう呼ぶかに、ビジネスの姿勢が表われる

多くの業界や職業では、独特の用語を設けることで、「顧客」という呼び方を避けている。「顧客」という言葉は権威の香りを漂わせ、「決定権を持ち、結果を期待する人」という意味合いもあるため、できれば使いたくないのだ。このため一般に、「(顧客には) こうあってほしい」という願いをさり気なく込めた業界用語を充てている。ケーブルTV会社は加入者。公益企業では公共料金納付者。タクシー運転手は乗客。医者や病院では言うまでもなく患者 (patient) だ――この呼び方には「忍耐強い」という興味深い意味が隠されている。売春婦は客をファーストネームで呼ぶ。ひとりひとりの客を呼び分けると同時に、売春婦の興味関心や役割をよく表わした呼び方だといえるだろう。

では、なぜ組織のある側面については言及を避けた方がよいのだろうか。もし誰かがそれらに関して、思ったことを包み隠さず単刀直入に述べたら、いったいどうなるだろうか? 答えは簡単だ。恐怖が湧き上がってくるのである。禁句を口にした途端、「意識される文化、すなわちコミュニケーションの世界ではコントロールできない感情が押し寄せるのではないか」という恐怖が生じて、心のタガが外れてしまうのだ。

これはまさしく、ジークムント・フロイトが人間について唱えた自我防衛と同じだろう。フロイトによれば厄介な無意識の世界は、意識の世界へ絶えず生々しい感情を送り込み、それを認識・処理させようとしている。しかし、理性が意識世界の力を借りて、心の深層から湧き上がってくる醜い感情を監視しているという。心の中には初めから「ボディガード」がいて、意識世界にとってあまりにも危険だと思われるものは、自我意識に表われないようにする。心理学の用語でいえば「抑制」するのだ。

組織でも、人々が立ち向かいたくない事柄は表面に出ないように抑えられていないだろうか？　多くの組織では、平穏を保つためにさまざまな問題にフタをしている。社内抗争、人種差別、性差別などがその主な事例である。これらが強い感情として意識されると、つまり人々がこうした問題をあからさまに語り始めると、組織は危機を迎える。人間も、自我の一部を抑制したり、避けたりしてきたのに、それに関係した感情に思いがけず目覚めると、精神のバランスが崩れてしまう。前向きな受け止め方をすれば、それまで抑制されてきた問題を意識的に取り上げて解決しようとするのは、人であれ組織であれ、健全な精神の表われといえるかもしれない。

問題、感情、ニーズが抑え切れないほど強くなっているにもかかわらず、組織文化がそれらを抑制しようとすると、どうなるだろうか？　人であれば不安に陥るだろう。抑制されてきた思いや衝動が感情となって噴き出し、不安に形を変えるのは防げない。同じように、それまで考えたり口に出したりするのが憚られていた問題を抑制し切れなくなると、組織は不安に覆われる。組織の中で人に関わる大切な問題が否定あるいは抑制されると、敵意、怒り、対抗心、自己防衛、受動攻撃、破壊、さらにはうつ状態さえも見られるかもしれない。これは決して珍しいことではない。

集団の知性――各人の知性が集まると

集団の愚かしさと正反対の「集団の知能」という概念については、「聖なる戦い」「建設的な批判」と同じように、相反する言葉を合わせてできた、まったく矛盾した表現ではないか、という意見もあるだろう。集団の知性、とりわけ組織の知性（本書では以下「ＯＩ（Organizational Intelligence)」と呼ぶ）について述べるのであれば、これをありのままに定義しておくべきだろう。

ＯＩの水準を測ったり、高めたりするのは、それを定義するよりもはるかに難しい。しかし客観的に見て、ＯＩという概念をマネジメントに効果的に活かせるのは間違いない。

組織の変革を進めようとする経営幹部やマネジャーたちに役立つように、ＯＩを定義するには、いくつかの条件を満たさなくてはならない。少なくとも、以下の条件をすべて満たさなくてはならないだろう。

1　幅広い

企業リーダーが成功のさまざまな側面をすべて同じ枠組みに当てはめて議論、評価できるように、幅広い概念であるべきだ。

2　現実に根差している

組織での日々の仕事や出来事に対応できなくてはならない。理想ばかりを追って、通常とかけ離れた行動を集団に求めたのでは、長い目で見ればおよそ成果を期待できないだろう。

3　方向性を指し示す

定義したとおりのことを実現するための方法、あるいは少なくともそのヒントになるような行動、戦略、慣行などの前例を示す。

4　配慮が行き届いている

どのような組織にも独自の行動パターン、考え方、信念、伝統、タブー、不安などがあるため、それらに配慮しなくてはならない。

5　発展性がある

前進への希望をもたらす。正しい行動を取る聡明で勤勉なリーダーを後押しして、組織の知能指数を高めるのに役立つ。

ＯＩを改めて定義するなら、以下のようになるだろう。

組織全員の知性を結集して使命を達成する力、それがＯＩである。

どのような定義も完璧ではなく、細かい点を突き詰めていけばかぎりがないだろう。だが大切なのは一本一本の木よりも森全体である。誰が見ても公平な定義など決してできないのだから、ＯＩとは何か、その根本的な考え方さえ十分につかんでおけば、ＯＩを高める方法はいくつでも考えつくだろう。

世の中の最も愚かな組織と最も聡明な組織について学べば、愚かさとは何か、そして聡明さとは何かについて、非常に多くを学べるはずだ。愚かさが身についてしまうのと同じように、聡明さも学び取ることができる。次章からは、ＯＩについて考え、議論し、行動を起こせるような枠組み（フレームワーク）を練り上げていきたい。「集団の知性」という単純だがきわめて懐の深いモデルがあれば、企業をより聡明にするための道筋を探り出せるに違いない。

第2章 考えることをやめた人々——なぜ「集団」ゆえに失敗するのか

たとえ頭のいい人でも、異常な行動を長く続けていれば、いずれは自分の墓穴を掘るだろう。

A・J・リーブリング（リーブリングの法則）

フォード・モーター（以下フォード）といえば輝かしい歴史に彩られている。しかし、知る人ぞ知る「フォード車の持ち主は誰もがハッピー」キャンペーンだけは、汚点としていつまでも残り続けるだろう。一九八〇年代の初め、マーケティング部門の上層部は、フォード車の素晴らしさを買い手に伝えようと、しゃれた宣伝用メッセージをひねり出した。巨額の宣伝費を投じて、週末に全米のテレビネットワークで派手なＣＭを怒涛のように流した。アメリカンフットボールの試合中継、晩のニュース番組、娯楽作品の合間などに、「フォード車の持ち主は誰もがハッピー」というメッセージを送り続けたのだ。

ところが不幸《アンハッピー》なことに、この広告キャンペーンの内容を全米で数千にのぼるディーラーに事前に知らせようとは、思いもよらなかった。ＣＭのメッセージは、「もしフォード車に不満があれば、すぐに直します」といった内容であるため、多くの顧客は、車の調子が思わしくなければ、ディーラーのもとへ持ち込めばすべてが解決するだろうと考えた。月曜日の朝には、全米のフォード・ディーラーのもとに不満を抱えた車のオーナーが押し寄せ、テレビCMが約束した「満足」を求めたのだった。寝耳に水のディーラーは無様な対応しかできず、顧客の不満はくすぶり続けた。フォードは市場で大恥をかいたのだ。

企業のDNA――明暗を分ける社内の掟

「フォード車の持ち主は……」のような大失態はなぜ起きるのだろうか。知性、創造性にあふれた優秀な人々が意欲をみなぎらせながら、なぜまるで魔が差したように自分の首を締めるのだろうか。さらには、同じような失敗をなぜ何度も繰り返すのだろうか？

集団ゆえの躓きには、組織ごとにお決まりのパターンがあるようだ。ある中堅出版社のCEO（最高経営責任者）がこうこぼしていた。「まさに猪突猛進だ。目的をよく考えもせずに、誤った方向へひたすら進んでしまい、落とし穴のありかすら見当をつけようとしない」

こうした失敗のメカニズムは組織に根づいた習慣に近く、人々は無意識にそれに従っているようだ。あまりに深く根づき、条件反射のようになっている場合もある。組織文化の遺伝子といってもよいだろう。最近では「企業のDNA」という言葉も耳にするようになってきている。

深く考えずに動くという習性が身についてしまい、その結果、足をすくわれる。その典型が「フォード車の持ち主は誰もがハッピー」キャンペーンで、多くの企業がその轍を踏んでいる。かつて高収益、高成長を謳歌して二〇〇〇もの店舗を展開していたディスカウント・チェーン、Kマートもそのひとつだ。同社では「TYF-SAK《ティフサック》」キャンペーンがいまだに語り草となっている。

TYF-SAKとは、「Kマートでお買い上げいただきありがとうございます」(サンキュー・フォー・ショッピング・アット・Kマート)を略した社内用語である。レジ係は、買い物客ひとりひとりにこう語りかけるのがきまりだった。研修、社内向けポスター、掲示板の注意書き、管理職からの度重なる指導などによって、誰もがこの魔法の言葉を身につけることになっていた。このTYF-SAKマジックにまつわる秘話を、Kマートの元社員が実体験をもとに明かしてくれた。彼は、レジ係になりたての若い女性が、上司に手取り足取り指導を受けながら、顧客に対応する様子を眺めていた。その女性がレジに金額を打ち込み、品物を袋に詰め、代金を受け取りおつりを渡そうとしていると、上司が身を乗り出してきて、「『TYF-SAK』を忘れないで」と耳元でささやいた。一九歳のレジ係はすっかりまごつき、買い物客に向き直ると略語のまま「TYF-SAK」と言った。すると、相手もわけがわからずにオウム返しに「ティフサック」とつぶやいたというのだ。

二度あることは三度ある。三つ目の事例を紹介したい。アメリカの大手食品スーパー、ラッキー・ストアーズは、「フォード車の持ち主は……」と同様のキャンペーンを、やはり最前線で働く人々に十分に知らせないまま展開した。レジの待ち行列を三人以内に抑えようと思いついたのだ。列に四人目が並ぶと、店長はすぐに新しいレジを開け、担当者が足りなければみずからレジを打った。「列は三人まで。それ以上はお待たせしません」。テレビCMはこう高らかに謳い上げながら、店長が手際よく店内を切り盛りする様子を映し出した。ところがどうしたわけか、CM放映が始まってしばらく経ってからも、各店舗にはその内容が伝えられなかった。

ある店舗でレジの待ち行列が長くなり、最初の小さな反乱が起きた。買い物客のひとりが、あたりに聞こえる声で「『列は三人まで』じゃなかったの？」と不平を口にした。それを聞いた別の客が相槌を打ち、またたく間に何十人もが連呼を始めた。「三人まで！」「三人まで！」「三人まで！」。店長を含めて店員のほとんどは、ただ手をこまねくばかりだった。面目を丸つぶれにされた店員からは、本社が始めた軽率なキャンペーンに抗議が殺到した。ラッキー・ストアーズではこの出来事を契機に、マーケティングの発想と施策全般が厳しい見直しを迫られた。

自分たちの流儀に染まり切った組織もあれば、適応力に富んだ組織もある。企業の原動力、すなわちその企業を形作り突き動かす考え方は、不文律や習慣という姿を取る場合もあれば、より奥深い、ほとんど生物学的なレベルにまで達している場合もある。組織の土台をなす考え方は、聡明さあるいは愚かしさ、成功と失敗を分ける原因となる。

次に、「三人まで」キャンペーンを生み出したのとは逆の、よく考えてから新しい施策に踏み出そうとする姿勢を紹介したい。スカンジナビア航空はヨーロッパ各国でホテルチェーンを展開し、出張の多いビジネスパーソンに向けてサービスを提供している。このホテルチェーンで戦略的マーケティングを統括していたクリスチャン・シンディングは、中小規模のコンファレンス受注を増やそうとして提案を出した。

十分な市場調査と顧客インタビューをもとにシンディングは、顧客は物事がスムーズに運ばないのを何より嫌う、との結論を得た。不注意によるちょっとしたミスが積み重なって、出席者の集中力をそぎ会議の成功を妨げるのが、何より恐れられていたのだ。シンディングは、心地よい会議を実現するための「七つの基本サービス」を定め、それを保証することにした。これら基本サービスを提供できなかった場合には、ペナルティとして顧客に料金を払い戻すのだ。

シンディングと部下たちは、この施策をおおやけにするはるか以前に、傘下の各ホテルにじかに足を運んでスタッフ全員に説明し、現場の懸念や万が一の場合の対処案に耳を傾け、支配人にはスタッフたちの準備が整うまで十分な時間を与えた。会議のプランナーに施策を発表した時には、どのホテルも研修、リハーサルといった準備を万端整えていた。営業担当者も、この企画の活かし方を十分に心得ていたため、最初の一二ヶ月間の実績では、返金にいたった事例はごくわずかだった。

幸いなことに、人のDNAと違って、組織のDNAは修正が利く。組織の運命を握る掟は、生まれつき備わっているものではないのだから、放り出してしまえばよいのだ。しかしそのためには、習慣を自覚し、その影響を知り、変わろうと決心しなくてはならない。

組織の変調――その17の症候群

精神科医や心理学者は『精神疾患の診断・統計マニュアル』というハンドブックを携えている。そこには、人間のありとあらゆる適応不全が紹介されている。コンサルティングの世界にも、さほど堅苦しくないにせよ、同じようなマニュアルがある。組織が変調をきたす場合、業界、国、文化にかかわらずその症状は共通している。

集団が理にかなった行動を取っている場合、おおむね一定のパターンに沿っているためわかりやすいのだが、理性を失った場合には多彩な症状を示すため、興味深いとすらいえる。主な症状だけでも実に多岐にわたっている。ここでは組織を襲う変調を、一七の基本パターン（症候群）として分類してみた。症状はひとつとはかぎらない。一度に多数の症状を示すこともあるのだ。それによって生じるエントロピー・コストは莫大で、多大な経営資源が無駄になっている。

症候群1　トップの腰がすわらない

経営陣が目標（ゴール）、戦略、課題などに腰を据えて取り組まないため、実行や解決へのはずみがつかない。実に多いのが、CEO以下の重役がその時々の流行、ライバル企業の動き、市場の風向きなどに流されて、次々と興味の対象を変えてしまう例だ。むやみに手を広げるのも症状の一種で、数多くの施策を推し進め、ヒト、モノ、カネを浪費して、本当は何をしたいのかが見えなくなる。

症候群2　舵が利かない

経営チームに力や分別が足りない、あるいは足並みに乱れがある。これでは、マネジャーたちに進むべき方向を示すことができず、目標達成へ気勢を上げるどころではない。CEOと取締役会のにらみ合いや、経営チームの内輪もめなどがあると、組織の舵取りが疎かになりかねない。従業員たちは、何を重視すればよいのかも、どのような優先順位で仕事を進めればよいのかもわからず、思い思いの方向へと歩み始める。事業部のリーダーたちも、全社的な目標が見えないため、社全体の業績よりも、事業部の重点施策や勢力拡大などを優先させる。

症候群3　そして枯れ木だけが残った

経営危機、ダウンサイジング、レイオフ、経営陣の対立、首切りなどが度重なったため、有能な人材はとうの昔に去っていき、力を出せない人、周囲に合わせられない人だけが残った。このような人々は残った方が得であるため、できる人材よりも長く社にとどまるのだ。組織に能力、意欲、活気が欠けているため、状況が上向き始めてもうまくその波に乗ることはできない。

症候群4　「身分」による隔たり

社会や業界での権威などに応じて、目に見えない身分制が敷かれている。誰もが知ってはいても、口にはまず出せない制度だ。病院では、医師を頂点にして看護師、専門知識を持たないスタッフという順に、序列が徹底している。大学や研究機関でも、やはり立場による違いは鮮明で、通常は終身在職権の有無や専門分野での名声などが物を言う。これらの「カースト制」は組織図には決して表われないが、そこに属する人々の行動に日々、大きな影響を及ぼしている。各グループは見えない壁で仕切られていて、縄張り意識が芽生えるため、何よりも先に自分たちの立場を守ろうとする。組織全体の利益やより弱い立場の人々のことは顧みないのだ。

症候群5　ヒビの入った組織

組織がいくつかの派閥に分かれて、それぞれが異なった提案や考え方を支持し、別々の英雄を守り立てる。トップ同士が対立する場合もあれば、エンジニアリングとマーケティング、看護師と事務方、編集部門と管理部門など、体質そのものに深い溝が見られるケースもあるだろう。激しい緊張関係が会社にプラスに働く例もあれば、事業全体の足を引っ張る例もある。

症候群6　「ひたすらおとなしく」――恐怖とおののき

ＣＥＯが暴君のように振る舞ったり、トップが下々を強く抑えつけようとしたりすると、人々はゴールを目指すのをやめ、ことなかれ主義に陥る。お偉方に逆らったために社を追われた。「リーダーシップや企業倫理が足りない」と指摘したために左遷された。このような事例が二、三もあれば、誰もがすぐに気づく。目立たないように、ひたすらおとなしくしているのが身のためだと。

症候群7　「夢が醒めなければ」――過去の栄光にしがみつく

「主《しゅ》が誰かを破滅させようとするなら、その者を最初の四〇年間、事業繁栄の栄華に酔わせるだろう」。ビジネスモデルが今にも根本から崩れそうだというのに、経営陣が夢から醒めず、結束して再生へと歩み始めることができない。

症候群8　もう何も信じられない

不景気、業績悪化など激しい逆風にさらされているにもかかわらず、経営者が最前線の人々と少しも心を通わそうとしない。従業員たちは「見捨てられた」「耐えられない」と感じて沈み込んでいく。希望もやる気も失っていくのだ。

症候群9　老害――世代交代を拒否したリーダー

健康に自信がある。会社から離れがたい。古い考えに凝り固まっている。このようなＣＥＯが全盛期を過ぎても延々とトップの地位にしがみつき、新しい血、発想、才能を取り入れようとしない。この症状は経営チーム全体に伝染しかねない。なぜなら他のメンバーもＣＥＯと同じように年齢を重ねていて、古びた成功法則に染まり切っているからだ。その法則がアダとなって、今では会社が沈みかけているというのに。

症候群10　ＣＥＯの迷走からすべてが綻んでいく

ＣＥＯの言動が派手だというだけならまだしも、支離滅裂になると、ＣＥＯにひきずられて周囲もおのおののやり方で迷走を始める。組織の下層にいる人々の目には、経営チーム全体が正気を失ってしまったように映る。上の判断や行動にちぐはぐさが目立ち始めるため、従業員は絶えず戸惑い、フラストレーションを募らせていく。

症候群11　つくりの悪い組織

組織のつくりが悪いと、目標が遠のいていき、永遠に達成できない。組織間の壁によって、業務の自然な流れが妨げられている。責任や使命が重なり合っている。重要な業務であるにもかかわらず、分担に偏りやひずみが見られる……。これでは情報や意思が伝わりにくく、足並みを揃えるのが難しい。それどころか、社内で潰し合いまで始まるのだ。

症候群12　危機感ゼロ——親方日の丸

市場で長いあいだ強大な力を振るってきた企業は、どのようないきさつで今の地位を手にしたかにかかわらず、「わが社に敵はない」との錯覚に陥っていく。他社と競争しているという自覚を持てず、ビジネスモデルを新たに作ることも、見直すこともできない。他社が何とか市場に食い込もうと襲ってきても、手をこまねいているだけだ。

症候群13　すべてはCEOの胸の内に

CEOがワンマンタイプで、自分のプランを周囲に伝える必要も義務も感じていないため、社内の誰一人として次の動きがつかめない。ひいてはリーダーから平社員にいたるまで全員が、すべてをCEO任せにして、能力を失っていく。自分から進んで動けるはずの人々が、ただの指示待ち人間へと成り下がっていく。

症候群14　激しい社内競争の行き着く果て

理由が何にせよ、社内での競争を煽りすぎると、大事なホープが息切れして次々と散っていく。自分を捨ててでも競争の先頭に立たなければ。高額の報酬を得なければ——。このような意識が広がると、ひたすらゴールを目指す姿勢は強まるに違いないが、その反面、仲間と手を携えよう、結束しようとの気持ちは薄れ、情も失われてしまう。かりに販売手数料その他、金銭的なメリットが削られれば、妬みや被害者意識だけが膨らんでいき、組織の一体感は少しも育たない。

症候群15　強すぎる縄張り意識

組織の縦割りが強く、それぞれの長が経営トップや影の実力者の歓心を買おうとする。協力や情報交換といった横のつながりを持とうとしない。重要な任務にあたりながらも、他のチームと手を携えることもない。こうして、各組織のまわりは厚い壁で覆われていく。それぞれの長は組織に閉じた課題だけに対処して、全社の利益を犠牲にしてでも自分たちの利益を追い求める。このような状態では縦割りは深まるばかりで、必要なはずの連携が損なわれ、対立が激しくなっていく。

症候群16　男性ホルモン過多

軍隊、警察、農林水産業。これら男性を主体とした組織や産業では、激しい野心や押し出しのよさなどが高く評価され、協調性、創造性、ソフトな社会的価値への感受性などは、はるかに軽く見られている。主要ポストに占める女性の比率が四〇パーセントに満たないと、お偉方や男性の同僚たちが、権限や影響力に乏しく、大きな可能性とは無縁のステレオタイプの役回りを女性に押しつける。このような男女差別が幅を利かせていると、才能が十分に活かされず、イノベーションや創意工夫の芽が摘まれることも少なくない。

症候群17　ぬるま湯漬けで腐っていく

政府・自治体、大学、公共機関のように、存在を脅かされるおそれの非常に小さい組織では、ぬるま湯気分が広がっていく。政府機関では一般に、正しいかどうかよりも、間違っていないということが重んじられる。新しい取組みを退けたり、握り潰したりする権限（つまりは何もしない権限）は多くの人が持っているが、何かを始めたり、推し進めたりする権限を持つ人はほとんどいない。この種の組織ではたいてい、権限、責任がともに、個人ではなく全体に属する。リスクの高い挑戦はできないが、かりにどこかで躓いても、「制度が悪い」と片づければすむのだ。

早く危機に目覚めよう！

アメリカのスミスコロナ（SCM）社は、タイプライターのトップメーカーだったが、一九九五年に会社更生法の適用を申請し、今日まで再生を果たしていない。コンピュータ対応のプリンターが急激に普及するなか、時代遅れになるばかりの製品にしがみつき、深い泥沼へと陥っていったのだ。

経営破綻までの数年間、経営陣の胸の内はどのようなものだったのだろうか。何を考え、何を語り合っていたのだろうか。顧客のニーズやウォンツ（欲求）が激しく変化していることに、気づいていたのだろうか。何らかの手を打とうとしたのだろうか。

スミスコロナの管理職、技術者、マーケティング担当者などが膝を交え、コーヒーを飲みながら事業について話し合っている場面を想像してみたい。誰かがこう口火を切る。「パーソナル・コンピュータ（PC）の人気、それは凄まじいらしい。PCで手紙や図表を作ったら、プリントアウトの必要があるはずだ。どうだろう、わが社のタイプライターをPCに接続できるようにすれば、販売を伸ばせるんじゃないだろうか？」

だが、このような会話はついに交わされなかったようだ。スミスコロナは事業立て直しの足がかりすらつかめなかった。現実にプリンター業界の雄としてのし上がったのは、本来はプリンター事業を築くうえで最適の立場にいたはずのスミスコロナではなく、実験用機器のメーカーとして出発したヒューレット・パッカードだった。

次に、前向きな選択へと踏み出したプロクター・アンド・ギャンブル（P&G）の事例を紹介したい。時は一八七九年。ハーレー・プロクターはいとこのジェームズ・ギャンブルとともに商売を営み、大きな成功を収めていた。主な製品は石けんとロウソクの二種類である。ある日、プロクターがギャンブルにこう話しかけたという。「近ごろ、トーマス・エジソンという名前をしきりに耳にする。何でも電球を発明したとかで、それが飛ぶように売れているらしい。発電所まで建設して、家庭、企業、町全体にまで電力を送ろうとしているようだ。それが実現したら、ロウソク業界はどうなる？」。二人はほどなくロウソク製造をやめ、新製品〈アイボリー〉石けんに経営資源を集中した。こうしてP&Gはそれまで以上の利益を上げるようになった。P&Gの他にもスリーエム（3M）、IBMなどが、何十年にもわたって激動を乗り越え、事業内容と製品ラインの見直しを重ねてきた。その手腕は伝説となっているほどだ。しかし他方では、深刻な経営危機に陥り、消えていった企業も少なくない。

組織は、いやそのリーダーたちは、危機に直面するとなすすべを失う場合がある。不可解このうえない傾向だが、私自身も、その典型的ともいえる事例を目の当たりにしたことがある。錚々《そうそう》たる企業のリーダーたちが、事業の立て直しを迫られているにもかかわらず、少しも腰を上げようとしない。それどころか、激しい感情を剥き出しにして「変革など必要ない」と言い張る。そう、変化に逆らおうとする場合には、真っ先にこの「必要ない」という否定の態度を示すのだ。精神科医のエリザベス・キューブラー・ロスが明らかにしたところでは、死の病に冒された人々は一般に、五つのフェーズを経てやがて死を避けがたいものとして受け入れる。[注1] 瀕死の状態に陥った企業のリーダーもしばしば、これと同じような精神状態を辿るようだ。以下に、その五つのフェーズを示しておきたい。

第一フェーズ　危機から目を逸らす

破滅が迫り、いくつもの兆候が見えているにもかかわらず、できるだけ長く目を逸らしていようとする。市場調査などの結果も信じようとしない。専門家の主張はすべて誤りとして片づける。市場への参入者がいたとしても、しょせんは事業内容や業界事情に詳しいわけではないと見くびる。「お客さまは馴染みの深い商品を好むものだ」「新参者など、市場の片隅で小さくなっているのが関の山だろう」「かりに需要が伸びるとしても、何年もかかるに違いない」「あんなやり方は、この業界では通用しない」。ジョン・ケネス・ガルブレイスが述べているように、「大きな変革に乗り出すか、変革の必要はないと示すか二者択一を迫られたら、たいていの人は懸命に後者に取り組む」のだ。

第二フェーズ　危機は認めながらも、「自分たちは変わらなくてよい」と主張する

危機から目を逸らし続けるのがいよいよ現実的でないとわかると、危機が迫っていることは認めながらも、自社はこれまでどおり何も変える必要がない、と主張する。「すでに対処ずみだ」「競争に打ち勝つための技術はすべて持っている」「当社の製品Xこそ、これからの市場にまさに誂え向きだ」「その分野の企業を買収すればよい」。新しい事業コンセプトを受け入れようとしながらも、これまで何十年と続けてきたやり方は何があっても捨てないというわけだ。

第三フェーズ　〝犯人探し〟を始める

他社が優れた新製品を投入したり、顧客が雪崩を打って新しいソリューションへと乗り換えたりして、ついに自社が痛みに襲われると、今度は怒りにうち震える。落胆に沈む前に苛立ちをぶちまけるのだ。このフェーズでは、それまで大きな脅威が迫っていることを見過ごし、対処は必要ないとしていたのは、大きな過ちだったのではないか、貴重な時間を無駄にしてしまったのではないか、と徐々に目覚める。業界をリードしていた自社が、新興企業に次々と追い抜かれると、〝犯人探し〟が始まりやすい。「誰のせいでこんな状態に陥ったんだ」「マーケティング部門（あるいはエンジニアリング部門、現業部門）の目は節穴か？」。まず経営陣に責任を取らせてから起死回生を図る企業が多いのは、犯人探しのせいかもしれない。新しい血が求められるだけでなく、新しい現実に対処する前の儀式として、古い血を捨てなくてはならないのだろう。

第四フェーズ　新しい現実に対処する

いずれ（早い方が望ましい）、新しい現実、困った現実が人々の心に染み込んでくる。映画『ゴーストバスターズ』で喜劇俳優のビル・マーレイが、仲間とともに悪霊に立ち向かいながら自嘲ぎみにつぶやくように、「とんでもないことになった」のだ。解決策を追い求めて総力が挙げられる。新たな事業展開について語るのが善しとされ、それを拒む人は疎んじられる。経営陣も、エース級の人材と多大な経営資源を投入して事態の打開を図り、社内に盛んに檄を飛ばす。

第五フェーズ　全社が一丸となる

事業環境が以前とは一八〇度変わったため、新しい製品、ソリューション、発想、ビジネスモデルを生み出す必要があるということを、全員が痛感する。組織全体が強い危機感で覆われる。他社にあまりに後れを取っているようであれば、悲壮感すら生まれているかもしれない。危機に早く気づいていれば、ライバル企業に正面から挑めただろうが、今は残念ながら、追い着くことに精力を傾けなくてはならない。皆が事業目的、製品、事業プロセス、市場で果たすべき役割などを、真剣に問い直す。

グループシンク（集団思考）――考えることの放棄

重要な決定を下そうとして一〇人を集めても、ひとりに比べて一〇倍優れた結論を引き出せるとはかぎらない。むしろ、切れる人物がひとりで考えた方が、よほど冴えた結論に辿り着くかもしれないのだ。なぜなら、判断というのは理屈だけをもとに下されるのではない。性格、感情、好き嫌い、利己的な動機、表に出せない事情、対抗心、誤った情報、そして頑なさなどにも影響されるのだ。得てして、我を通そうとする姿勢が幅を利かせるため、理屈に合った意見を述べ、耳を傾けようとの高尚なプロセスは捨て去られる。重要な判断を下すというのは、知的な営みであるだけではない。さまざまな人間関係や思惑が交錯する場合が少なくないのだ。

豊かな能力と経験、強い主張を持った人々から合意を引き出すのは、そのグループ全体にとっても、リーダーや相談役にとっても、必ずしも一筋縄ではいかない。ひとりひとりが違った生い立ち、経歴、信念などを持ち、時には決して譲れないこだわりを抱いている。どのような部門やチームも、使命をまっとうするには、このような人々をうまく束ねなくてはならない。

とはいえ、形だけの合意に達して、かえって複雑な問題を十分に検討できずに終わることもある。あまりにすんなりと合意したのでは、どこまでも平行線を辿るのと同様に、きわめて深刻な事態を生みかねない。

このような事象を「グループシンク（集団思考）」と名づけて丹念に研究したのが、イエール大学のアービング・ジャニス教授である。[注2] ジャニス教授は著書『グループシンク』で、アメリカの政治、産業史に残る意思決定を数多く引き合いに出しながら、合意を得ることにこだわったあまり、才気あふれるリーダーたちが正しい判断から逸れていく様子を描き出している。

ジャニスがとりわけ高い関心を寄せたのがピッグス湾事件だ。時の大統領ジョン・F・ケネディは、閣僚や政治顧問などにアドバイスを求めたうえで判断を下している。ジャニスの研究は、この判断に深く関わった人々によっておおむね事実だと裏づけられていて、それによれば当時、キューバ人亡命者の部隊をアメリカ軍の支援のもとにキューバへ侵攻させるべきかどうかを巡って、ケネディの側近たちは賛成派と反対派に分かれていた。ある時点で賛成派が、ケネディを自分たちの方に傾かせるのに成功する。勝算ありと見た賛成派は次に（ジャニスによれば無意識のうちに）、コンセンサスに従うようにと反対派に圧力をかけ始めた。こうしてケネディの周辺は、状況をあらゆる角度から公平に検討するのではなく、人間関係の力学に従って判断を下したのだ。作戦は大失敗に終わり、ケネディの指導者としてのイメージに決して消えることのない傷を残した。

他にも、ベトナム戦争の泥沼を拡大したリンドン・ジョンソン大統領の決定、スペースシャトル〈チャレンジャー〉の大惨事を招いた技術上の判断などが、グループシンクの具体例として詳しく研究されている。グループシンクは、リーダーシップと意思決定にまつわる「社会学」に、大きな示唆を与えてきたのだ。

まともな判断が下せないという症状を産業界に幅広く探し求めると、長い長いリストができあがる。経営陣が揃って迷子の羊のようになってしまい、自社の存続を脅かすほどの大きな危険に正面から立ち向かおうとしなかったために、屋台骨を揺るがせてしまった事例ばかりだ。二〇〇一年にはエンロンが格好の事例を提供した。不正な会計操作が明るみに出て、経営破綻に追い込まれたのだ。そのうえ、エンロン幹部たちの不明朗な言動によって、同社の財務コンサルティングと監査を担っていたアメリカでも指折りの名門コンサルティング・ファーム、アーサーアンダーセンまでもが奈落の底へと落ちた。当局の調べによれば、アーサーアンダーセンの中枢部は、エンロンと同じように考える力をすっかり失っていたという。

エンロン事件が表面化してから時を経ずして、今度は米国カトリック教会が大騒動の渦中に置かれた。長らくささやかれ続けていた神父による児童への性的虐待問題が、全米はもとより全世界の耳目を集めたのだ。グループシンクの見本のように、教会の指導者たちは「そのような問題は存在しない」と述べた。倫理観のかけらも感じられない対応である。彼らは予期しない激震に見舞われ、ただ戸惑うだけだったが、問題そのものは五〇年以上も前からくすぶっていたのだ。

私はこれまで、さまざまな組織の幹部と何度となく会合で同席してきた。彼ら彼女らが難問に挑み、対処策について合意にこぎつける様子を眺め、耳を傾けてきた。目を見張るほどの「プロセス意識」に接することもある。皆が周囲の意見をよく聞き、意見を出し、軽はずみな判断を控え、いくつものアイデアを組み合わせてよりよいアイデアへとまとめあげ、異なった見方についても尊重すれば、ほぼ例外なく、状況や可能性を最大限に活かす解決策を編み出せるのだ。他方、会合によっては重箱の隅をつつき、関係の薄い話題へと脱線し、私情や駆け引き上の理由から反論し、仲間割れを起こす、といったことが繰り広げられる。対立するグループが互いに何とかして相手をねじ伏せようとして、火花を散らす場合も少なくない。私の胸には、哲学者トマス・ハクスレーの金言が繰り返し甦ってくる。「大切なのは誰が正しいかではなく、何が正しいかだ」

ここで、グループシンクの原因として一般的なものを示しておきたい。

原因1　極度の緊張

一九八九年、スペースシャトル〈チャレンジャー〉の打ち上げを敢行すべきかどうかを巡って、あの呪われた決断が下された。その際、ＮＡＳＡの幹部、技術者、そして多数の業務委託先のスタッフ――なかんずく、爆発元となった固体ロケットブースターの製造元サイオコール社の担当者たち——は時間と競争しながら、途方もない焦りを感じていた。数次に及ぶ打ち上げ中止や延期によって、すでに何百万ドルもの追加費用が生じていた。これ以上延ばせば、他にも問題が持ち上がるおそれがあった。腰を据えて問題点を検証するゆとりはなく、細かい事柄についてのみ技術面の分析を重ねた。取締役会、主要取引先、訴訟問題、競合他社、動かしようのないスケジュール……。これら多方面からの圧力をたびたび受けて、判断者たちは時間切れへと追い込まれていった。激しいプレッシャーにさらされていては、望ましい判断などまずできないのだ。

原因2　確かな判断プロセスが存在しない

リーダーたちの多く、いやおそらく大多数が、集団ではどのような力関係が生じるかも、集団で判断を下すとはどういうことかも十分に理解しておらず、放っておいても解決する問題、単純な多数決や上司からの指示で解決する問題などを好む傾向がある。どうすればよいかわからないほど問題が複雑になると、深く考えずに立場を決め、決着するまで戦い続ける。何かが解決せずにいると、先行きの不透明さに耐えられないのだ。遅かれ早かれ、優劣が明らかになってくるため、その後は中身は二の次で勢力争いを繰り広げる。

原因3　リーダーが混迷を避けようとする

取締役会長、社長、ＣＥＯ、事業部長、販売責任者、部門のマネジャー、さらには一国の大統領や首相まで含めて、集団を率いる人々は、不透明な状況に接すると落ち着きを失うことが少なくないようだ。どうしたらよいかわからない時の不安や混乱などに終止符を打ちたいと強く願う。決断しなくてはいけないという状態に疲れ、周囲からの期待に押し潰されそうになる。

原因4　一部の人々が徒党を組む

リーダー層が、内部で平等を重んじるとはかぎらない。集団の頂点に立つ人は一般に、一握りの仲間に親近感を覚えてそちらに寄り添っていく。その仲間内では考え方、好み、不安などを理解し合い、集団全体の中にあってもとりわけ距離が近い。共通の考え方と親近感で結ばれ、小集団を形作っているのだ。そして自分たちの思いどおりに物事を動かそうとして、周囲にも同調を迫る。大きな力を持った小集団がひとつの意見で結束していれば、他の人々にとっては、さまざまな選択肢を取り上げて自由に論じるのは難しくなるだろう。結論はほぼ見えていて、大勢に反対しても意味がない、とうすうす感じるのだ。

原因5　力で全体をねじふせようとする動きがある

話し合いの場で、合意を引き出そうとの動きが生まれ、素晴らしい案、とりわけ主流派にアピールする案が出されると、多くの人々が重圧を感じ始める。心を決めなくてはいけない、その場の案に合わせなくてはいけない、と焦るのだ。主流派はこのように数の力に頼ったり、心理作戦に訴えたりして、ある時はあからさまに、ある時は目に見えない形で圧力を加えていくだろう。脅しと受け取られかねないケース、それどころか激しい脅しに発展する場合すらあるだろう。主流派たちは、具体的なメリットを話し合おうとする気持ちを捨て、自分たちの意見を押し通すことだけを目指す。首を縦に振らないメンバーは、誰であろうと自分たちの利益を損なう「厄介者」なのだ。

ハリウッド映画に『十二人の怒れる男』という名作がある。第一級殺人に問われた若者の有罪、無罪を巡って、ひとりの陪審員が懸命に戦う姿を描いた作品だ。陪審員の大多数が有罪の評決を下すつもりでいた。性急に結論を出そうとする者もいた。話し合いを早く終わらせ、家路を急ぎたいのだ。そのようななか、ヘンリー・フォンダ扮する陪審員だけは、証拠を十分に確かめ、さまざまな問いかけをしていきたいと強く訴える。すると有罪間違いなしと思われていた事件が、白紙へと戻っていく。有罪という「了解事項」が崩れるにつれて、有罪派は激しく苛立ち、無罪へと傾く陪審員たちを引き留めようと、脅しまがいの圧力を加える。この大衆向け傑作映画『十二人の怒れる男』は、マネジメント、チームビルディングなどの研修講座でも必ず役立つだろう。

栄光から奈落へ——愚かしさに足をすくわれた企業の数々

活気ある市場で花形商品を持っていると、社内に巣食うさまざまな愚かしさが見えなくなりやすい。足をすくわれないように、注意を怠らないことだ。市場に関してよく耳にする言葉に「プラスの連鎖」がある。商品、ブランド、企業、エリアやスポット、国などが、ひとたび人々の心をつかむと、支持の輪が次々と広がっていくのだ。友人が褒めていた商品は自分も欲しくなる。子どもたちは、遊び友だちと同じブランドの服をねだる。口コミで広がったブランド名は、人々の胸に強く刻まれる。市場シェアが伸びると、売上とキャッシュフローも伸び、広告、市場開拓、流通チャネルの構築などに多額が注ぎ込まれる。そして、ブランド人気がさらに煽られる。販売店は、買い手が求める商品を少しでも多く揃えようとする。成功が成功を呼ぶのだ。

ティーンポップのブリトニー・スピアーズがまだ一五歳だった頃、デビューを夢見るこの少女にペプシコーラの広告担当者たちは見向きもしなかった。彼らはマイケル・ジャクソンに莫大な出演料を支払って、CMキャラクターに据えたのだ。ところがマイケル・ジャクソンにスキャンダルが持ち上がってイメージに大きな傷が付くと、ペプシはすかさず彼を降板させ、二〇〇二年には、すでにスターへの階段を駆け上がっていたスピアーズに、代理人をとおして高額の条件を示したのだ。

「オプラ」のような昼間のトーク番組で中身や著者が紹介されると、その本は堰を切ったように売れ始める。ベストセラーリストにでも載れば、他のトーク番組からも著者にお呼びがかかり、ここかしこのコラムで絶賛され、版元はいっそうの大宣伝を繰り広げる。人気はうなぎのぼりでとどまるところを知らない。これがマーケティングの世界でいう「ブレークスルー」、マルコム・グラッドウェルの言葉を借りれば「ティッピング・ポイント」である。[注3]『ハリー・ポッター』シリーズは世紀の大ベストセラーだが、最初から売れる条件が揃っていたわけではない。若年層の圧倒的な支持を受けてベストセラー入りを果たして勢いを得ると、その後はまさにプラスの連鎖で飛ぶように売れ続けたのだ。第一巻が世に出てほどなく、著者J・K・ローリングは、映画、テレビ番組、アパレル、玩具などさまざまな関連分野に「商品」をライセンスする立場になった。

コカ・コーラは、世界を代表する消費財ブランドとして不動の地位を築いたようだ。しかし、その上にあぐらをかいているわけではない。リーディング企業であり続けるために、およそ考えられるかぎりの努力を傾け、年間で実に八億ドル近い額を広告・プロモーションに投じている。

プラスの連鎖には、株価も大きく関わってくる。波に乗った企業には、「将来大きな利益が見込まれる」として投資家の期待が集まり、株価が押し上げられていく。株価が高く、財務内容が良ければ、低利で融資を受けられ、新株発行による増資ができ、自社株で他社を買収してさらに成長戦略を推し進められる。一九九九年から二〇〇一年にかけてのインターネット・バブル期、ヤフー、アマゾン・ドットコム、シスコシステムズといった企業は、途方もなく膨れ上がった株価を追い風としてうまく利用したのだ。

だが悲しいかな、連鎖作用はプラスに働くとはかぎらない。いわば両刃の剣なのだ。右肩上がりもいずれは限界に突き当たり、その先はひたすら坂道を転げ落ちることになる。市場の支配を固めると、経営陣は「向かうところ敵なしだ」と油断を見せ始めるかもしれない。優位が優位を生み出すというプラスの連鎖に後押しされてきたのを忘れ、ビジョン、ひらめき、リーダーシップの力だけで繁栄を手にしたと思い込むのだ。いずれ転落への道を辿る日が来るかもしれないなどとは、想像すらしない。

不動と思われた名門企業ですら、よろめき、下り坂を迎える場合がある。

かつての超優良企業AT&Tは、一九八〇年代初め以降、規制緩和と分割の波に少しずつ押し流され、今も昔日の栄光を取り戻せずにいる。マネジメント上の失策が相次いだところに、顧客軽視が明らかになるという事態が追い撃ちをかけ、〝アメリカの誇る名門電話会社〟としての名声に泥をぬったのだ。いっこうに焦点の定まらない戦略。無意味に繰り返される事業の買収と売却。頻繁なトップ交代。ウォール街での信用は地に墜ち、証券会社の扱いも「安定配当株」から一気に引き下げられた。順風満帆の時には、経営陣が打ち出す戦略はほぼすべて、長年の支持者から受け入れられた。ところがひとたび向かい風が強くなると、すべてが裏目に出るようだ。

アメリカの「繁栄の六〇年代」を象徴するもうひとつの会社ゼロックスも、みずから切り開いた業界に永遠に君臨を続けるかと思われた。ウォール街でも誉れ高く、アメリカの一大サクセスストーリーとして、しきりにもてはやされた。ところがやがて絶頂期を過ぎ、じりじりと業績を後退させていった。日本企業が品質、機能、価格で勝った製品をひっさげて乗り込んでくると、まるで年老いたボスゴリラがメスや縄張りを守ろうとするように、はかなく応戦するだけだった。始めから勝ち目がないと思っていたのだろうか。一時は洗練された製品を誇ったゼロックスにとって、何より不名誉だったのは、「パーソナルコピー機」とは名ばかりの惨めな製品を発売したことだろう。ブラザー、リコー、キヤノン、そしてヒューレット・パッカードまでもが高品質コピー機で地歩を固めたなか、それらに対抗しようとの狙いでオフィス用品店で売り出したのだが、結果は目を覆うほど惨憺たるもので、その製品は二〇〇一年に〝安楽死〟にいたった。

オズボーン・コンピュータは黎明期のコンピュータ業界に彗星のように現われ、またたく間に消えていった。まさに記録的な速さだった。この企業は派手好きのイギリス人、アダム・オズボーンによって設立され、持ち運び可能なコンピュータの実用化に世界で初めて成功した。オズボーンは、人々がどこへでもコンピュータを持って行く時代が訪れると見通して、みずから製造・販売に乗り出したのだ。そして、豊かな資本、優れた設計（今日から見れば大きく、扱いやすいとはいえないが、間違いなく持ち運びでき、それが大きな売りだった）、大胆なマーケティングを武器に〈オズボーン・ポータブル・コンピュータ〉を市場に送り出した。すべり出しは好調で、業界通たちは新たな革新者（イノベーター）の登場を熱く歓迎し、他社はいっせいに新製品開発を急いだ。

　残念ながら、オズボーンは勇み足をしてしまった。当時のコンピュータ業界では珍しいことではなかったが、いまだ設計途中で生産にも入っていないにもかかわらず、人気機種〈オズボーンⅠ〉の後継機種についての製品計画を発表したのだ。ほどなく市場に出てくるだろう他社製品に、買い手が流れるのを防ぎたい、との思いからだった。魔が差したとはこのことだろう。人々は「古くなった」〈オズボーンⅠ〉をぴたりと買わなくなり、〈オズボーンⅡ〉の発売を待った。オズボーンは売上が急降下して資金繰りが悪化、新製品はついに日の目を見なかった。歳月を経ずして、ポータブル・コンピュータ市場の覇権はコンパックの手に移っていった。

　アダム・オズボーンは、買い手を他社に奪われたくないとの止むに止まれぬ思いから、製品発表を早まった。

　このエピソードは、ミュージカル『リル・アブナー』の一節を思い起こさせる。南北戦争の英雄コーンポウン将軍（南軍）を風刺した歌である。「弾薬が底をつき、もはや敗北が決定的。そんな時に何ということだろう。穀物を焼き払い、兵糧までも尽きさせてしまうとは！」

第3章

OI：組織の知性

今、何かが起きつつある
われわれ人間の意識全体に。
新しい人生が開けようとしているのだ。
愛の力に導かれながら、
世界の破片が互いを探し求めている。
世界をふたたびひとつにしようとして。
――ピエール・テイヤール・ド・シャルダン

ミツバチ、鳥、魚などは、群れをなして実に調和の取れた美しい動きを見せる。なぜだろうか。群れの一員だとの自覚を持って、全体の動きに合わせられるのは、どのような神秘の力によるのだろうか。人間の集まりも同じように、呼吸の合った行動を取れるのだろうか？

渡り鳥の優美な振る舞いと、敵から逃げるバッファローの動きとは、何が違うのだろうか。何かから急いで逃げようとする場合、私たち人間はどのような動きを見せるのだろうか？

シントロピー――全体としての可能性をかぎりなく引き出す

エントロピーとは逆の望ましい状態に「シントロピー」がある。シントロピーとは、人、考え、資源、制度、リーダーシップなど何にせよ、個の力を合わせて、全体としての可能性をフルに引き出す状態をいう。

エントロピーは、さまざまな無秩序によって失われたエネルギーだが、シントロピーとは、資源をうまく組み合わせたことで増えたエネルギーを指す。

バスケットボールを例に取って、シントロピーを説明しよう。

【事例】「ドリームチーム」の条件とは？

バスケットボールの世界最強チームは、背の高い人が五人集まったのとどう違うのだろうか。ひとりひとりに並外れた才能、技術、闘争心が欠かせないが、それだけでは十分とはいえない。全員が同じ目的で結ばれていなくてはならないのだ。互いに助け合い、足並みを揃え、チームメートと力を補い合うすべについていても、心得ているべきだろう。知恵を働かせて、持てる力をひとつにするのだ。この発想をさまざまな組織に当てはめてみよう。ジャズグループ、軍の特殊部隊、外科手術のチーム、幸せな家族、行政組織、大中小の企業。いずれの場合にも、成功や繁栄を手にできるかどうかは、各メンバーの知性を〝ひとつの知性〟へとまとめあげられるかどうかにかかっている。

エントロピーが増えると、集団が愚かしさを発揮してしまうのだが、シントロピーは逆に、集団の知性（ＯＩ）を十分に引き出す役目を果たす。組織では放っておけばエントロピーが増えていく傾向があるため、当然といえば当然だが、シントロピーの働きを強めるためには、知恵を絞り、意識的に努力をしなくてはならない。いわば知恵の力で知恵を引き出すのだ。

エントロピーが生じるのには、何らかの理由、少なくとも何らかの引き金があったが、シントロピーも同じである。部門長が他部門を出し抜こうとして貴重な情報を抱え込むと、エントロピーが増えるが、逆に情報を広め、周囲とアイデアを交わし、部下にもそれを勧めると、シントロピーが増えていく。環境にそぐわない組織ではエントロピーが増えるが、知恵と工夫によってヒト、モノ、カネがうまく配置されていればシントロピーが増える。

「頭のよさ」は七つに分けられる

ハーバード大学の心理学者ハワード・ガードナーによれば、人間の知性は一種類にかぎらないという。知性は少なくとも七種類に分けられ、言語、論理や数学、空間、音楽、運動感覚、対人関係、内面（EQ：心の知能指数）などの分野にそれぞれ対応して知性があるという。[注1]

これと同じで、組織にもさまざまな知性や能力が備わっている（あるいは欠けている）といえるだろう。私自身、実に多彩な組織とともに仕事をするなかで、「七つの知性」に対応した能力に出合ってきた。

とはいえ、OI（組織の知能指数）をモデル化する前に、これは数字や理屈だけでは割り切れないテーマだということを肝に銘じておくべきだろう。何がOIを形作るかをわかりやすく説明したり、OIの高さを見きわめる方法を編み出したりするのは可能かもしれないが、常識の範囲を超えて数字や標準に頼りすぎるのは禁物だろう。ひとつの尺度に沿ってIQのような数値を弾き出す必要はない。パーセンテージによる評価も不要だろう。そのようなことをしなくても、OIというコンセプトは十分に活かせるはずだ。ここではＯＩという便利な枠組みを用いながら、効果的な組織とはどのようなものか、とりわけ、組織に持てる力を一〇〇パーセント発揮させるにはどうすればよいのかを、探っていきたい。

以上のような戒めを心に留めながら、ＯＩの実用モデルについてその可能性を探っていきたい。実用モデルは、図3-1に示したとおり、ＯＩの七つの特徴を示している。これも忘れないでいただきたいのだが、これから詳しく述べる「七つの特徴」は、あくまでも資質であって、行動、組織、業務プロセス、事業運営の特徴などを指すものではない。ＯＩの各特徴（あるいは知性）は実にさまざまな原因やきっかけから生み出される。例えば、組織が合理的に作られている、有能なリーダーが揃っている、製品や業務プロセスが需要にうまく応えている、使命《ミッション》に一貫性がある、目標がわかりやすい、従業員の権利や処遇が社の方針として明確にされているなどである。ＯＩの七つの特徴それぞれについて、それを最大限に引き出す方策はいくつも見つけ出せるのだ。

ＯＩの特徴１　わかりやすいビジョン

企業には存在理由が欠かせない。これは、「何を成し遂げようとしているのか」というテーマあるいは信条と言い換えてもよいだろう。リーダーは、以下のようなさまざまな問いかけをして、答えを導き出せなくてはならない。「自分たちは何のために存在しているのか」「そもそも、どのような価値を生み出すために存在しているのか」「世の中に受け入れられ、称えられるとすれば、それはなぜだろうか」。ここでいうビジョンとは、企業の目的を考え、練り上げ、表現する能力を指し

図3-1　OI：その７つの特徴

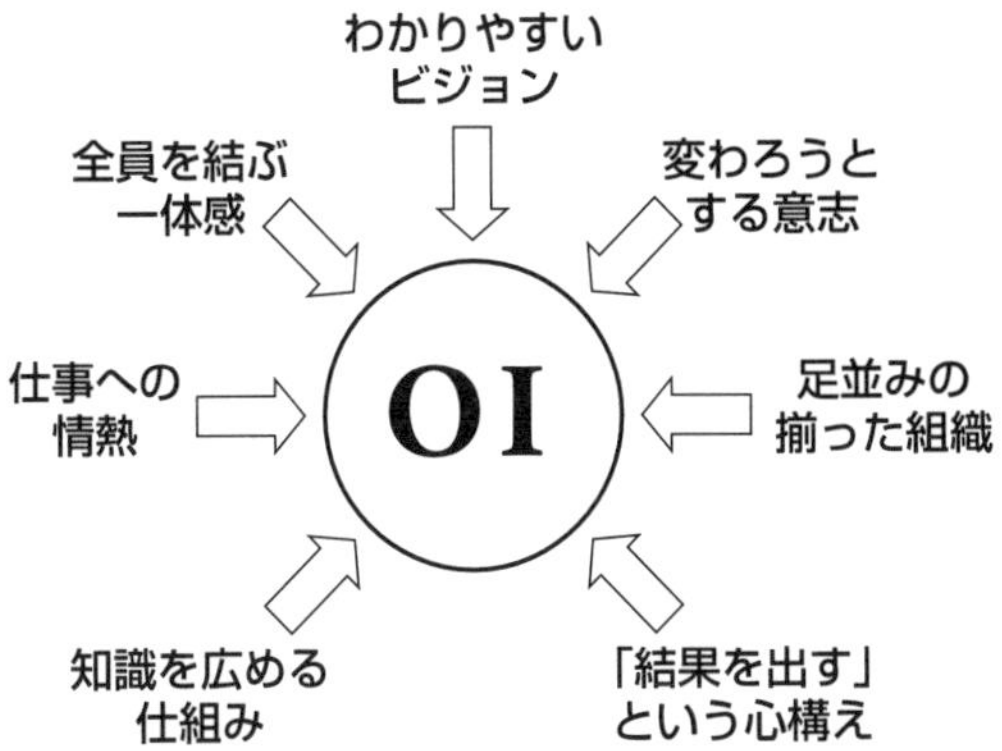

ており、具体的なビジョン、戦略、使命《ミッション》の中身を問題にしているわけではないので、注意していただきたい。このＯＩの第一の特徴を活かすためにリーダーに求められるのは、成功とは何かをわかりやすく示し、必要に応じてその内容を改める力である。

ＯＩの特徴２　全員を結ぶ一体感

仕入先、事業パートナー、場合によっては従業員の家族まで含めた関係者すべてが、社の使命を胸に刻み、同じ目的意識で結ばれ、成功への方程式のなかで自分が果たすべき役割が何かを心得ていれば、力が力を生んで、ビジョンを達成できるだろう。このように「全員が同じボートに乗っている」という意識があれば、強い一体感が育まれる。反対に、ビジョンがなく、成功のイメージが人によって異なっていては、全員が力を合わせて目指す地点までボートを漕いでいくことはできないだろう。一体感が欠けていると、「自分さえよければそれでいい」という気分が広まっていくのだ。

OIの特徴3　変わろうとする意志

仕事の進め方やものの考え方などが型にはまっているため（これは経営陣の影響による場合が多い）、変わりゆく環境に対応しようとすると、人々がどこか落ち着きをなくし、不安感や不快感にすらとらわれる、そんな硬直した組織がまま見られる。対照的に、変化を挑戦として、つまり未知の心躍る経験をつかみ取ったり、新しい何かを試みたりするチャンスとしてとらえられる組織もある。後者のような組織では、ビジネスモデルを変える必要が生まれると、従業員がそれをやりがいや興奮に満ちた仕事、新しい成功法則を学び取るための機会と受け止めるだろう。ビジョンを実現するためには変革が求められるため、人々のあいだに変わろうとする強い意志が欠かせないのだ。

OIの特徴4　仕事への情熱

仕事への情熱とは、全員を結ぶ一体感とはやや趣が異なり、並み以上の努力を傾けようとする姿勢を指している。これは、求められた以上の熱意を仕事に捧げることを意味し、組織心理学では「自発的努力」とも呼ばれる。これが足りないと、皆が与えられた仕事を受身でこなすだけになってしまう。他方、情熱がみなぎる組織では、リーダーたちはメンバーから自発的な努力を引き出すことに成功している。それが可能なのは、皆が会社の成功を自分たちの成功と同じように考え、それを願っているような場合だろう。

OIの特徴5　足並みの揃った組織

一〇人以上の人々がいさかいや衝突を起こさずに物事を進めるためには、ルールづくりが欠かせない。使命の達成に向けてスクラムを組み、仕事や責任を分け合い、互いの関係や外との関係についてもきまりを定めるのだ。組織というものはすべて、メンバーに協力の機会をもたらすと同時に、制約を設ける。突拍子もない制度のもとでは、知恵を働かすのも、大きな成果を出すのも、不可能に近いだろう。場合によっては、役割分担、目標（ゴール）、ルールなどが、つまり組織そのものが、解決策をひねり出すどころか、トラブルの種となってしまうのだ。

組織やそのつくりに問題があるなら、言い換えれば制度、方法、業務プロセス、方針、ルールなどによって、使命の達成が妨げられているなら、根本的な「治療」が必要だろう。言葉に表われない方針、考え方、期待内容などによっても また、人々は組織の存在目的に沿って価値を生み出そうと努力したり、それを怠ったりする。OIの高い組織では、多彩な制度すべてがベクトルを揃えて、使命の達成を後押しする。組織の作り手やリーダーたちは、大切な価値が間違いなく生み出されるように、組織面での障害をできるかぎり取り除き、ひとりひとりの熱意が共通の目的に向けられるように、旗振りをしているのだ。

OIの特徴6　知識を広める仕組み

近ごろでは知識、情報、データなどをいかに有効に使いこなせるかが企業の明暗を大きく分けており、この傾向は強まりゆく一方だ。ビジネスに関わる組織ではほぼ例外なく、従業員の知識、ノウハウ、判断、知恵、自信、さらには社内を絶えず行き交う豊富な業務情報が、きわめて大きな役割を果たしている。複雑な事業環境を生き抜くためには、知識を生み出し、取りまとめ、移転・共有し、応用する力がかぎりなく重要になっていく。ＩＴをベースとした現在のナレッジ・マネジメントの枠組みをはるかに超えて、知識を活かし広める下地を作っておかなくてはならない。組織の貴重な知性や情報を十分に活かす力を、伸ばしておかなくてはいけないのだ。この意味で知識を活かす下地作りとは、技術や組織の問題というよりは、人や文化に関わる問題としてとらえるのが適切だろう。高いＯＩが発揮されるためには、組織全体で自由に知識を交換できる雰囲気が欠かせない。デリケートな情報が広まらないように注意しながらも、必要なところに必要な情報が届くようにしなければならない。さらには、新しい発想、発明、現状への率直な問題提起などを奨励し、後押ししなくてはならない。

ＯＩの特徴７　「結果を出す」という心構え

経営陣やマネジャーたちが、重要な目標に手が届いたかどうか、狙いどおりの結果を出しているかどうかなど、業績に神経を尖らせていても、それだけでは十分とはいえない。ＯＩの高い組織ではひとりひとりが、どのような結果を出すべきかを心得、それが正しい道だと信じている。「結果を出そう」という意識を広め、高めていくことはリーダーたちにもできる。ただし、全員がこうした意識の重要性を理解して、仲間たちにも「結果を出す」という心構えを期待してこそ、大きな力が生まれるのだ。

図3-1に示したように、以上七つの特徴すべてがひとつにまとまって、シントロピーへとつながっていく。本書では以下、これら七つの特徴を土台としながら議論を進めていく。

具体的な組織を対象にＯＩの高さを知ろうとしても、すんなりとひとつの答えが引き出せるとはとても考えられない。これは健康状態を見きわめるよりも、むしろ精神状態を判断するのに近いのだ。だが、もしあなた自身どこかの組織に属しているなら、おそらく自分の組織を心の片隅で思い浮かべながら、ＯＩの七つの特徴について読み進めただろう。この七項目に照らせば、ＯＩの第一印象はすぐに見きわめられる。さらに具体的な事実を掘り下げていけば、その組織のＯＩ水準をより深く知ることができるに違いない。

ＯＩの高い企業――ウォルト・ディズニーとコンチネンタル航空

私たちが手本とできるＯＩの高い企業は、本当にあるのだろうか？　もっともな問いかけである。どのような組織にも浮き沈みがあり、賢さと愚かしさが同居しているだろう。それでも、高いＯＩを身につけるのは不可能ではないと信じさせてくれる卓越した組織が、少なくともいくつかはあるはずだ。

ウォルト・ディズニー

ＯＩのケーススタディとしてこのうえなく興味深い企業がある。戦略の立案と実行の両面に秀でているとして、経営論やビジネススクールで繰り返し研究の対象とされてきた企業、ウォルト・ディズニー（以下ディズニー）である。とりわけそのテーマパーク、ディズニーランドとディズニーワールドは、格好の事例といえる。「ディズニーは『これでもか』というほど研究し尽くされている」という声もあるだろう。だがそれはむしろ、ディズニーのビジネスモデルが時の試練に耐えるものだということ、経営陣やマネジャーたちがディズニーの精神に忠実であることの証ではないだろうか。

さっそくＯＩの七つの特徴をディズニーのテーマパーク事業に当てはめて、何がわかるかを見ていきたい。

□わかりやすいビジョン

ディズニーのビジョンはわかりやすさ、力強さ、豊かさ、実現のしやすさを兼ね備えていて、他に類のないほど素晴らしいものだ。テーマ性あふれる世界を用意して、訪れた人々に、楽しい夢に浸ってもらおうというのである。世界各地で広く知られたディズニー・キャラクター――いつまでも若々しいミッキーマウスとその愉快な仲間たち――のブランド力を十分に活かす。魅惑的な世界を作り出して、まるで魔法のように人々を楽しませる。これは、娯楽性を深く追求したビジネスモデルだといえる。ディズニーのテーマパークは、訪れた人々を包み込み、登場人物に仕立て上げるいわば劇場で、通俗的な「アミューズメント・パーク」とは一線を画している。スタッフたちはテーマパークを運営しているというよりも、来園者のためにショーを演出しているのだ。

ディズニーのビジネスモデルは、見事なまでに焦点が絞り込まれている。独自の境地を切り開いた、と見る向きも少なくないだろう。だが見落としてはならないのは、このビジネスモデルが四〇年以上も前から用いられていて、さまざまな変更や改良がほどこされてはいても基本は変わっていない、という事実である。ＯＩの特徴のひとつ「ビジョン」を「ビジョンや方向性を生み出し、発展させていく力」とするなら、ディズニーの経営陣がその方法をなぜ忘れずにいられるのか、不思議なほどだ。というのも彼らは長いあいだ、事業の再生を図る必要に迫られてこなかったのである。テーマパーク以外の娯楽ビジネス分野でも、ディズニーはおおむね順風満帆である。時に映画などが不人気に終わることもあるし、ケーブルテレビ会社との関係もぎくしゃくしているが、全体としてディズニーは、優れた戦略立案力を見せているといえるだろう。

□全員を結ぶ一体感

パークで働くキャストが価値ある仕事に携わっていると実感できなければ、ゲストに偽りの夢を与えていることになる（ディズニーでは従業員、顧客という言葉を用いずに、それぞれ「キャスト」「ゲスト」と呼ぶ）。キャストの募集、面接、採用、配置、研修といった一連のプロセスでは取組み姿勢が重視される。俳優には、役柄に惹かれ、同一人物になりきることが（あるいは少なくとも、それに近い状態になることが）求められるが、同じように、キャストもただ与えられた役目を果たすのではなく、精魂を込めるように期待されている。ディズニーの研修内容は「心を込める」ことを無条件に重んじている。伝説ともなっているこの研修の成果は、ゲストと接するキャストの一挙手一投足に表われる。

キャストたちをつなぐ一体感には、取って付けたような面は少しも見られない。「真実の瞬間」が訪れるつど、熟練した腕で優れたサービスを演出する必要があるため、ごく自然に一体感が身につくのだ。キャストたちは、自分たちの振る舞いしだいでディズニーのイメージや評判が決まるのだと自覚している。ディズニーのテーマパークは、近隣地域一帯からえりぬきの人材を集めている。スーパーバイザーや中間管理職は、大多数が生え抜きである。これらの事実からも、ディズニーが従業員のあいだに強い一体感を育んでいることが見て取れるだろう。

□変わろうとする意志

このファクターについてはやや評価が難しい。たしかに、ディズニーのテーマパークはその時々の流行や事業機会にうまく適応してきた、といえそうである。とりわけ映画、ビデオ、テレビ作品ではその傾向が強いようだ。パークに話を戻せば、多彩なアトラクションをより魅力あふれるものにしようと、絶えず努力が傾けられている。一、二年ごとに新しい大型アトラクションがお目見えするほか、「お色直し」もしばしば行われている。このような取組みについては、「市場での地位やブランド力を保つためには欠かせない」「決して安くない入園料を取っているのだから、当然だろう」との見方も予想される。だが、偉大な企業ですら、商品の見直しや改良を怠ったためにブランドを色褪せさせた事例があるのだから、ディズニーに関しては少なくとも努力は買うべきだ。

□仕事への情熱

他社と比べてディズニーでは、「仕事への情熱」は「一体感」と重なり合う面が大きいようだ。他社では、従業員どうしの一体感が強いにもかかわらず、仕事への情熱は涸れている例もある。人々が深い挫折感に浸り、会社から心が離れているのだ。結果だけに目が向いてしまい、おのおのが自分の仕事は一心不乱にこなすが、社全体を成功に導こうとは露ほども思わない、という場合もあるだろう。ひるがえってディズニーでは、キャストたちは情熱を持って働いているようだ。仕事への情熱は大切なものと見なされている。たしかに、労使の対立はゼロではなく、会社に不満を抱くキャストもいるようだ。ミッキーに扮するキャストも、労働組合に属しているのである。しかし全体としては、一部の悪名高い業界や他のエンターテインメント企業と比べて、従業員を酷使しているとはまず見られないだろう。

□足並みの揃った組織

この点ではディズニーは傑出している。テーマパークでは、『劇場』を訪れた人々に楽しさと夢を届ける」というビジネスモデルの精神が見事なまでに実践されている。来園者に伝わり、成果を上げているのだ。それも来る日も来る日も、何万回もである。何より、ショービジネスを展開するというビジネスモデルの根幹が、日々の業務で使われる言葉にまで染み込んでいる。顧客、観客は「ゲスト」。従業員は「キャスト」。人事部は「キャスティング部」。制服は「コスチューム」。ゲストの前に姿を現わした瞬間から、キャストは職場にいるのではなく「ステージ」に立っている。休憩時間は「ステージの合間」だ。

こうした呼称がいつも変わらぬ振る舞いにつながって、夢に満ちたエンターテインメントの世界を創り上げる。キャストたちが並んで壁に寄りかかり、タバコをくゆらせている？　化粧室で、ミッキーやミニーのぬいぐるみの頭を外した人々が、生理的欲求に対処している？　このようなことはありえない。キャストは専用門からパークに出入りして、ゲストからは見えない木陰やドアからステージ上に現われる。長髪、派手すぎる化粧、ボディピアスなどもキャストたちには無縁である。

パーク内では、ゲストの目と鼻の先で絶えず清掃やゴミ集めが行われているが、そうとはまず気づかない。閉園後は「晩の部」のキャストたちが現われて草木の手入れ、修繕、ペンキ塗り、舞台装置の準備や保守など、翌朝にゲストを迎えるための準備をする。「ディズニー・マジック」があるとすれば、それは人々を惹きつけてやまないわかりやすい価値観に根差している。ディズニーはそれを実現するために持てる力をすべて傾け、相容れないものはすべて取り除いている。

□知識を広める仕組み

情報や知識が刻々と向きを変えながら流れ続ける、複雑な組織を期待している人は、ディズニー・パークを見てやや拍子抜けするかもしれない。しかし、ディズニー・パークのコンセプトは多数のノウハウをもとに実現されていて、実に興味深いのだ。パークのここかしこを散策しながら、誰が何を知っているべきか、その情報を届けるためにはどうすべきか、と思いを巡らせば、すぐに気づくだろうが、パークはきわめて多彩な知識を活かしながら運営されている。何にもまして重要なのは、「これはショービジネスである」というおおもとの事業コンセプトを広め、その具体的意味合いをキャストたちに実感してもらうことだろう。これは正規の研修などのほか、スーパーバイザーがキャストと交流するなかで、折に触れて行われる。

ディズニーはかなり以前から、独特の「アメとムチ」で知られてきた。アトラクションでセリフを言う際には、抑揚はともかく、言葉自体は少しも変えることが許されない。その反面、何をすべきかはほとんど、スタッフが自分の判断や経験をもとに決めてよいとされている。少し例を挙げたい。清掃や修繕などを担当する人々には、「朝一番には、園内をオープン時と同じ状態にして、ゲストをお迎えすること」が期待されている。ペンキ職人も、修理工も、庭師も、この短いメッセージですべてを理解する。分厚い『修理マニュアル』『庭仕事のマニュアル』などを用意して、すでに知っている内容を伝える必要など、どこにもないはずだ。ディズニーは手順などを指定するだけでなく、知識の共有を進め、その知識をもとに各人が自分の判断で動けるようにしている。

□「結果を出す」という心構え

証券会社や自動車ディーラーなどは、一件でも受注を増やそうと、できるかぎりの努力を払うが、ディズニーはむしろ企画力を重んじているようだ。ディズニーならではの雰囲気や体験を演出して、そこからより多くの売上を得ようというのである。このため、「結果を出す」とは主に、ショーで見事なパフォーマンスを披露することを指すのだが、ディズニー・パークそのものは、多くの人々の受け止め方とは裏腹に小売業の性格が強い。

入園チケットの代金が全収入に占める比率は、決して高くないのだ。家族連れがパークで一日を過ごせば、食事、スナック、おみやげなどに、入園料と同じくらいの金額を費やすのが一般的だ。あなたはディズニー・パークを訪れた経験があるだろうか？　あるなら、その時の行動を振り返ってみるとよい。メイン・アトラクション会場から出てきた際、あるいは乗り物から降りた際に、ギフトショップ、フードスタンド、風船売り、レストランなど、ショッピングへの誘惑に事欠かなかっただろう。通路にはあらんかぎりの購買機会が用意されていて、心憎いほどだが、不快感はないと思う。というのも、すべてがエンターテインメントの一こまとして織り込まれているからだ。ゲストはパークでのひとときを心から楽しみ、空想の翼を広げるが、ショーを運営する側の人々は、自分たちに求められている事柄――ゲストに財布のひもを緩めてもらうこと――を冷静にとらえている。ゲストはたとえ散財しても、心地よい気分に浸れば、ふたたび同じ経験を望むだろう。友人や知人にも勧めるだろう。こうして、ディズニーでは「結果」が着実に積み上げられていくようだ。

ディズニーは高いＯＩを実現している典型的な事例だが、困ったことにあまりに非の打ち所がなさすぎる。一九五五年にアナハイムで第一号パークを開園して以来、サービス水準、業績の両面で目覚しい記録を刻み続けているのだ。ディズニーの事例からは多くを学べるが、苦難の末に高いＯＩを身につけた企業についても、深く知っておく価値があるだろう。

コンチネンタル航空

コンチネンタル航空の事例が大いに参考になるのは、わずか一年あまりで奈落の底から這い上がり、輝かしい業績をつかみ取ったからである。

一〇年続けて赤字の泥沼。その間に破産法を申請すること二回。一九九五年度の初め、コンチネンタル航空はまさに瀕死の状態だった。ゴードン・ベスーンは、一〇年間で一〇人目のCEOに就任したばかりだった。

サービス水準は、およそあらゆる面で業界最下位を独走していた。到着遅れ、手荷物処理のミス、乗客からの苦情にいたっては、業界平均の三倍にものぼる有り様だった。過去一〇年はいずれも損失を計上しており、その金額は九四年度だけで二億ドルを超えていた。企業規模と引き比べると、凄まじい額である。顧客からも株主からも匙を投げられ、株価はわずか三・二五ドルと、かつての何分の一かの水準にまで落ち込んでいた。

社内のタガは緩み切っていて、退職、欠勤、病休、業務上の傷害などが異常なまでに多かった。ベスーンはこのような状態を「ガタガタだ、何もかも」と嘆いた。「目も当てられない状態だった。惨めなサービス。スズメの涙ほどの給料。不満でいっぱいの社員を何とか引き止めていたら、スパナを足の上に落として、労災補償を求められる始末。そのうえ途方もない額の損失……。破産申請は避けられそうもなかった。そうなれば三度目の正直で、今度こそ息の根が止まるに違いなかった」

この時期のコンチネンタルはまさに、愚かな集団の典型だったのだろう。ベスーンの偉大さは、従業員たちの性根を叩き直し、見事に大逆転を果たしたことにある。ベスーンは部下たちとともに素晴らしい手腕を発揮して、従業員の目を開かせ、知性を呼び覚まし、成果への意欲を引き出した。その足跡は著書『大逆転！コンチネンタル航空――奇跡の復活』にまとめられている。[注2]

以下、コンチネンタルの復活と本書のテーマであるＯＩを結び付けるために、ＯＩの七つの特徴ごとに、コンチネンタルの歩みとその成果を辿っていく。

□わかりやすいビジョン

ベスーンは、グレッグ・ブレネマンほか何人もの右腕たちの力を借りながら、まずは基本的なところからメスを入れていった。最も収益の見込めそうな路線のみに絞って、他からは撤退した。運賃も改めた。より有利に資金調達できる道を探り、航空機についてもリース会社に条件の見直しを求めた。その他にも、定石どおりの手を次々と打っていった。本来であればもっと早くに行っておくべきだったのだが、その大多数は目新しい戦略とも、奇抜なマーケティングとも無縁だった。手始めとしては、主なライバル企業に倣えばそれで十分だったのだ。

実務面では、優れたサービスを届けるという決意を、乗客に見える形で、また役立つ形で示す必要があった。業績が最初は徐々に、やがて劇的に上向くと、胸を張れるものができた。「コンチネンタルは生まれ変わった」ということを効果的にアピールすると、人々も振り向いて、「もう一度乗ってみようか」と思ってくれた。

□全員を結ぶ一体感

一体感をいかに育てていくかは、ベスーン体制にとってことのほか難しい問題だった。会社そのものが抜け殻のようだったため、従業員のよりどころになりようがなかったのだ。コンチネンタル航空は、何としても従業員の気持ちを会社へと引き戻し、一体感を抱いてもらわなければならなかったが、その道のりは気の遠くなるほど険しいように見えた。誇れるものも、守りたいものも、勝ち取りたいものもない……。従業員の大半がこのような思いでいたようだ。

大方の例に漏れずベスーンもまた、従業員にふたたび一体感と誇りを抱かせるには、結果を出す必要があった。皆を説得して、再生プランに一定の支持を取り付けると、それが軌道に乗りつつあることをあらゆる機会に訴えた。光が見えると、よりどころができて、人々の心が戻り始めた。希望がある程度まで甦ってくると、リーダーたちはそれをより大きく育てようと、従業員たちとのコミュニケーションに努め、併せて祝福ムードを高めていった。

□変わろうとする意志

この点に関しては、好条件と悪条件が同じだけ揃っていた。変革が求められているのは火を見るよりも明らかで、しかも待ったなしだった。しかし、どうにも熱意がしぼみがちで、深い淵へと沈み込んでいきかねない状態だったため、戦う意欲を奮い立たせる者はほとんどいなかった。それでも、経営陣が「再生は不可能ではない」と説き始め、かりに再生を果たせなければ、明日にでも破産あるいは消滅しかねないということを思い起こさせると、誰もがたちどころに腰を上げるのだった。このような状況では、従業員が変わろうとするかどうかは、勝算の有無に大きく左右される。「リーダーにとって何より重要なのは、希望の灯を絶やさないようにすること」なのだ（リーダーシップ論の世界的権威ウォレン・ベニス）。

□仕事への情熱

一体感を育むのと同じく、情熱をかき立てるのもまた、ひどく骨の折れる仕事だった。リーダーたちが「コンチネンタルは自分たちの会社だ、皆で救うべきだ」という意識を広めたところ、従業員たちは表面的にはひとつのボートに乗った。だが、懸命にそのボートを漕いでもらうには、さらに時間、努力、そして多大な説得が必要だった。コンチネンタル航空が再生を果たすうえで、経営陣のリーダーシップが最も問われたのは、おそらくこの局面だっただろう。

情熱を引き出すというのは、ひとりひとりの心や感情に関わる問題だ。リーダーたちは、意思決定、交渉、リスクを伴う決断、いさかい、予期しない躓きなどに次々と直面して、胃の痛むような一日を過ごした後に、何とか時間をつくり、エネルギーを振り絞って、従業員たちと語り合わなくてはならない。ひとりひとりの心に入り込み、具体的な事柄に関して気持ちを通わせなくてはならないのだ。状況を話して聞かせる。躓きから立ち上がれるように、手を差し伸べる。努力の重みを胸に受け止め、十分に称える。希望の灯をともす。そして、相手にも後押しを求める。このような技量は「ソフトスキル」とも呼ばれるが、経営者やリーダーにとって、これを発揮するのは決してやさしいことではない。厳しい局面ではなおさらだろう。

□足並みの揃った組織

ベスーン以下の経営陣が行ったのは、正常な業務状態を取り戻したということに尽きる。たしかに業務プロセスを改めたり、工夫によって新しい手法を取り入れたりした事例もゼロではない。しかし、仕事の質や成果がどん底まで落ちた場合には、常識を働かせるだけで目覚しく事態を上向かせ、コストを大幅に下げられる。これを全社で積み重ねていけば、凄まじい効果が上がるのだ。

希望がすっかり失われ、出口の見えない暗闇の中にいると、当たり前のことを当たり前に行おうとの意欲すら湧かず、エントロピーばかりが生じる。並み以下のサービス。ミスやトラブル。仕事の妨害。無駄や手抜き。進んで何かを始めようとする意識の欠如。これらが重なって、組織全体の歯車が狂っていく。これに制度や業務プロセスの綻びが拍車をかけ、エントロピーが途方もなく増えていく。航空会社の場合は特に、休みなく運航スケジュールをこなすため、すべての部門、すべてのスタッフが十分に足並みを揃えなくてはいけないはずだ。ひとつの便に燃料、機内食、備品などを積み込み、乗客の搭乗をすませて飛び立ち、無事に目的地に降りても、それで仕事が終わるわけではない。同じことを数かぎりなく繰り返さなくてはならないのだ。コンチネンタルのような業務では、一歩誤れば労力、時間、資金などがとめどなく無駄になる。他方で、業務の流れを改めてエントロピー・コストを押し下げる機会も、やはり無数にあるのだ。

□知識を広める仕組み

これについて間違いなくいえるのは、満たされない思いばかりを抱え、仕事のやり方をすっかり忘れてしまった従業員たちに、ふたたびやる気を出してもらう必要があったということだ。業務のノウハウを身につけ、技能や知識を活かして業務水準を立て直し、乗客に優れた価値を届けなくてはならなかったのだ。意欲をみなぎらせた人々は「仕事のコツ」を知っていて、それは仲間内では暗黙の了解事項になっている。この種の知識が積もり積もれば、その会社ならではの優位性にすらつながるだろう。業績が翳《かげ》ると、知識の中身も乏しくなるが、社内に活気が戻り、士気や愛社精神が甦れば、知識もまた充実していくのだ。

□「結果を出す」という心構え

コンチネンタルがあの劇的な再生を果たすうえでは、「結果を出す」という心構えが欠かせなかった。たとえわかりやすいビジョンを描き、仕事への情熱を引き出し、変わろうという意欲を高め、全社の足並みを揃え、知識を広めても、過去の失敗を乗り越えられなければ、すべては水の泡だろう。そこでリーダーたちは、結果を出すのがいかに重要かを、ＯＩの他の要素と関連づけながら従業員に説く必要があった。それも、たゆまずに何度となくである。ただしその手法は常識的なものばかりで、魔法が用いられたわけではない。サービス水準を測って発表する、ただそれだけだ。出発の遅れは着実に減っていった。荷物の紛失も少なくなり、苦情もほどなく下火になった。

これらの指標は、財務数値とともに、いつも従業員の目に触れる場所に示しておくようにした。一時期は、アメリカ運輸省が公表するサービス指数が上向いた月は、全員に六五ドルの特別ボーナスを支払っていた。社内に新しい風を入れようと、カジュアルデーを設け、古びた『社員の心得』

を捨て去り、トップと従業員が話し合う機会をいくつも用意した。すると、「努力が実を結びつつある」という実感がより確かなものとなっていった。

事実、結果は出ていた。サービス指標が軒並み見違えるほどの伸びを示し、一〇年ぶりに赤字を脱した。一九九五年には、前年におよそ二億ドルの損失を出していたのとは打って変わって、二億ドルを超える利益を計上、翌年にはその額は五億ドルを上回った。以後は、四半期ごとに黒字を刻んでいく。株価も五〇ドルの大台に乗った。

社内もまるで花が咲いたようだった。二五パーセントもの賃上げが実施されると、従業員は「勝ち組企業」で働いているという誇りを取り戻した。士気もグッと高まり、欠勤、病休、業務上の傷害などは目に見えて減った。業界誌『エア・トランスポート・ワールド』によって、世界三〇〇社のなかから「エアライン・オブ・ザ・イヤー」に選ばれると、従業員たちはよりいっそうの誇りに輝いた。


もとより、ひとたび再生を成し遂げても、永遠に上げ潮が続くわけではない。コンチネンタルにかぎらず、集団の愚かしさに免疫のある企業などありはしないのだ。業績は上向くこともあるが、次の瞬間には下がり始めるかもしれない。しかしコンチネンタル航空の事例は、再生は可能なのだと私たちに教えてくれている。

コンチネンタルの〝大逆転〟をつぶさに追った専門家たちは、ベスーン以下の経営陣が打つべき手をほとんど打ったという見方で一致しているようだ。裏を返せば、あらゆる企業があらゆる局面でその同じ試みをする価値がある、ということだろう。

すでに述べたように、以上のような主観的な切り口から組織を見ると、人によって評価にばらつきが生じるのは避けられない。ウォルト・ディズニーとコンチネンタル航空の事例ですら、個別の点については評価が分かれるだろう。しかし、ＯＩという概念モデルを用いるのは、誰もが賛成するような評価を導き出すためではない。企業の優劣について考えるきっかけを作るのが狙いなのだ。さまざまな意見がぶつかり合った方が、真実に辿り着きやすい場合もある。問いかけをする。問いかけの意味を話し合う。どう答えるべきか、さまざまな見方を出し合う。こうして貴重な対話が続けられ、そこから、参加者すべてが組織全体の成功に大きく貢献する道が開けるのである。

何がＯＩを生み出すのか

さて、読者の方々、どうか大きすぎる期待を寄せないでいただきたい。「あらゆる組織の知性を伸ばせる万能レシピとツール一式を紹介してほしい」などとお思いでないことを祈っている。申し訳ないが、私はそのような秘伝のレシピを編み出してはいない。このテーマを扱い始めてわずか二五年。いまだ新米なのだ。今の私にできるのは、ＯＩの高い組織に共通する条件を見つけ出して、企業のリーダーや従業員がＯＩを高めるために何をすべきかを示すことだけである。この本では以後、ＯＩの七つの特徴をひとつずつ取り上げて紹介していくが、そこで引用されるストーリーの中には、ＯＩの高い組織に共通するさまざまな条件が繰り返し顔を出すだろう。

言い訳じみたことを述べたが、聡明な組織と愚かしい組織の違いが何によって生まれるのかについては、すでに十分にわかっている。非の打ち所のない理論を探し続けなくても、常識だけで事足りる場合もある。例えばリーダーたちに、魔が差したとしか思えない行動を取らないように、知恵を絞って物事を考え抜いてもらってはどうだろう。大切な判断を下す人々には、「左右をよく見てから横断歩道を渡って」もらいたいものだ。そのような人々には、周囲とともに考える姿勢を身につけ、役立つ意見や情報を集めたうえで判断を下し、常日頃から戦略について話し合う雰囲気を作ってくれるように、期待しようではないか。そうすれば、組織の課題やチャンスを正しくとらえられるだろう。

このように、高いＯＩを実現するには常識が求められるのは当然だが、リーダーシップも欠かせない。リーダーに知恵が不足していては、組織全体として賢明に振る舞えるはずがないのは、改めて述べるまでもないだろう。ただし、リーダーにどれだけ優れた先見性が求められるかは、組織がどのような課題に直面しているかに応じて異なる。高いＯＩを引き出すうえでは、ＣＥＯが有能な経営チームを築き率いていくことが重要で、これが時には他のさまざまな問題にも影響を及ぼす。主だったリーダーが、戦略を全社に根づかせられるか、その達成に向けて皆の力を引き出し、結束させられるかどうかも、決定的な意味を持つだろう。とりわけ、変革や再生をすみやかに成し遂げなくてはならない場合には、それが強くいえる。リーダーにとって、「実行」が最大の課題となる場合もある。ビジネスモデルに沿って事業を動かし、従業員が任務をまっとうできるように、いかに手助けをするかが重要なのだ。

制度がＯＩにとって重要な意味を持つことも、改めて述べるまでもないだろう。制度に綻びがあると、人々が愚かしい振る舞いをしているように見えてしまい、当人たちも愚かしいことをしていると感じる場合が少なくない。使命にふさわしい組織づくりができていなければ、創意工夫への熱意が空回りして、エントロピーに変わってしまうのも当然だろう。併せて、意味あるビジネスモデルが根本にあってこそ、意味ある制度を築くことができる。きまり、方針、手順、情報の流れ、指揮系統などが一体となって、組織の知能水準が――賢い組織かそうでないかが――決まるのだ。

ここで疑問に感じる人もいるだろう。「要はリーダーシップの問題に行き着くのではないか？　組織の知性を引き出すという仕事は、トップの肩にかかっているのでは？　ジャングルジムの下の方にいる者が、大きく貢献できるはずがないだろう」。無理もない疑問だが、リーダーシップを狭くとらえすぎているようだ。実のところ、ＯＩの高い組織では、一握りのトップだけが知識、ビジョン、影響力、進むべき方向を示すわけではない。そのようなきまりもなければ、必要もないのだ。これがＯＩの本質だといえる。すべての人が高い知性を活かし、ひいてはすべての人がリーダーシッップを発揮するのである。高い地位にある人々が、ＯＩを花開かせるためにさまざまな環境づくりをすべきなのはもちろんだが、そうした人々の力だけでは聡明な組織は作れない。そこで働く人々、何らかの形で貢献する人々、利害関係を持つ人々すべてが力を合わせてこそ、賢明な企業が生まれるのだ。

頭脳は鍛えるべきか？

この数十年間、ビジネスの世界ではさまざまな思考トレーニングが試みられてきた。数多くの企業が、思考力を鍛えると銘打ったプログラムに投資をしてきたのだ。革新性、創造性を伸ばすために次々と研修プログラムが設けられては、消えていった。この種のトレーニングは、アメリカ能力開発協会から人材開発の一環としてお墨付きを得てはいるが、部下の指導法、タイムマネジメント、財務計画の立て方、コミュニケーション・スキルなどと並んで、数ある分野のひとつにすぎない。「従業員すべてが、考えるという大切な仕事をよりよくこなせれば素晴らしい」と、バラ色の可能性を見て取る人もいるかもしれない。ところが、どの企業も判で押したように、ごく一時期だけこの問題に関心を寄せ、わずかな資金を投じるにすぎないのだ。

コンサルタントのルース・アン・ハットリとジョイス・ワイコフによれば、社員の考える力を伸ばそうと真剣に取り組んだ企業も少なくないという。だが、さまざまな理由によって、ほとんどが成果を上げられずに終わるそうだ。革新性、創造性を伸ばそうと多大な努力を払った具体例として両氏は、以下のような著名企業を挙げている――ブリストル・マイヤーズ・スクイブ、デュポン、エンロン、フィデリティ・インベストメント、フォード・モーター、ヒューレット・パッカード、クラフト、ルーセント・テクノロジー、ピルスベリー、ポラロイド、R・J・レイノルズ。

ハットリとワイコフの説明はこうだ。

一九九〇年代には、熱意あふれる人々が立ち上がり、実務現場の創造性を高めようと奮闘した。これら変革の旗振り役の多くが会社の上層部に後押しを求めたところ、快く受け入れられた。イノベーション・センターや社内コンサルティング部門の設立に力添えを得られた例もある。旗振り役たちは問題解決や発想法といった分野での研修に力を注いだ。マネジメント会議、アイデア・セッション、製品ネーミング会議などを催すよう、社内に熱心に働きかけたのだ。その成果は研修の受講者数、アイデア数、業務の依頼数などで測られ、いずれも凄まじい数に上っていた。

ところが、このようなチームはひとつまたひとつと姿を消していく。社内研修やプロジェクトの立ち上げでは成果を見せたが、一握りの幹部のお気に入りプロジェクトにすぎなかったのだ。それら幹部が他のポストに異動すると熱気が冷め、予算も削られていった。[注3]

さらに言えば、思考力の育成に少しでも投資しようとする企業は、全体の一〇分の一にも満たなかった。これほどまでに無関心が広がっているのはなぜだろうか。創造的な発想法の権威エドワード・デ・ボーノ博士が、あきれたように頭を振りながら述べている。「企業のお偉方は、ITには巨額を投じるでしょう。コンピュータ・ソフトウェアにね。……ですが、従業員の思考力を伸ばす目的には、つまり人間のソフトウェアには、その一〇〇〇分の一も投資しようとしないのです」

従業員たちがクリティカル・シンキング、現状を問う姿勢、改善などの訓練を受け、上司によりよい判断を求めるようになったら、重役やマネジャーは渋い顔をするのではないだろうか。すでに何年も前に、動機づけ理論で知られるフレデリック・ハーズバーグが述べている。「『従業員は、おとなしく言うことを聞いてくれればそれでいい』というのが、大方の経営者の本音だろう。口では『モチベーションを高め、付加価値を生んでほしい』などと言うが、こと実務のうえでは、従順さを求めている。部下に切れ者がいては自分の立場が危ういと身構えるのだ」

トレーニングの有効性についても、各研修の投資効果についても、測る方法が確立しているわけではないが、おおよその評価を試みただけでも、思考力を伸ばす研修は、長期、短期の効果があるとわかっている。AMA（アメリカ・マネジメント協会）の三日間コース『ブレインパワー』には、実際にこれを体験したマネジャーやプロフェッショナルから数々の賛辞が寄せられている。

AMAのブレインパワー・コースは、実は私が企画したものなのだが、一〇種類の「実践的な知性」（誰もが伸ばすことのできるスキル）と、それらを応用するための多彩な手法を骨組みとしている。以下に、この一〇のスキルを挙げておく。

スキル1　**柔軟な精神**（あいまいさを許容できるゆとり）
スキル2　**新しい情報を受け入れようとする姿勢**
スキル3　**体系的に考える力**
スキル4　**抽象的に考える力**
スキル5　**アイデアを生み出す力**
スキル6　**プラス思考**
スキル7　**ユーモアのセンス**
スキル8　**知的な冒険心**
スキル9　**長いものに巻かれまいとする気骨**
スキル10　**豊かな情緒**（EQ：**心の知能指数**）

率直なところ、このテーマに関しては私なりの思い入れがある。何年ものあいだ思考法について著述、講演といった活動をしてきたからだ。人々は無意識に何かに反応したり、過度に感情的になったりする場合があるが、それは学習によって改められるということを、私は何度となく目の当たりにしてきた。人々が自分をよりよく知ったり、チームワークを磨いたり、創造的な発想、体系的な発想に自信を深めたりする様子にも接してきた。

今日では、組織がモノ中心からアイデア中心へと凄まじい速さで変わりつつあるため、明晰な発想のできる人材へのニーズは高まっていくばかりだろう。公立学校では、およそ思考能力が培われていないため、企業が最後のよりどころとなりつつある。各社は今後、従業員の思考能力を鍛えることが最も効果的な投資なのだと、強く実感するはずだ。

第4章

わかりやすいビジョン

大いなる夢を実現するには、まず大志を抱くことだ。
――ハンス・セリエ（医学者）

ＯＩを探求する旅をビジョンから始めるのには、いくつかの理由がある。そもそも、目的や方向性が定まっていなければ、他の六つの知性を活かしようがないだろう。古くから言われているように、どこへ行きたいかがわからなければ、どの道を通っても同じなのだ。

さらに、これもよく言われているとおり、「トップが何を考えているかが肝心」だろう。ロシアには「魚は頭から腐る」ということわざもある。リーダー、そしてリーダーが右腕として集めた人材たちは、社の可能性を大きく左右する。言うまでもなく、経営チームの手腕だけで企業の命運が決まるわけではないが、変革を導く可能性、力、チャンスなどに最も恵まれているのは間違いなく経営者だろう。社内の人々が集団としての知性を十分に発揮するかどうかも、組織全体の可能性を最大限に引き出そうとするかどうかも、経営者しだいなのだ。

戦略ビジョンがどのように生み出されるのか、そのプロセスを深く追求するのも非常に興味深いが、その誘惑に流されないようにしたい。ここでの目的はあくまでも、組織やそのリーダーがどうすれば現実的なビジョンを描けるかを探ることなのだ。

成功の先に待つもの――つかの間の「わが世の春」

マリオット・インターナショナルの設立者J・ウィラード・マリオットは生前、「成功は終着点ではない」を口癖にしていたという。栄光をつかみ取るよりも、その座にとどまり続ける方が難しい、と考えていたのだ。跡を継いだビル・マリオット・ジュニアも、まったく同じ考えのようだ。「ひとつでも戦略を誤れば、命取りになりかねません」

長い目で見れば、およそすべての企業が浮き沈みを経験するだろう。ゼネラル・エレクトリック（GE）、プロクター・アンド・ギャンブル（P&G）、三越、イングランド銀行などは、一〇〇年以上の歴史を誇っている。エンロンや高株価に沸いた数々のドットコム企業は、打ち上げ花火のように一瞬にして散っていった。モンゴメリーワード、Kマート、スミスコロナは、じりじりと後退していった。果たして、永遠に繁栄を続けることは可能なのだろうか。

ビジネスの世界では、熱意と知性あふれる企業が千載一遇のチャンスに恵まれ、つかの間、わが世の春を謳歌するのは珍しいことではない。著名企業の名前がいくつも挙がるはずだ。こうした企業は彗星のように現われて、過去に例のないほどの成長、利益などを達成するのだが、その後は横ばいが続くか、以前の状態に逆戻りしていく。多くの企業はほどほどの成功に甘んじているが、なかには栄光をきわめる企業もある。

スカンジナビア航空（ＳＡＳ）は、一九八〇年代初めに航空業界の寵児となった。カリスマ性に満ちたスウェーデン人ヤン・カールソンがＣＥＯに就任してからというもの、水を得た魚のように生まれ変わったのだ。ＳＡＳはそれまで、航空機の取引から利益を上げるのみで、本業では一度として黒字を成し遂げていなかったのだが、カールソンが率いるようになってからは、優れた顧客経験を実現した。その基本となったのは、「真実の瞬間」、つまり日々の業務のなかで素晴らしいサービスを乗客に届ける数々の瞬間を、いかにうまく演出するかということだった。カールソンはスウェーデン人のマネジメント・コンサルタント、リチャード・ノーマンの提案をもとにして、えりぬきの経営陣たちを共通の目的へ向けて束ね、八一年には八〇〇万ドルの赤字だったＳＡＳを、売上高二〇億ドル、純利益七一〇〇万ドルにまで立て直したのだ。ちなみにこの時期、ＳＡＳを除いたヨーロッパの航空会社は総額二〇億ドルを超える損失を計上している。

ヨーロッパでは、経営者、学者、コンサルタントたちがいっせいにカールソンの魔法を解き明かそうとした。「サービス・マネジメント」という概念が生まれたのも、ＳＡＳの起死回生によるところが大きい。[注1] リチャード・ノーマンの言葉を引いておきたい。「主要経済のほとんどで、大きな比重を占めているのは製造業ではなくサービス業です。ところが世の中では相変わらず、製造業の発想とモデルをもとにサービス業を動かそうとしているのです」

一〇年ほどのあいだ、ＳＡＳはわが世の春を謳歌して、何をしてもうまくいくようだった。世界経済の回復の波に乗り、ヨーロッパ線、大西洋線の旅客航空事業で勢いを増し、売上高、利益を着実に伸ばしていった。ヨーロッパと北米をまたにかけてマーケティング面の提携に乗り出し、世界のリーディング航空会社への道をひた走っているように見えた。

ところがさまざまな理由から（この理由については、専門家のあいだでも尽きることなく議論されている）、ＳＡＳの全盛期にも翳りが見え始める。厳しい経済情勢のなか、ＳＡＳといえども競合他社にない特別な魔法を持っているわけではないと、明らかになってきたのだ。従業員たちに、いついかなる時も活き活きとほほえみながら、洗練された顧客応対をするように求めても、現実的ではないとわかってきた。サービス伝説が少しずつ輝きを失い、士気は並みのレベルに戻った。決して特別ではない、「そこそこ」のサービスをするにすぎなくなったのだ。

するとカールソンは、ふとひらめきでもしたのだろうか、派手な動きに出たが、結局は成果を上げられずに終わる。コンチネンタル航空とマーケティング面で提携したのだが、このアメリカの航空会社は破産申請を繰り返し、社内のよどんだ空気を長く変えられずにいた。ＳＡＳの研修部門から多数の「バイキング」たちがヒューストンへ送り込まれ、「いかに仕事に情熱を向けるか」というコースを開いた。熱のこもった研修コースはしかし、コンチネンタル航空の冷めたアメリカ人たちの心を動かすことができなかった。マーケティング提携は期待された効果を生まず、投資総額が二億ドルを突破してからようやく、ＳＡＳは苦境にあえぐコンチネンタルの立て直しを諦めた。

その一方で、カールソンは野心的なマーケティング・コンセプトも打ち上げた。グローバルな旅行サービス会社を築こうというものだ。出張の多いビジネス客向けのホテルチェーンと、旅行・観光関連の各種サービス事業を展開すれば、ＳＡＳは顧客が自宅を出てから空港、ホテルへと移動して泊まり、用事や観光をすませて自宅に戻るまでの行動すべてを事業機会にできると考えたのだ。

これもまったくの見込み違いだった。三年にわたって多大な労力と資金を傾けた末に、ＳＡＳは「ワールドワイドな旅行業」という看板を下ろした。

一九九〇年、一時は会長職に退いていたカールソンが、かつての栄光を取り戻したいとの思いから、経営の第一線に返り咲いた。今回は、ヨーロッパ系数社との大規模合併《メガマージャー》を推し進めた。規模をテコにしてマーケティング力を強めるとともに、路線を拡充したいとの狙いだった。このプロジェクト「アルカサル」は、およそ二年ほど話し合いと交渉が重ねられたが、やがて人知れず消えていった。九三年にカールソンはＳＡＳを去り、他のビジネスに身を投じた。

ＳＡＳは今日でも尊敬に値する健全な企業である。好調時には、それなりの利益も上げている。マーケティング面で各種のアライアンスに参加して、世界一流の航空会社としての地位を保っている。にもかかわらず、黄金時代は終わりを迎えた。長く優良企業の座を保ち、一時はまさに飛ぶ鳥を落とす勢いだったが、全盛期は過去のものとなったのだ。

このような浮き沈みは、ハイテク業界にも散見される。アップルコンピュータ（以下アップル）は一九七〇年代に華々しく登場して、記録的な速さで成長を遂げた。コンピュータ産業の黎明期には、識者は揃って、アップルはいつまでも他社を引き離し続けるだろう、リーディング企業の地位から滑り落ちることはないだろう、と確信していた。独創的なマーケティング、買い手の心をくすぐる広告宣伝、コンピュータ雑誌からの絶大な支持などを追い風に、〈アップルⅡ〉は伝説的なヒット製品となった。しかし、次いで投入された〈マッキントッシュ〉（当初は〈アップルⅢ〉、〈リサ〉と呼ばれたが、すぐに〈マッキントッシュ〉に改められた）は、一九八〇年にＩＢＭがＰＣ市場に参入すると影が薄くなった。アップルの快進撃はペースが衰え、やがて足踏みを始める。IBM製PCの方が優れていたというよりも、汎用性の高い製品が生まれたのがきっかけとなって、他にもライバルが次々と市場に雪崩込んできたのだ。

独創性に欠けるIBM製PCが、やはり独創的とはいいがたいマイクロソフトのMS-DOSとともに事実上の標準《デファクト・スタンダード》になると、アップルの技術は袋小路に追い詰められた。カリスマ性と移り気で知られるCEOスティーブ・ジョブズは、IBMとの闘いに執念を燃やし、真の脅威がOS（オペレーティング・システム）分野にあるということを見落とした。その間に、マイクロソフトがOS市場を手中に収めたのである。アップルは現在でも、何百万もの熱狂的なマックファンに支持されているが、世界市場でのシェアは五パーセントに満たない。

シスコシステムズ（以下シスコ）もまた、彗星のように現われてテクノロジー業界の夢物語の主役となったが、やがて燃え尽きてしまう。シスコは一九九〇年代後半、テクノロジー業界と株式市場を巻き込んだインターネット・バブルの波に乗って、売上高、利益ともに凄まじい伸びを見せた。利益も途方もない額だったが、株価はその何倍、何十倍もに高騰した。CEOジョン・チェンバースは過熱ぎみの株価をテコに一〇〇社近くを買収した。買収先の多くは利益を上げておらず、顧客、いやそれどころか製品すらも持たない企業も含まれていた。「どのような犠牲を払ってでも、成長を遂げてみせる」という言葉が呪文のように唱えられた。二〇〇一年、ドットコム・バブルが弾けてハイテク分野のスタートアップ企業が次々と躓き始めると、シスコのサーバー、ルーター、スイッチなどの需要は急速にしぼんでいく。危機に瀕した各社は、すでに購入していた大量のシスコ製品を中古市場で投げ売りした。開設直後に早くも活況を呈していたオークションサイト、eBayへの出品も目立った。急転直下、シスコの売上は惨めなほどに落ち込み、在庫だけがうず高く積み上がっていった。連続黒字記録は四一・四半期でストップし、赤字に転落した。それまでしきりにシスコの「ニューエコノミーの新しいビジネスモデル」を褒めそやしていたマスコミ関係者や識者の多くが、失速の原因を説き始めていた。

これら激しい浮き沈みが示しているのは、永遠の繁栄などありはしないという点にほかならない。株式市況、不動産価格、景気、ヒットソング、映画スター、人気商品など、すべてがS字カーブを辿る。数多くの起業家、投資家、ベンチャー・キャピタリスト、市場アナリストたちの夢を壊すようだが、目覚しい成長がどこまでも続くと考えるのは現実的ではないだろう。これら関係者は、成長が止まった瞬間に目に見えて冷淡になり、突き放すような姿勢すら示し始める。年間の増益率が三〇パーセントから二五パーセントに下がっただけで、ビジネス紙などは「期待外れ」「先行きに暗雲」と評する。「下り調子」というのも決まり文句だ。市場が冷静だった頃は、一五ないし二〇パーセントの成長を遂げていれば、「きわめて良好」とされたものだが、市場が過熱して正常な判断が失われると、その程度では冴えないと見なされた。「オールド・エコノミー的」で称賛に値しない、というのだ。

自社が繁栄の絶頂にある時、経営者にとって最も重要なのは、逆説的かもしれないが、そのような状況に酔わないことだろう。成長街道を疾走してきた企業が、その勢いがいつまでも続くという仮定に立って投資、新製品投入、企業買収などを行うと、ひとたび成長が止まった後にとんでもない苦境に陥る。最盛期を過ぎた後の惨状からは、「大切なのは、利益を上げながら成長を続けていくことで、あらゆる犠牲を払って成長を目指すことではない」という苦い教訓がもたらされる。

遠近両用の目を持とう

ここで述べたいのは、目の前の課題や危機に必要に応じて対処しながらも、将来起きそうな事態を視野に入れておくべきだ、ということである。いわば、車のハンドルを握りながら、目的地への道のりを思い描く力が求められるのだ。現在の出来事が積み重なって将来が形作られると明確に意識しながら、問題に気づき、判断を下し、何から行うべきかを決めなくてはならない。

リーダーにどの程度こうした姿勢が求められるかも、目先と将来のどちらを重んじるべきかも、置かれた環境に応じて異なってくる。リーダーの力量にも個人差があるため、企業のニーズとリーダーの力量がうまくマッチするかどうかは、偶然に頼らざるを得ない面もあるだろう。もちろん、日々の業務にばかり心を砕き、先々にまで思いを馳せようとしない経営者もいる。他方、「先見の明」がありすぎて壮大な夢やビジョンばかりを追い求め、今日、明日の地道な業務と、想像の世界に広がるバラ色の将来とを橋渡しできない経営者もいる。よく言われるように、楽園に辿り着くためには、その道すがらで糧を得なくてはならないのだが。

ＣＥＯや経営チームにこのような眼力が最も問われるのは、テクノロジーの移り変わりに関してだろう。つまり、いつの時点で価値を生み出す方法が大きく変わるかを、予見する力が求められるのだ。テクノロジーが大きく変化すると、現在の方針のままでは将来を乗り切れず、方針転換が必要になる。モトローラを例に取れば、アナログ式携帯電話からデジタル式携帯電話への移行がこれに当たる。専門家が一致して述べているとおり、モトローラはデジタル技術を取り入れるのは時期尚早だと見なして、あまりに長くその実現性に疑問を抱き続けた。それがアダとなってデジタル製品の投入で後れを取ったため、エリクソン、ノキアといった「北欧のバイキング」が侵入してきても、迎え撃つすべがなかった。モトローラの上層部は、当面の市場ニーズに十分に応えながら、将来を見据えて製品を刷新していく、ということができなかったのだ。

長い伝統を持つ一部業界では、オンライン技術や電子商取引の普及という事態を前に、この「遠近両方を見る力」が問われている。ウォール街の大手証券会社は、格安を売りにしたオンライン証券会社が生まれ、無償にひとしい手数料でサービスを始めると、大揺れに揺れながらもその現実から目を逸らそうとした。「富裕層に向けて、個々のニーズを踏まえたサービスや投資アドバイスを提供する」という従来のスローガンと矛盾したビジネスモデルを採用するか、それともかつてない低価格競争のなかでじりじりと後退していくか、というジレンマに直面したのだ。二つに一つの選択を迫られて、案の定、どちらを選ぶこともできなかった。

環境の激変に見舞われる危険は今後、高まっていくばかりだろう。多彩なテクノロジーが生み出されればなおさらで、起業家精神あふれる小規模企業ですら、安穏としてはいられない。ごく身近なところから、結婚式専門のフリーランス写真家を例に取りたい。デジタル写真が急速に安く、利用しやすくなり、目覚しく普及しつつあるため、写真家たちはまず、フィルム写真からデジタル写真にいつ、どのようにして、どれだけのコストをかけて乗り換えるべきか、考えなくてはならない。

ただし、機材を新調すればそれで事足りるというわけではない。顧客は専門知識を身につけ、期待度を高め、値段に対してより大きな価値を求める。洗練された技術が手の届きそうなところにあれば、誰もが「自分も写真家になれる」と思う。こうして世の中には自称「写真家」があふれ、プロの写真家は特別な存在とは見なされなくなる。こうなると、写真で生計を立てている人々は「何をお客さまに届けるか」を考え直す必要に迫られる。依頼主との関係を見つめ直し、これまでとは違った可能性を視野に入れ、新しい価値を生み出さなくてはならない。例えば「結婚式の写真をお撮りします」ではなく、「お二人の門出を、さまざまな映像や音で思い出にとどめませんか」と提案するのだ。あらゆる分野の起業家たちが、現在のビジネスを展開しながら、新たな境地を切り開いていかなくてはならない。「運転しながらタイヤを交換する」ことが求められるのだ。

マネジメント論の流行や誤りに流されるな

アメリカ小売業界の老舗シアーズ・ローバックは、多角化によって成長にはずみをつけようと、証券会社のディーン・ウィッター（現モルガンスタンレーディーン・ウィッター）を買収した。ウォール街ではすぐさま、「靴下《ソックス》と株《ストック》戦略」という洒落たフレーズが生み出された。ＬＴＶが買収熱に取りつかれてスウィフト・ミートパッキング、ウィルソン・スポーティング・グッズ、ウィルソン・ファーマスーティカルズに触手を伸ばすと、付いた呼び名は「ミートボール、ゴルフボール、そしてグーフボール（睡眠剤：「役立たず」という意味もある）」だった。

後から振り返ればまるで笑い話のようだが、当時の経営陣は意味のある動きだと考えたのだろう。

この三、四〇年というもの、経営者のもとにはアドバイスが次々と押し寄せてきた。ビジネススクール、雑誌、各種の経営コンファレンス、そしてもちろんコンサルタントからも。その趣旨はすべて、「これまでのやり方はいかがなものでしょう。新しい試みが必要では?」というものだった。

経営者の多くは、新しい発想や手法を積極的に受け入れてきた。この数十年で、組織からより高い成果を引き出すための理論を、何種類となく信奉してきたものだ。その多くは、長短はあっても一定の期間もてはやされ、やがて忘れ去られていった。おそらくある程度の価値は認められたのだろうが、やはり「次の素晴らしいアイデア」を探そうという動きが続くのだ。これは決して終わらない旅だろう。マネジメントに正解はないのだから。

私自身も、主なものだけで一〇前後の理論が現われては消えていくのを見届けてきた。みずから関わりを持ったり、批判したり、旗振り役となったりしたものもある。だが依然として、あらゆる企業・経営者、あらゆる時代に適した理論やモデルなど存在しない、との信念に変わりはない。以下、これまでの主な理論を簡単に紹介しておきたい。

□目標管理(MBO)

一九七〇年代初めに大きな注目を集めたMBOは、トップから最前線の従業員にいたるまで、全員が細かい目標を立て、それに沿って業務を進めようというものだ。業務全体についていくつかの「柱となる成果」を定め、「大枠の目標」「具体的な目標」へと細かく分けていくのである。

運用にあたっては、たえず難しさが伴った。というのも、目標を決め、社内に広く知らせ、進み具合を見きわめるなど、人々の意欲を保つ工夫が求められるのだ。たいていは一般の従業員や現場の役職者から物言わぬ抵抗が生まれ、経営トップも「何としても徹底させよう」とまでの意気込みはなかったため、この試みは失敗に終わった。ただし、業務内容そのものよりも成果に注目する考え方が生まれたのは、MBO理論によるところが大きいだろう。

□生産性の重視

七〇年代後半に脚光を浴びた理論。すべての作業をくまなく分析して無駄を省き、可能であれば簡素化を図る。従業員によりよい仕事をしてもらえるように、支援の仕組みを設ける。ある意味これは、テイラー主義（テイラー主義については第7章で詳しく取り上げる）を焼き直して、働き手の心の内に配慮したものだといえる。仕事をより豊かに、より広がりのあるものにしようとの発想が織り込まれ、ジョブ・シェアリングまで視野に入れている。フレックス制度、モチベーションの見直しなど、関連分野の動きに後押しされて、セミナーなどで盛んに取り上げられた。

□事業の多角化

七〇年代終わりから八〇年代初めにかけて流行。一部の巨大企業が他業種の企業を傘下に収め始めると、「他の業種に活路を見出せば、成長の限界を打ち破れるだろう」との考えが経営者のあいだに広まっていった。大方が見落としていたのは、それら馴染みのない業界にもしたたかな企業がいて、激しい戦いを仕掛けてくるだろうということだった。あきれるほど多くの企業が同じ間違いを犯した。何の優位性もない分野、少しも理解していない分野、成功するはずのない分野に参入したのだ。後知恵で述べれば、あまりにも多くの企業が土地鑑すらもない分野に飛び込んでいった。当時は大競争時代が幕を開けようとしており、楽に儲けられるビジネスなど残っていなかったことを考え合わせると、とりわけ向こう見ずな動きだったといえるだろう。

□M＆A（企業の合併・買収）

七〇年代末から八〇年代の大半にかけて、大企業がM＆A熱に浮かされ、さまざまな動機で拡大路線をひた走った。この動きは九〇年代にも再燃して、数兆ドル規模のM＆Aが敢行された。いずれの時期も、「食われないためには、先に敵を食うことだ」との忠告がささやかれた。これは高株価に沸いたドットコム企業の合言葉にもなり、設立者たちは地に足を着けて事業を進めることよりも、株価をさらに押し上げることにより強い関心を向けた。

だが、財務アナリストたちが数多くのM＆Aをつぶさに調べたところ、株主価値が高まった事例は全体の半数にも満たなかったという。買収先をその後売却した事例もある。AT＆Tは九〇年代半ばに何度も大物を飲み込んだが、二〇〇〇年に入ってそれらを放出したのだ。

□人間関係論

七〇年代初めから半ばにかけての短い期間ではあったが、行動科学が時流をつかんだ。マネジメント研修では、フレデリック・ハーズバーグやダグラス・マグレガーのモチベーション理論が持ち出され、経営者にはマズローの欲求段階説を理解し、みずから語れることが期待された。ベトナム戦争後の「自分を大切にしよう」という風潮のなか、人間的な成長を目指す動きが広がって、産業界に向けてそれらを熱心に説く人々が増えた。経営者やマネジャーは交流分析、行動修正などのコースを体験した。だが、こうした心に関わる理論をどのようにして業績につなげればよいのか誰にもわからず、世の中の流れが生産や利益を重視する方向に変わると、人間関係論もそれまでの諸説と同じように、しだいに忘れ去られていった。

□エクセレンス（優秀性）

一九八二年、かの『エクセレント・カンパニー』（トム・ピーターズ、リチャード・ウォータマン）が刊行され、ビジネスの発想にドラマ性が持ち込まれた。この本は経営書として初めてベストセラー入りしたことでも知られる。著者のひとりでコンサルタントのトム・ピーターズは、一〇年以上ものあいだ、講演会に引く手あまただった。産業界の各種コンファレンスでは「エクセレンス」は必須のテーマとなり、事業からの撤退は「エクセレンスへのこだわり」とされ、「エクセレンス」と書いたTシャツが大いに売れた。エクセレンス運動はたしかに経営者に注目されたが、従業員を奮い立たせる方法はといえば、動機づけキャンペーンぐらいしか思い浮かばないのだった。

□一分間マネジメント

『1分間マネジャー』（ケン・ブランチャード、スペンサー・ジョンソン）も大旋風を巻き起こした。『エクセレント・カンパニー』と趣は異なるが、やはり大ヒットしたのである。八四年に自費出版され、かなりの部数を売り上げた後でようやく版元がつき、やがて各国でも翻訳出版され、売上は総計五〇〇万部を突破している。わずか九〇ページのなかにたとえ話を織り込み、国や時代を超えたリーダーシップの基本をしたためている。それまでの常識を破り、ビジネス書の新しいスタイルを打ち立てたのだ。ところが、一分間マネジメントはエクセレンスとは異なって、提唱者のケン・ブランチャードの影に縛られ続けた（ちなみに、基本となる考え方は医師のスペンサー・ジョンソンが提供したとされる）。「いかにしてエクセレント・カンパニーになるか」というコンファレンスは開かれたが、一分間マネジメントの方は単独のテーマとしては取り上げられなかったようだ。ケン・ブランチャードが講演依頼を受けなかったからである。

□総合的品質管理（ＴＱＭ）

一九九〇年前後には、日本企業がアメリカの大企業、さらには他国の企業を次々となぎ倒すようになっていた。安くて品質のよい製品を作り、積極的なマーケティングを展開したのだ。日本企業による「品質の奇跡」によって、家電、玩具、腕時計、自動車といった各業界のリーディング企業が、完全に不意を衝かれた。アメリカをはじめとする各国のコンサルタントたちは、日本の品質管理手法（ＴＱＣ）を取り入れることにした。突如として、並み居るアメリカの大企業がＴＱＭ（ＴＱＣのアメリカ名）という品質教に入信したのである。品質運動の先頭に立ったのはモトローラで、かの有名な「シックスシグマ」活動を展開して、製品の欠陥率を一〇〇万分の三・四以下に抑えようとした。

熱心な提唱者たちは、ＴＱＭをあらゆる人材やプロセスに適用できる万能薬だと主張したが、他分野での試みはほとんどが躓き、ＴＱＭは主に製造業の品質活動にとどまった。九〇年代末以降、ＧＥが伝説のＣＥＯジャック・ウェルチの指揮でシックスシグマ活動を始めたため、ＴＱＭ再評価の気運が一定の盛り上がりを見せた。ＧＥは、モトローラの品質教本を参考にして、自社流のシックスシグマを展開したのだ。社内に「ブラックベルト」と呼ばれる品質コンサルタントを置いているのも、よく知られるとおりである。多くの大企業がＧＥと類似のプログラムを導入して、目覚しいコスト削減成果を上げたという。

皮肉にも、日本の品質手法は元をただせば、アメリカの統計学者Ｗ・エドワーズ・デミングが考案したものだ。デミングは、ダグラス・マッカーサー元帥の要請で第二次大戦後に日本を訪れ、製造業の再建策をアドバイスしたのである。そのデミングが本国で大家の称号を与えられたのは、自身の手法が日本の衣をまとって逆輸入されてからだった。

□チームワークと権限委譲

さまざまな理論が入れ替わり立ち替わり登場するなか、多くの企業が取り入れたのが、権限委譲《エンパワーメント》と自発的チームという一対の概念だった。これらのコンセプトが生まれたのは実に一九五〇年代に遡る。スカンジナビア諸国を中心に広まり、とりわけボルボの民主的な職場は研究の対象として学界で語り継がれたほどだ。アメリカをはじめとした各国でこれらコンセプトの可能性に大きな注目

らえ、七〇年代に一時流行した「参加型マネジメント」に重ね合わせた。

だが、さらに大きな関心を集めたのは「チーム」というその名のとおりのコンセプトで、組織のフラット化や、より融通の利く組織を作るための幅広いリストラクチャリングなどとうまく呼応した。通常は、社内コンサルタントやスーパーバイザーの指導のもと、研修を受けた従業員がみずから業務を改善することになっていた。

例によってこの理論も、実務面での成果はまちまちだった。エンパワーメントやチーム責任を重んじる文化が全社に根づいていれば、プロジェクト成功の可能性は高く、輝かしい成果を上げる事例も見られた。だが現実に多いのは、経営者が予算だけをつけて、あとは望みどおりの結果が出るのをただ座って待つというケースだった。従業員たちは何もわからないまま、いつものようにトップダウンで与えられた施策をこなすのだ。時にはＴＱＭの品質改善チームにしばしば見られたように、分析手法も業務知識も持たずにプロジェクトと格闘しなくてはならなかった。本来ならシステムアナリストやプロセス・コンサルタントが取り組むべき課題が、一般の従業員に与えられるという事例も少なくなかった。業務の性質そのものによっても、成果が左右された。作業のルーチン化が進んだ製造現場よりも、業務の進め方を選ぶ余地があって、成果を数字だけで容易に測れない、いわば不透明性の高い状況での方が適しているのだ。

□ISO9000

ＴＱＭ的な考え方の流れをくむものとして、おそらく最もよく知られているのは、ＩＳＯ９０００だろう。ＩＳＯ９０００は、スイスのジュネーブを本拠とする国際標準化機構（ＩＳＯ）が推奨する品質監査の手法である。一九九〇年代の後半にある程度広まったが、アメリカでは提唱者が期待したほどの盛り上がりは見せなかった。この手法を実践するには、製品の企画から生産プランの立案、生産、梱包、出荷・配送にいたるまで、業務プロセスすべてをこと細かく文書化しなくてはならない。手順と求められる成果をプロセスごとに書き出し、業務全体のマニュアルを作成するのだ。次に、監査や記録の作業にあたる人々を社外から招き、マニュアルどおりに業務が進められているか、確かめてもらう。この条件をクリアすると認証が交付される。ＥＣ加盟国を中心に、事業分野によっては、この認証が特定の大手企業と取引するうえで大きな威力を発揮する。

□リエンジニアリング

「リエンジニアリング」が唱えられるようになったのは、幸運にも、アメリカのビジネス論が標準化や分析、つまり「左脳」を使う活動を重んじる傾向を強めていた時期である。一九九〇年代の初めに多くの経営者、とりわけアメリカの経営者は、人の問題、動機づけ、顧客サービス、企業風土など、打ち手のなさそうな「ソフト」な問題の数々に食傷ぎみだった。みずから解決へ向けて取り組めそうな何か、数字やグラフで表わされる何かを望んでいたのである。同じ時期にＴＱＭやＩＳＯ９０００への関心が高まったのも、このような風潮と無縁ではないだろう。

マイケル・ハマーとジェームズ・チャンピーによるベストセラー『リエンジニアリング革命』[注2]は、組織を「改める」ことへの興味をふたたびかき立て、TQMではカバーできなかった細部までを対象として解決策を示したのだった。リエンジニアリング・ブームはおよそ五年ほど続いた。

□顧客中心主義

以上に示した「結果重視」の分析的アプローチと並行して、一九八〇年代後半には顧客価値の創造をとおして競争力を高めようとする考え方への関心が集まった。こうした気運は、私とロン・ゼンケの『サービス・マネジメント革命』[注3]が絶大な支持を受けたことにも表われている。この本で私たちは、スカンジナビア諸国で生まれた「サービス・マネジメント」という新しい概念をもとにしながら、欧米経済ではサービス産業が主流となっているにもかかわらず、現在の経営哲学や経営手法は製造業の発想に浸り切っている、と主張した。サービス・マネジメントは流行語となったほか、運動としても広がり、私とゼンケのもとには、講演依頼が次々と舞い込むようになった。これをテーマにしたコンファレンスが花盛りとなり、企業内研修プログラムも数多く開発され、例によって、顧客重視プログラムを企画・実施するコンサルティング・ファームが生まれた。

九〇年代半ばの一時期、顧客重視を実践しようとする人々は、TQMのような定量的なアプローチか、企業文化に働きかけようとするアプローチ（サービス・マネジメントに近いアプローチ）かいずれか一方を選ぶ傾向があった。私や仲間は、この両方をサービス・マネジメントに反映させようと努力をしたが、成功することもあれば、思うようにいかないこともあった。「サービス・ムーブメント」は、『サービス・マネジメント革命』が刊行された一九八五年から一九九〇年代の後半まで、経営論としては異例の長きにわたって強い影響力を保った。だが、どのような理論も永遠に主流であり続けることはできず、やがて実務家、学者ともに、左脳的な発想へと引き戻されていった。

□リストラクチャリング

不況の波が押し寄せるつど、大企業の幹部、彼らにアドバイスするコンサルタントたちは、ホワイトカラーのコストが非常に高いことを思い出す。そして、「コア・コンピテンシー」(中核的な能力)という概念が広まっていった。事業の事業のための資源をすべて自社で持つ必要はない、というのだ。「バリューチェーン」の一部については、より低コストでよりよい仕事ができる事業パートナーに担ってもらうのが、理にかなうとされた。各社とも、得意分野を見きわめて、それを伸ばすことに力を注ぐべきだというのだ。これに関連して、組織のフラット化、アウトソーシング、周辺事業の切り離し、などももてはやされた。ウォール街もこれらを歓迎し、証券アナリストは「贅肉を削ぎ落とした」企業を高く評価した。

この考えは全米に受け入れられ、ヨーロッパの経営者のあいだにもじわりと浸透している。ついにはアジアにまで広がりを見せているほどだ。空前の「ダウンサイジング」——ありていに言えば、大規模な解雇——は人間味を失ったアメリカ的マネジメントの最も醜い一面だ、との見方もあるが、他方、一九九〇年代の後半まで、アメリカの失業率が記録的な低さだった事実を挙げて、労働者がきわめて高い適応力を持っている、とする人々もいる。

これら数々の経営論については、誰もが同じ疑問を抱くだろう。果たして役に立ったのか？　ブームが去った後も、何らかの価値を残したのだろうか？　これまでのところ、すべての理論を深く分析して、これらの疑問に答えようとの試みはなされていないようだ。そうであれば、主要なビジネススクールが取り組む意義があるだろう。私自身は、どの理論も、（誰が発案者であるかは忘れ去られている場合が多いにせよ）大切な考え方を残したと思う。何かの理論が流行するつど、人々はそれまでのやり方を見直すように迫られる。また、新しい理論が生まれるたびに、新しい提案がなされ、新しい経営用語が生み出される。

書籍が売れ筋から外れ、コンファレンスのテーマに据えても参加者の集まりが悪くなると、コンサルティング・ファームは新しいコンセプトを考えなくてはならない。しかしそれを理由に、古いコンセプトが有用性を失ったと決めつけることはできない。私の見たところ、経営者やマネジャーは大多数が、直感と常識だけを「理論」として頼りながら地道に前へと進んでいる。経験をとおして学ぼうとする人もいるようだ。だが、革新的な考え方を熱心に追い求めて、競争優位や業績アップにつなげようとする人々は少数派のようである。

かねてから思っているのだが、経営者やマネジャーの教育では、マネジメント論の歴史を十分に押えておくことが不可欠だろう。これまでの多彩な理論をひととおり頭に入れておけば、過去の失敗を繰り返さずにすむ。新しい考え方や手法に接しても、その有用性や実現可能性をよりよく判断できるだろう。流行、誤った考え方、俗説などの催眠術から逃れられるのだ。

ビジョン、ミッション、バリュー、そして戦略

「わが社の使命《ミッション・ステートメント》」を掲げる企業は少なくない。だがその大部分は、読むに耐えない内容だ。知性、知識、経験、意欲などすべてを兼ね備えた経営者が力を出し合った結果、できあがったのは空疎きわまりない文章でしかなかった。何ということだろうか。だがこれが、世界のここかしこで次々と起きている現実なのだ。

決意の表明は、ビジョン、ミッション、事業哲学、原則、宣言など、さまざまな呼び方ができるが、いずれにせよ、マネジメント・ツールとして実に大きな威力を発揮する。共通の動機と決意のもとに人々を束ね、壮大な事業へと駆り立てるのだ。一九六〇年、ジョン・F・ケネディ大統領はこう宣言した。「一〇年以内に人類は月に立ち、無事に地球に戻ってくる。これを成し遂げるのが、わがアメリカ合衆国の使命だと、私は固く信じている」

この簡潔なメッセージを号令として、全世界の注目を集めた歴史的な冒険、アポロ計画が動き始めた。二三〇億ドルが投じられ、一九六九年七月二〇日、人類はついに月面への着陸を果たした。ケネディの使命感あふれる言葉は、大勢の人々をまとめあげる凄まじいパワーを生んだ。何万という才能ある人材が情熱を燃やし、目標に向けてわき目も振らずに走り続けたのである。

他方、どうにも冴えないミッション・ステートメントもある。これは主に、作り手の内面に巣食うふたつの問題によるようだ。

1　字面を飾り立てればそれでよいと勘違いしている
2　そもそもどのような価値を実現しようとしているのか、はっきりと言葉にできない

1は2よりも対処しやすい。文章を書こうとせずに、まずは中身だけを考えればよいのだ。事業の「売り」となる点を、名刺の裏に書き込めそうな短いフレーズに表わす。それを読む人の心に響く洗練された表現に改めるのは、さほど難しくないだろう。アポロ計画の開始を宣言したケネディの言葉が、いかに簡潔だったことか。無駄がなく研ぎ澄まされ、真実味にあふれているのだ。アポロ号が月面に降り立った瞬間、私たちはケネディの言葉が現実になったと知ったのだ。もとよりビジネスの世界では、すべての使命が一時期に達成されることはまずない。ミッション・ステートメントとは、日々の事業活動からどのような価値を生み出していくかを宣言したもので、その日々の営みをとおして企業は生き続け、繁栄するのだ。

2の、考え自体がまとまっていないというのは、多くのミッション・ステートメントに見られる問題点で、一朝一夕には改められない。美しいフレーズが思いつかないのではなく、事業の本質を見据えられずにいるからだ。どのような価値を生み出して、顧客、株主、事業パートナー、社会などとの関係を築くべきか、その根本が明瞭になっていないのである。

拙著『北行き列車』[注4]で私は、「ミッション・ステートメントを巡る憂鬱」を取り上げた。経営陣が内容の濃いミッション・ステートメントを生み出そうと、何度となく挑戦した末に諦めて、「お客さまに優れたサービスをお届けします」に代表される、毒にも薬にもならないフレーズでお茶を

濁すのだ。

この退屈なフレーズは、あるオーストラリア企業のミッション・ステートメントから採ったものだ。『北行き列車』の執筆にあたって、無意味なステートメントを探し集めていたところ、経営者の名刺の裏にこれが刷られているのが目に留まった。あの本が出版されてから一年ほど経った頃だろう、まさにこの企業から仕事の依頼があった。どうすれば顧客志向を強められるか、その方法を見直したいというのだ。重役のひとりが、『北行き列車』に悪例として載ったミッション・ステートメントを指し示すので、私はほほえみながらこう応じた。「なぜ御社の事例だと？　このようなステートメントを採用している企業は、いくらでもあるでしょう」。先方は言葉を返せずにいた。

私のもとには「当社のミッション・ステートメントにざっと目を通して、感想を知らせてもらえませんか」という依頼が実に多いのだが、断ることにしている。理由はいくつかある。まず、そうした「おざなりの評価」は害だけを残しがちだからだ。かりに誰かが、あなたに一葉の写真を差し出して「孫娘なんですよ。どうです、愛らしいでしょう？」と感想を求めてきたら、どう答えるだろうか。示されたミッション・ステートメントは、一〇件のうち七件までが首を傾げたくなるような内容で、なかには愚にもつかない代物もあるのだ。

ミッション・ステートメントにおざなりの感想を述べたくないもうひとつの理由は、公平ではないと感じることが多いからだ。ビジョンや使命《ミッション》の文言だけを、背景をいっさい抜きにして論じても、公平な判断はまず下せないだろう。読む人の心を惹きつけてやまない鮮烈な中身なら別かもしれないが、十中八九は、事業の内容やそれを支える考え方を理解するのが先決となる。ステートメントがお粗末だというのはすぐにわかっても、改善案を示すとなると、事業について知らなければ手に負えないのだ。繰り返しになるが、重要なのは上辺を美しく飾り立てることではなく、事業の本質をとらえることである。

やはり数年前、オーストラリアに本社を置く大手保険会社のＣＥＯから、ビジョン、ミッション、企業哲学をステートメントに表わしたので、目を通してほしいとの依頼を受けた。会合に先立って、私の滞在するホテルに原稿が送られてきた。一目で感じたのは、経営者が並べがちなお題目ばかりで、事業の「心」が少しも伝わってこない、ということだった。意見を交わすために向き合うと、すぐにわかったのだが、相手は称賛の言葉を待っているにすぎなかった。手ずから書いた「わが社の哲学」に、海を越えてやってきた専門家の太鼓判を押してもらい、全社に配ろうとしていたのだ。

こちらが「読む人の心を動かすのは難しいのでは」と述べると、相手は表情をくもらせた。経営者の常套句に当たる箇所を指し示し、どのような価値を生もうとしているのかが見えない、誰を顧客と見なしているのかすらもあいまいだと述べると、言葉を尽くした反論に遭った。段落ごと、修辞を凝らしたフレーズごと、さらには箇条書きごとに意味するところを説き明かし、事業内容を人々に知らせるうえでなぜそれが重要なのかを教えてくれたのだ。

しばらく耳を傾けた後、私はこう切り返した。「事業については少しわかってきました。印象的なお話でした。ですが、あなたはこの原稿を持ってオーストラリア中を飛び回り、今と同じことをすべての従業員にご説明なさる必要があるのでは？　私はステートメントだけでは理解できませんでした。従業員の皆さんも同じではないでしょうか」

説得力のあるステートメントを作成するには、その前にまず頭の中で三つの事柄を整理しておくべきだろう。

1　どのような人々・企業に利益をもたらすのか（どのような顧客がニーズを持っているか）
2　どのような価値をアピールしていくか（どの価値が主に顧客の心をとらえ、競争力をもたらすか）
3　自社ならではの業務手法は何か（価値を生み、顧客のもとに届けるための独自の手法は何か）

ミッション・ステートメントはできるかぎり簡潔でなくてはならない。と同時に、他社にはない独自のやり方で、顧客のニーズに合った価値をもたらしていく旨を織り込まなければならないのだ。

ホノルルのクイーンズ・メディカル・センターでは、「ミッショニアリング」というワークショップを開いて、資材部のマネジャー全員が自分たちのミッションと業績目標を徹底的に考え抜いた。部下も巻き込んで、顧客との関係に考えを巡らせ、自分たちが主にどのような価値を生み出しているかを見定め、ミッション・ステートメントの草稿を作成した。そして互いに講評し合ったのだ。資材部のディレクター、ビル・ケネットが述べている。「参加したのは、業務に詳しいベテランのマネジャーばかりでした。にもかかわらず、経験豊かなコンサルタントの力添えを得ながら、体系的にミッションについて考えると、何が重要なのかがよりよく見え、自信を持って優先順位を決められるようになったのです」

リーダーシップ、ビジョン、行動──適材を適所に充てる

幸運な巡り合わせによって、その時の課題にふさわしい資質を持った人物がリーダーとなり、組織が目覚しい成功を収める場合がある。別の人物がリーダーの地位にあったなら、冴えた舵取りができず、悪くすれば組織を沈めていたかもしれない。現在の状況では高い手腕を発揮している人が、他の状況、あるいは他の組織では迷走するかもしれない。人には向き不向きがあるのだ。

幸運な巡り合わせの典型例としては、不世出の経営者ジャック・ウェルチが挙げられるのではないだろうか。ウェルチが経営の指揮にあたった期間、GEの業績は長期にわたって右肩上がりを続け、その経営哲学は大学のテキストとして採用されたばかりか、ビジネス書部門のベストセラーリストにも載った。[注5] 他の業界であっても、あるいは他の時期であっても、ウェルチはこれほど偉大なリーダーになりえたのだろうか？　言うまでもなく、答えは神のみぞ知るだ。

企業リーダー研究の草分けであるイリノイ大学のフレッド・フィードラー教授は、リーダーの成功要因をひとつだけ挙げるとすれば、人格や持ち味が、組織を取り巻く課題に適しているかどうかだ、と言い切っている。[注6]「多くの人々が性格、発想、資質などを自由自在に操って、さまざまな状況のもとで同じようにリーダーシップを発揮できる」との考え方を一言のもとに切り捨てているのだ。フィードラーは、ハーバード・ビジネス・スクールを中心に一時しきりに唱えられた「普遍的なリーダー」という考え方に挑み、マネジメントの専門家のあいだに議論を巻き起こした。この問題はいまだ決着にはいたっていない。

フィードラーの主張に沿った事例はたしかに見られる。かつて私は、クルーズ会社の若くエネルギッシュなCEOとともに仕事をしたことがある。彼は、それまで一事が万事「成り行き任せ」だった会社に、秩序や規律を植え付けるのに見事に成功した。法律と会計の訓練を受けていたため、分析力をいかんなく発揮するとともに、その熱意と直球型のコミュニケーションで組織全体に働きかけた。ところが、社内の手綱を締めるという目標をひとたび達成した後は、持ち味を発揮できなかったようだ。

そのクルーズ会社は転機を迎えていて、新たな飛躍を目指すべきだった（マーケティング調査も、このような結論を指し示していた）。新鮮味のない市場から飛び出して新しいサービスを考案する、あるいは、事業を再構築する必要にすら迫られていたかもしれない。新鮮なビジョンが求められていたが、くだんのCEOは規律を強めることにこだわり続けた。再生へ向けて経営陣の創造性を解き放つのではなく、自分の考えを押しつけ、コントロールをよりいっそう強めようとした。すでに取締役会とのあいだには深い溝が生まれていたが、ついには抜き差しならない対立へと発展した。

場合によっては、CEOや経営陣には、社の置かれた状況にふさわしい資質だけでなく、社風との相性も求められるだろう。真に必要とされるリーダーが現われても、従来の社風が災いしてアレルギー反応が起きるケースも見受けられる。すると、リーダーがまったくといってよいほど手腕を発揮できずに終わりかねない。アレン・コックスによる『ヘッドハンターの告白』[注7]という興味深い本には、幹部をヘッドハンティングしようとする経営チームの姿が、辛らつにしかしどこかユーモラスに描かれている。

この本には、取締役会やCEOが、具体的な幹部ポストを埋めようとして、それにふさわしい高い条件を満たす人材を探すように依頼してくる様子が、折に触れて描かれている。依頼者は横柄な態度で、いかに卓越した人材が求められているか、とりわけ姿勢面でどのような要件が求められるかを述べ立てる。難題をものともしない才気、抜きん出た発想、現状を変えようとする強い意欲。著者によれば、おおよそこれらが求められる資質だという。このような人物であれば、優れたビジョンで社を率い、周囲に自分の考えを納得させられるはずだ、というわけである。

続く筋書きはこうだ。コックスは会議室を見回す。すると、経営陣は皆同じような服装をしていて、歩き方、話し方までそっくりだ。同僚にも、上役にも、決して意見することはない。その場を後にしたコックスは、有能な人材のなかから、外見はもとより歩き方、話し方まで経営陣に似通っていて、経歴からも「相性のよさ」がうかがえる人物を候補者として絞り込む。「この人物こそ、求められる能力と資質をすべて兼ね備えています」と売り込めば、依頼主、候補者ともに満足して、コックスのもとには紹介料が入るというわけだ。

かりにフィードラーの「リーダー・マッチ理論」が真実を衝いているとしても、状況にぴたりと合ったリーダーを探し出せるとはかぎらない。たとえその方法がわかっているとしてもだ。適性があるかどうかの判断は主観に大きく左右されるうえ、かりに大勢の候補者がいても、その中に理想的な人材が含まれるとはかぎらない。CEOほかの重役を選ぶ仕事は、往々にしてリスクが避けられないのだ。そのリスクの大きさはたいていは予測できるのだが、取締役会が実際に予測しようとすることはまずない。

何年前だろうか、私はカリフォルニア州の某大学で、あるタスクフォースの会議に数回にわたって参加した。一〇人あまりの候補者から、副学部長を選任するためだった。面接に先立って私は、副学部長に求められる能力がどのようなものか、一時間ほどかけて話し合ってはどうかと提案した。だが、そのような知恵を使う仕事に関心を示したメンバーはひとりもおらず、私は議論の方向をわずかたりとも変えられなかった。

私以外のメンバーは、候補者に質問をして答えに耳を傾ければそれでよい、と考えているようだった。副学部長の任務にどう取り組もうとしているのか、候補者たちの心構えを比べようとはせず、そのための枠組みも持っていなかった。高齢の候補者については、「カリフォルニアに移り住んで、のんびりとした余生を送りたいのだろう」と決めつけた。同性愛者もいたのだが、選考メンバーはその事実を、副学部長の使命と照らし合わせてどう受け止めるべきか、見当がつかないようだった。ひときわ人当たりのよい人物については、知性の面で劣るかもしれないとの不安を指摘した。いかにも切れ者と見える候補者には、人格面で疑問符をつけた。最後に、多数決によって結論を出したのだが、学長はタスクフォースが推薦したのとは別の人物に白羽の矢を立てた。その理由はついに語られることがなかった。

一般にCEO以下重役の選任方法には、改善の余地が大いにありそうだ（万一、人選ミスを犯してしまった場合には、更迭に踏み切るべきではないだろうか）。マネジャーの人選に関しても、同じことがいえる。害のある人物に部下を持たせると、多くの人が痛みを感じ、いさかいが起き、仕事の成果が下がり、エントロピーが増える。経営者から最下層のマネジャーにいたるまで、人の上に立つ者の器しだいで、組織のＯＩ水準が大きく決定づけられる。これは常に変わらぬ真実だといえる。

近年では、リーダーシップを持って生まれた資質とするのではなく、後天的に伸ばせるとする楽観的な見方が専門家のあいだで主流となっている。よく知られるとおりＧＥでは、特にジャック・ウェルチの時代に氏の方針で人材育成に力を入れ、マネジャーへの昇進に備えさせている。

リーダーシップ論の大御所と呼ぶにふさわしい南カリフォルニア大学（ＵＳＣ）のウォレン・ベニス教授も、リーダーシップについて楽観的な見方をしている。とりわけ最近では、ビジョンや考える力が業務スキルや人間的な魅力と同じくらい重要になってきたため、リーダーシップを伸ばせる可能性は高いという。ベニスが重視するのは、手法や行動パターンよりもむしろ、人間性である。特に、以下の五つがきわめて重要だという。

1 **ビジョン**
2 **情熱**
3 **誠実さ**
4 **好奇心**
5 **勇敢さ**

ウォレン・ベニスは『リーダーになる』という本のなかで、こう述べている。

基本の要件といっても、後から変えられない生まれつきの性質を指しているのではない。王も玉座から引きずり下ろされ、莫大な遺産を相続してもおよそ幸せとはいえない人々もいる。このような無数の事例が示しているように、真のリーダーシップは天から授けられるのではない。リーダーは後天的に作られる、いや、たいていはみずからの力でリーダーになるのだ。リーダーはみずからリーダーになる。とはいえ、多くのリーダーシップ論が主張するのとは違って、週末のセミナーに一度参加したからリーダーになれるというものではない。私はそのような主張を「電子レンジ理論」と名づけた。平凡な人であっても、六〇秒後にはリーダーに早替わり、というわけだ。

未来のリーダーたちによって、あるいは彼ら彼女らのために、毎年何十億ドルもが投じられている。大企業の多くが、社内でリーダー研修コースを開いている。……だが私に言わせれば、リーダーは数々のリーダーシップ研修よりもむしろ、偶然、状況、強い気概、意志などによって生まれる。研修では技術を教えるだけで、リーダーとしての品格やビジョンを授けることはできない。授けようとすらしていない。品格もビジョンも、自分で伸ばさなくてはならず、それができる人物がリーダーとなるのだ。[注8]

ベニスは、「先天的か後天的か」という論争に折衷案を示しているようだ。リーダーとしての資質を身につけるのは、不可能ではないが、誰もがその道を辿るわけではなく、おそらくすべての人にとって可能というわけでもないだろう、というのである。成長への道のりを歩む人が、途方もない試練に出合い、企業の要請を受けて高い地位に就くことでリーダーになるというのが、私なりに解釈したベニスの考え方である。リーダーと企業がともに成長していかなくてはいけないのだが、短期のセミナーは、その材料の一部を提供するにすぎない。

なぜ凡庸な人物が経営者になってしまうのか？

実に器の大きい人物が、ＣＥＯなどリーダーの地位に就いている事例もあれば、器量、適性、品性などに欠けるリーダーも散見され、不安でならない。多くの経営書やビジネス記事から受ける印象とは対照的に、出世の階段を上り詰めた人々が、その地位にふさわしい条件を備えているとはかぎらない。一般の人は、昇進レースがある以上、最も条件に合った有能な人物が勝ち抜くはずだと思いがちだが、それは真実とは程遠い。このような神話は、人々をひどく惑わせ、大きな弊害をもたらしかねない。

使命を十分に果たせない。誠実さに欠ける。落ち着きがない。それどころか、とても正気とは思えない。このような重役、いやＣＥＯまでいるのだ。女性関係にルーズ、ほとんど詐欺師まがい、といった経営者にも私は接してきた。血も涙もない暴君もいた。部下を人間とも思わず、脅したり、思いのままに操ったりするのだ。取締役会に凄みを利かせて、骨抜きにした経営者。ひとたび権力を握ると、小国の独裁者やゲリラの指導者たち顔負けのやり方で、ライバルを計画的に〝粛清〟していった人々。会計トリックを駆使して株主の資本を巻き上げ、自分と仲間の懐だけを潤す輩。人格が破綻していて人間関係もチーム構築もうまくこなせず、周囲の信頼や情熱を引き出せないリーダー……。

リーダーが節操に欠けたり、腹黒かったりすると、組織が高いＯＩを発揮して事業環境の荒波を乗り越えようとするうえで、何より大きな障害となる。理想をいえば、経営者は知性、能力、倫理観に秀で、人間として成熟しているべきだろう。しかし現実はそうではない。政治の世界でも、経済発展を遂げた大国であれば、大統領や首相の候補には傑出した人物が名前を連ねるかと思いきや、実際には期待を裏切られることも少なくない。産業界でも同様で、時として偉大な経営者が生まれるものの、これといって見るべき点のない人物、問題ありと思しき人物がトップに指名される場合もあるのだ。

私は長年、経営の場でのリーダーシップとは何か、権力を手にする方法にはどのようなものがあるかに注意を払い、さまざまに思い惑ってきた。そしてようやく、経営者にはなぜこれほどまでに怪しげな人物――そこまではいかないにしても、凡庸きわまりない人物――が多いのか、その理由を突き止めた。そこには権力の心理学、いや病理学が関係していたのである。単刀直入に述べよう。

上昇志向に徹することが、権力を握る最短コースだ。

おおらかというべきか、マネジメントを論じる人々のあいだでは、組織の頂点に立つには（あるいは部族、政党、一国の主などになるには）関連する技量や、その役割を十分に果たせそうな可能性を示せばよい、との考え方が主流となっている。それもまったく的外れではないにせよ、やはり、権力を手にしたい、使いこなしたい、という純粋な動機が物を言うことも少なくないはずだ。

体系的な理解を促すために、以下、ハーバード大学のデビッド・マクレーランド、デビッド・ベーロ両博士による社会的動機づけ《ソーシャル・モチベーション》、つまり私たちにさまざまな行動を取らせる心理的要因についての研究を見ていきたい。ボストンにマクバー・アソシエイツという調査・コンサルティング会社を設立した両氏によれば、私たち人間は三つの社会的ニーズに動かされて、周囲への態度や行動を決めている。

1 「人とつながりたい」というニーズ

誰しも多かれ少なかれ、家族、友人、同僚、地域の人々、仕事仲間などと意義ある交流を持ちたいと願っている。このニーズが人一倍強いと、人と関わる機会の多い役割を果たすケースが多く、周囲と接する際には、受容、協力、グループ意識、社会規範、末永い付き合い、などを重んじる。

2 「何かを達成したい」というニーズ

よい結果を求めて努力しようとの気持ちは誰にでもあるだろうが、人によっては達成感の強さを主な尺度にして、自分の価値や幸せ度合いを測っている。このニーズが強い人は、主な目標に到達できるか、周囲から褒め称えられる何かが実現できるか、いつまでも価値を失わない何かを生み出せるかなどに心を砕き、たんに仲間内で一目置かれるだけでは大きな満足を得ない。どう生きるかよりもむしろ、何を成し遂げたかで価値を測ろうとする。

3 「権力を手に入れたい」というニーズ

大多数の人が、手段が何にせよ、周囲に影響を及ぼしたいと考えている。このニーズが大きいと、自分の手で周囲を動かしたり、権威ある人々の糸を引いたりしようと、しきりに機会をうかがう。じかに権力を握ろうとする場合と、影の権力者の座を狙う場合とがある。

マクレーランドとベーロ[注9]によれば、比重は異なるにせよ、誰もがこの三つすべてを持ち合わせているという。そして、三つのバランスを見ていけば、その人の人付き合い、仕事などでの行動を解き明かすのに大きく役立つという。この分野の研究からはまた、リーダーやマネジャーの振る舞いについても、貴重な示唆が得られる。

例を示したい。三つのなかで達成へのニーズが圧倒的に強い人は、リーダーやマネジャーの地位を、目標達成の機会ととらえる。エンジニアや科学者にはこの傾向が強く、リーダーの役割を与えられると、力の限界に挑むチャンス、自分に何ができるかを示すチャンスが広がったと受け止める。「これで十分だ」と満足することはありえず、絶えず向上の可能性を見出す。部門内の業務についてたゆまずに改善の道を探り、壁にぶつかっても、「職を失うのでは」と不安に思うどころか、やりがいを与えられたと感じるのだ。著名人でこのタイプに最もよく当てはまるのは、おそらくトマス・ジェファーソン元大統領だろう。ジェファーソンは自身の墓碑銘に、バージニア大学の設立を業績として刻んでいるが、合衆国大統領を務めたという事実には触れていないのだ。

他方、人とつながりたいというニーズが最も強いタイプは、いかに周囲や部下を巻き込むかといった視点からマネジャーの仕事をとらえる。チームメンバーの参加、協力、交流などに気を配り、他のタイプよりも、チームワークを連想させる言葉を口にする回数が多い。グループの和を大切にするのだ。壁に突き当たった際にも、人を重視しながら対処を試み、グループの結束、士気などを成果の指標とする。

第三に挙げた「権力を手に入れたい」という社会的動機は、経営者に強く見られるようだ。権力志向の強い経営者は、権威を強めようと絶えず努力を重ねている。影響力の及ぶ範囲を広げようとして味方を増やし、目に見えない力を身にまとうことも少なくないだろう。このタイプの経営者は一般に、他のふたつのタイプよりも立身出世を遂げやすい。というのも、あらゆる機会をとらえて影響力の拡大を狙うのは、権力志向の強いタイプだけなのだ。

これは、人間心理に着目した場合、重要で興味深いポイントだといえる。達成意欲の強い人々も経営トップの地位に就くことはできるのだが、権力欲の強いタイプにいたってはそれを熱望するのだ。前者にとって、高い地位を得るというのは、自分の力を示して充足感に浸る方法のひとつにすぎないが、後者にとっては唯一の手段なのである。言葉を換えれば、高い地位を手にしてもタイプ1とタイプ2はニーズをすべて満たしたとはいえないが、タイプ3だけはポストを得た時点でニーズを一〇〇パーセント満たすのだ。

権力志向の強い〝お偉いさん〟が事業の進め方をほとんど改めようとしないのを見て、中間管理者や中堅のプロフェッショナルの多くが不満を募らせるのは、以上のような事情による。権力志向タイプは、権力を振るえる地位に就きさえすれば、何も不満などない。心の中はすでに十分に満たされている。だが他のタイプの人々は、無意識のうちに、リーダーも自分と同じニーズに沿って動いてくれることを望む。自分の優先順位をリーダー像に重ね合わせているのだ。

権力志向の人間がリーダーになる恐ろしさ

経営者にせよ一国のリーダーにせよ、極端なまでに権力志向が強いと、周囲の人々、組織、出来事などに、よくも悪くも並々ならぬ影響力を及ぼす。ジンギス・カン、アッティラ王、アレクサンダー大王といった歴史上の人物は皆、偉大な足跡を残すと同時に、凄まじい破壊行為を繰り広げたことで知られている。時代を下ってみても、V・I・レーニン、アドルフ・ヒットラー、ジョセフ・スターリン、毛沢東、ポル・ポト、サダム・フセインといった権力に取りつかれた指導者たちが、語り尽くせないほどの規模で破壊や殺戮を重ね、人々に大きな苦しみをもたらしている。

産業界では、これほど身の毛のよだつ事例こそないが、権力欲あふれる経営者たちは、やはり功罪相半ばするようだ。一九世紀の伝説的な企業家アンドリュー・カーネギー、J・P・モルガン、ジョン・D・ロックフェラーなどは、まったく新しい産業を生み出し、そこに君臨した。そしてみずからの尊大な価値観を業界全体に押しつけたのだ。

ビジネスリーダーの歴史をひもとくと、抜きん出た才能に恵まれながらも汚点を残した人々のエピソードがあふれている。権力に執着したあまり、偉大な事業を成し遂げるだけでなく、災いをももたらしてしまった人々のエピソードだ。その典型がヘンリー・フォードだろう。機械にかけては天才でありながら人格は風変わりで、世の中について、あるいはビジネス上の人間関係について、歪んだ見方をしていた。従業員のプライベートにまで干渉して、結婚、倹約、教会での礼拝といった事柄にまで口を差し挟むほどだった。反ユダヤ思想に染まり切った文を書いたり、ヒットラーを「偉大なる指導者」とあからさまに支持したりして、多くの人々を怯えさせたこともある。

事業面でも、あまりの偏執ぶりから、フォード・モーターの存続を危うくした。世界的に知られた〈T型フォード〉もデザイン面で徐々に時代遅れとなり、大衆車市場での独り勝ちがゼネラルモーターズ（GM）など他社に脅かされ始めると、フォードの経営陣は設計の一新を提案した。しかし、ヘンリー・フォードは決して首を縦に振らなかった。彼が海外に長期滞在していた間に、周囲が先進的な新型車のプロトタイプを作って意表を突こうとした。スタイリング、買い手への訴求力の両面で、新しい境地を開くはずだった。

帰国したフォードに輝く試作車を披露したところ、フォードはしばらく無言でそれを眺めていたが、やがてバールをつかむと凄まじい力で叩き壊し始めた。そして、最後には見るも無残な姿にしてしまった。ついに一言も発しないまま、フォードはバールを放り投げ、歩み去った。それから数年後、GM車の脅威が強まってフォード・ブランドが風前の灯となってからようやく、ヘンリー・フォードは車体のデザインを刷新する必要があると認めたのだ。

より最近の例では、アップルコンピュータ（以下アップル）の共同創業者スティーブ・ジョブズが、「歪んだ天才」といえるだろう。テクノロジーについて素晴らしい先見性を持ちながら、社会性に欠けることで知られているのだ。当たり障りの少ない表現を用いれば「才気煥発だが気まぐれ」となるだろうか。アップルで働いた人々なら皆心当たりがあるだろうが、ジョブズは卓越した知性と幅広いビジョンを持ち合わせる反面、せっかちで気難しく、お世辞にも礼儀正しいとはいえない。反論を許さず、部下を口汚くののしることも少なくない。ジョブズの気まぐれは社の隅々にまで影を落とし、従業員たちを絶えず落ち着かない気分にさせていた。アップルが成功したのも、より大きな可能性をつかみ損ねたのも、ひとえにジョブズの性格によるところが大きいだろう。

ウォール街やビジネス誌上ではここ数年、威勢のよい経営者がしきりにもてはやされている。権力を振るうこと、支配することを好む典型的な暴君タイプばかりで、冷たい判断を平然と下し、人間的な情にはいっさい流されない。力によるマネジメントには、情が入り込む余地はないのだ。暴君タイプの筆頭ともいえるのが、とかく毀誉褒貶の激しいアル・ダンラップだろう。「チェーンソー・アル」の異名を持つダンラップは、過激な手法で知られた再建屋だ。傾いた企業に乗り込んでは、利益を上げない事業をことごとく切り捨て、工場を閉鎖し、重役の首を次々と挿《す》げ替え、従業員をレイオフし、貸借対照表の見栄えをよくする。こうして魅力的な買収先に仕立て上げるのだ。

スコットペーパーで辣腕を振るったダンラップは、次いで小型家電メーカーのサンビームに招かれた。ここでも例のごとく手荒な外科手術をほどこしたのだが、財務は彼の公言どおりには改善しなかった。取締役会は慎重に検討した末、ダンラップに辞任要求を突き付けた。残されたのは荒廃だけだった。針路が見えず、士気は低下。財務も病んだままで、消費者向けブランドの人気は地に落ちていた。関係者や一般の人々のあいだには、ダンラップが追われたのは、サンビームの取締役会が人間的な経営の価値を見直したからだと受け止める向きがあった。だが実際のところは、ダンラップが公約どおりの数字を上げられなかったからにすぎない。

リーダーの器量はOIの水準を決定づける。戦略ビジョンばかりでなく、広い意味での業績全般を左右するのだ。ひらめきやセンスと、地味な能力。このどちらに分があるかは、意見の分かれるところだ。確実に成功を導く方程式、人格、行動様式などというものは存在しない。しかしどの組織も、リーダーにふさわしい人材をあらゆる階層で見つけ出し、大きく育て上げる現実的な手法を必要としており、また当然持っているべきである。

リーダーの思考スタイル

リーダーシップを解き明かしたり、傑出したリーダーを紹介したりする試みは、人格か行動様式のどちらかに焦点を当てたものが多い。どのような人物か、どのような行動を取るか、などにもっぱら注意を払うのだ。その一方で、リーダーの思考スタイルが社内のあらゆる面に影響する、との研究結果も出ている。

ジョージ・ブッシュとビル・クリントンとでは、脳みその中の「家具の配置」がまったく異なっているのは、調べなくてもすぐにわかるだろう。このような思考スタイルの違いは、人格や政治的イデオロギーと同じくらい、いやそれ以上に重要かもしれない。ロナルド・レーガンは、前任者ジミー・カーターとは一八〇度異なる発想をホワイトハウスに持ち込んだ。ジョンソン政権がベトナム戦争の泥沼を招いたのは、容易に想像できるように、大統領リンドン・ジョンソン、国防長官ロバート・マクナマラ、側近たちの思考スタイルがまちまちだったからだろう。私たちは、世界の指導者たちの精神構造に強い関心を払うべきではないだろうか。

企業のサクセスストーリーの多くに、リーダーの思考スタイルが大きく影響している。失敗例を見ても、その時期に企業に求められていた思考スタイルに、リーダーのそれが一致しなかったことが原因である場合が少なくない。

巨大ソフトウェア企業オラクル・コーポレーションの会長、ラリー・エリソンは、ひらめきを重んじるタイプで、体系や詳細には関心を示さない。壮大なビジョンに心惹かれ、日々の業務オペレーションには退屈する。状況によって、目覚しい成果を上げたかと思うと、あきれるほどの失態を見せることもある。アマゾン・ドットコムのCEOジェフ・ベゾスは、みずから汗を流しそこから何かをつかみ取ろうとする実務重視のリーダーで、地に足の着いた経営手腕を見せている。

思考スタイルが似通ったリーダーは互いに馬が合い、コミュニケーションも弾むようだ。ラリー・エリソンはスティーブ・ジョブズとは意気投合するだろうが、サウスウエスト航空のハーブ・ケレハーとはそりが合わないだろう。ケレハーは現実主義者で、みずから実務に目を光らせるからだ。

ここで値千金の問いをひとつ。リーダーの思考スタイルは、(ひとりひとりについて、あるいは全体として)分析できるのだろうか。できるとして、その結果はよりよいリーダーシップを発揮するのに役立つだろうか? 答えはいずれも「イエス」である。

思考スタイルは数多くのファクターによって決まるが、枝葉を削ぎ落としていくと、残るのはわずかふたつだ。それらふたつを軸にすると、四つの典型的な思考スタイルが浮かび上がってくる。誰もが四つのスタイルすべてを用いていて、それらのあいだに優劣があるわけではないが、たいていの人には主に用いる「ホームベース」があって、他の三つは黒子役を果たしている。私は人々の

図4-1　マインデックス・モデル：4つの思考スタイル

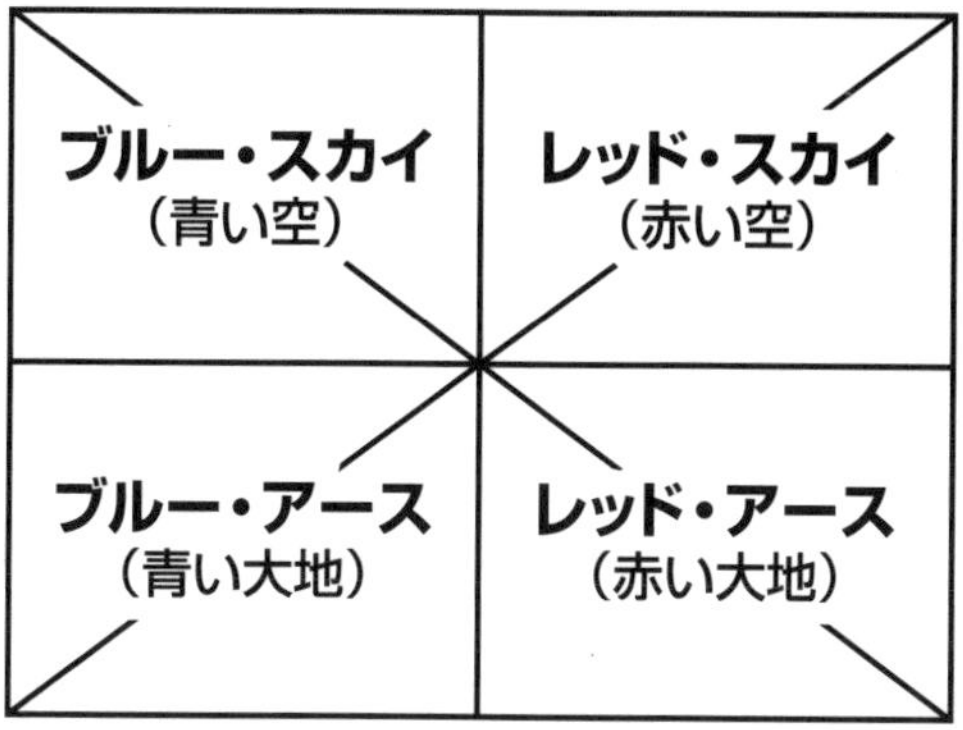

思考スタイルや嗜好を分析するツールとして、「マインデックス・モデル」を考案した。以下、簡単に紹介したい。

思考スタイルは次のふたつを軸に類型化できる。

1　左脳VS右脳（これをどこまでも単純化したのが、よくある「論理VS直感」という分類である）

2　抽象VS具体

生物学の衣をはいで、実用向けにより親しみやすくするために、1を「青VS赤」、2を「空VS大地」と呼び改めたい。すると図4-1のように、人間の思考パターンをブルー・アース、レッド・アース、ブルー・スカイ、レッド・スカイという四タイプに分けられる。

「ブルー・アース」（左脳をよく使い、具体的に物事を考えるタイプ）は、実務家肌、論理的、数字に強い、基本に立ち返ろうとする、順序や段取りを大切にする、といった特徴を持つ。

「レッド・アース」（右脳をよく使い、具体的に考える）の持ち味は実践的、直感に従う、木よりも森を見ようとする、感情を大切にする、などだ。「ブルー・スカイ」（左脳・抽象的）は、体系、物事のつながり、計画などに頼りながら、筋道の立った発想をする。

そして「レッド・スカイ」（右脳・抽象的）はビジョン、崇高な理念などを追い求め、世の中のすべてに思いを馳せながら観念論を打ち上げる。

図の対角線上に、四つの思考スタイルの強さを示す点を打って、それら四点を結んでみると、その人が何にどれだけ心のエネルギーを振り向けているかが一目でわかる。このマインデックス特性を何人分か作成して比べれば、相性の良し悪しについておおよその見当をつけられるはずだ。各チームメンバーの思考スタイルを手軽に見きわめ、全体としてどのような思考を辿りそうか予想するのにも、有益だろう。[注10]

詳しい数値データなどなくても、大多数の人が自分の「ホームベース」を難なく指し示せるはずだ。なかには、四つを均等に使い分ける人もいるだろう。それも個々の思考スタイルと同じように、特徴ある思考スタイルだといえる。

情報を吸収する。何かを学び取る。説得を受け入れたり、はねつけたりする。判断を下す。自分を表現する……。これらはすべて、思考スタイルに左右される。誰でも多かれ少なかれ、自分の思考スタイルに縛られているのだ。同じ提案でも、身を乗り出してくる人もいれば、あっさり退ける人もいる。瞬時のひらめきで物事を決めるマネジャーと、事実や数字データを綿密に検討するマネジャーがいる。ビジョンや周囲を勇気づける力を持ち味とする経営者もいれば、みずから現場に飛び込む経営者もいる。

私たちは誰かと言葉を交わしてはいても、実はたいていの場合、相手よりもむしろ自分に向けて語りかけている。セールスパーソンの多くは、もっぱら自分と同じタイプの買い手に商品を売っている。違いを超えて、あらゆるタイプの人々に売り込むセールスマンも、まったくいないわけではないが。セラピストやカウンセラーも知らず知らずのうちに、自分の思考スタイルに当てはめながら相談相手を眺めていることが多い。経営者やマネジャーも、無意識にせよ同じタイプの部下とは頻繁に接し、まったく違うタイプはそれとなく敬遠するものだ。

チーム内でも、少数派の思考スタイルを持った人は、周囲から悪気はないにせよ疎んじられ、格下に見られかねない。「レッド・スカイ」タイプの人は、「ブルー・アース」が多数派の環境では、〝異星人〟のレッテルを貼られるかもしれないのだ。「ブルー・スカイ」あるいは「ブルー・アース」の傾向が強く、分析を好む人々は、「レッド・アース」タイプの考え方を軽んじるかもしれない。

リーダーシップや影響力といった問題についての理解は、人格や振る舞いといった従来の要素に加え、思考スタイルを考慮することで、飛躍的に深まるだろう。[注11]

わかりやすいビジョンがあるか？——七つのチェックポイント

ビジョンの有無や成熟度を確かめるには、少なくとも以下の七つのポイントを振り返ってみることだ。

1 **組織のここかしこで戦略に関する会話がなされているか**
事業がどのような状況にあるか、課題にどう対処すべきか、といった話題が絶えず人々の口に上るだろうか

2 **事業環境を見きわめようとの取組みが体系的になされているか**
主な事業トレンド、脅威、チャンスなどを見逃さないように、定期的な検討の機会を設けているか

3 **年に一度、戦略を見直しているか**
取締役以下のキーパーソンが集って、事業の環境、方向性、重点戦略などを吟味し直しているか

4 **トップが内容の濃い価値提案を定め、わかりやすく説明しているか**
市場への約束を戦略の柱としてわかりやすく打ち出しているか

5 **進むべき方向性について、内容と説得力を兼ね備えたステートメント**（「わが社のビジョン（使命）」、**経営原則など**）**があるか**

6 **判断を下したり、優先順位を決めたりする際に、経営陣はしばしばミッション・ステートメントやビジョン・ステートメントをひもといているか**

7 **リーダーシップや戦略思考といった資質を持った人材を見出し、伸ばし、登用するために、効果的なプロセスを設けているか**

第5章 全員を結ぶ一体感

太陽の光が途絶えることはないにせよ、種を芽吹かせ大きく育てるには、長い時間がかかるだろう。種を撒いた当人が収穫できるとはかぎらないのだ。

――アルベルト・シュヴァイツァー

何年か前に私は、中堅レストラン・チェーンの経営陣から助言を求められた。カウボーイスタイルのステーキ・レストランを全米に四五〇店ほど展開する企業が、「よりよいサービスを実現したい」というのだ。併せて、レストランの支配人や地域のマネジャー向けに、セミナーを開いてほしいとの要請も受けた。

マネジャー向け研修の後には、全従業員向けにワークショップを行って、よりよいサービスを提供する方法を教えたいと研修部門は計画していた。その一環として私に、研修プログラムの大枠を吟味して、意見を出してほしい、というのだった。支配人向けの研修マニュアルを読んでみると、ありふれた内容がほとんどだと思えた。「WASM」という見なれない言葉にぶつかるまでは。

WASM《ワスム》は「心からのほほえみ（ウォーム・アンド・シンシア・スマイル）」の略で、この会社自慢の社内用語だった。従業員は皆、来店者に「WASM」する方法を身につけなくてはならない。研修マニュアルによれば、マネジャーはまずＷＡＳＭとは何か、それを身につけるのがなぜ大切かを説明し、その後に「では、ＷＡＳＭの手本を示しましょう」と言い、部下に向けてＷＡＳＭする。「さあ、次はあなたの番。私に向かってＷＡＳＭしてみてください」。この言葉を受けて、部下はマネジャーにＷＡＳＭすることになっていた（ｗａｓｍには「時代遅れの考え方」という意味があるが、このＷＡＳＭはもちろんその意味で用いられているのではない。念のため）。

私はこれを読むなり耐えがたい気分に陥り、胃のむかつきを覚えるほどだった。この会社の経営陣やマネジャーが従業員をどう見ているか、その本音を感じ取ったからだ。彼らは「愚かな大衆」説[注1]を信じていたのである。従業員は知性に乏しく、士気が低い。世の中を知らない。斬新な発想など期待できない——。私は研修プログラム全体を見直すように強く勧め、構成や内容を検討する際には、最前線の従業員たちを巻き込むべきだとアドバイスした。

「愚かな大衆」説

経営側の言葉からは時として、従業員をさげすむ姿勢が透けて見えてしまう。まるで従業員は会社とは無関係で、家畜のように扱うもの、厄介を起こしたら売り払えばよい、といった感じである。フォード・モーター（以下フォード）の人事担当バイス・プレジデントも、この種の発言をしている。降格になった白人の男性マネジャーたちから逆差別だとして訴えを起こされた折に、フォードは数十万ドルの支払いに応じ、このような談話を発表したのだ。「従業員とのあいだの難題を解決でき、喜ばしいかぎりです。この件はぜひ、過ぎたこととして葬り去りたいものです。現在わが社は未来へ向けて前進しており、世界最高の乗用車・トラックを生み出そうとしております。従業員は成功に欠かせない存在だというのが、当社の考え方です[注2]」

オーストラリアでは「ボスのたわ言」という表現が用いられるが、右に引用した談話などはその最たるものだろう。「従業員」を「家畜」に替えても、大意は十分に通じると思う。「過ぎたことと して葬り去る」「前進している」といった最近では実によく見る決まり文句が連なっている。唯一、お馴染みの「メッセージを送る」という常套句だけが抜けているようだが。

経営陣が社内に一体感を育めなければ（あるいはその意志がなければ）、労働組合が代わって手を挙げるだろう。オルグに慣れた労働組合の闘士であれば誰でも知っているように、以下のように社風が病んでいれば、労働組合を組織するのはわけないことだ。

1 **不当な扱い、不公平、受け入れがたい賞罰規則などにより、従業員の心が会社から離れている。**

2 **マネジャーが部下を適切に率いるどころか、いばり散らす、虐げる、物事を偽る、あるいは都合よく操ろうとする、といった態度を示す。**

3 **従業員に気がかりがあっても、それを上層部にうまく伝える方法がなく、不満を解決する確かな手立ても存在しない。**

4 **意欲的で弁舌巧みな従業員が何人かいて、同僚たちに組合への加入を働きかけることができる。**

5　全米あるいは全産業に広がる大きな組合が、オルグに前向きである。

これらの素地があって、なおかつ経営陣の危機感が薄いと、組合の組織率が高くなる。このような事例はいくつも生まれている。組合への加入率や労働側の強さは、産業や国情によってまちまちだが、一般的に言って、生活の糧を支給してくれる会社とのあいだに第三者を介入させたいと従業員が考えるのは、まずは社風に原因があると見るのが適当だろう。

全体と個――ホログラム的な企業風土

ヒューレット・パッカードで働く人々は、何を思って「HPウェイ」と口にするのだろうか？　ディズニー・パークで働く人々にとって「ディズニーの法則」とは？　フェデラル・エクスプレス社の「フェデックス流」とは？　これらはおそらく、社風のおおもとにあるものを表わしているのだろう。根本をなす価値、ものの見方、やりがいの素、自社ならではの仕事のやり方などである。

言うまでもなく、「〇〇流」「〇〇ウェイ」は良い意味で用いられるとはかぎらず、マイナスの響きを持つ場合もある。ひどく後ろ向き、ストレスの吹き溜まり、人間らしさを失わせる、働き手から搾り取れるだけ搾り取る、人々の心を傷つける、といった、従業員の心を離れさせ、憎しみすら芽生えさせかねない社風を指しているかもしれないのだ。だが、好ましい内容であるかぎりは、「〇〇流（ウェイ）」が謳われるのは意義あることだろう。

【事例】ディズニーの法則はどのように表われるか

「ディズニーの法則」は、従業員のささいな振る舞いのひとつひとつにまで染み込んでいる。ディズニー大学（オーランド）の前社外向け研修ディレクター、デニス・スノーが、その事実をよく表わすエピソードを語ってくれた。あるゲストが、コップ一杯の氷をもらえないかとそばにいたキャストに声をかけた。あいにくそのキャストは、仲間に手を貸して、パレードに使った山車を倉庫にしまおうとしているところだったため、近くの売店を紹介するのが精一杯だった。自分で案内できない代わりに、せめてもとトランシーバーを取り出して、売店を呼び出した。「青いシャツのゲストがそちらに向かっているだろう？　コップに氷をご希望だ。渡してもらえないだろうか？」。ゲストが売店に着くと、店員がほほえみながら氷を満たしたコップを差し出した。「どうぞ」。ゲストは腰が抜けるほど驚いた。もちろん、キャストたちが進んでそのようなサービスをお膳立てしたとは、露ほども気づいていなかった。

これは、会社の一員であるとはどういうことか、従業員が自分なりに解釈して実践した粋な事例といえるだろう。いわば、会社がどのような価値を提供しようとしているかを胸に刻み、共感しているのだ。そして、自分自身の工夫によってその実現に一役買っているのだ。これこそ、オランダのマネジメント論者アリー・デ・グースが言う「ホログラム的な企業風土」に当たるだろう。

デ・グースはこうした企業風土を、きわめて珍しい性質を持った写真像「ホログラム」になぞらえている。ホログラムでは、像を細分化しても、そのひとつひとつがもとの全体像を再生できる。

これを企業風土に当てはめて考えるなら、企業風土のおおもとを支えるものが、社全体だけでなく、従業員すべての心の中に息づいているということだ。

デ・グースは著書『リビングカンパニー』[注3]で、ホログラム的な企業風土に触れており、その中で、決して絶えることのない精神の力で一〇〇年以上、あるいは五〇〇年以上も生き続ける企業があると述べている。反面、フォーチュン五〇〇社の平均寿命はわずか四〇年ほどだという。

フランスの哲学者ジャン・ジャック・ルソーが発展させた社会契約説では、個人は自由な意思で社会と契約を結ぶとされる。国や社会が個人との契約をもとに成り立っているように、組織にも契約がある。企業に属する人々は、契約の内容を細かく覚えてはいないかもしれないが、直感的にはその精神を理解しているはずだ。折々の行動に際しては必ず、会社が何を期待しているか、自分にはどのような権利があるかが、頭をよぎるだろう。

ＯＩの視点に立つと、聡明な人々が力を合わせれば、ホログラム的な企業風土を育み、持ち続けるのは決して不可能ではないといえる。ホログラム的な企業風土とは、ホログラムを構成する一枚一枚の写真と同じように、企業に属するひとりひとりが動き、進歩することを意味する。

企業文化を支える精神、さらにはそれが実践される様子に共感すると、人々は大きな成果を上げようと情熱を傾ける。どのような価値を生み出していくべきか、一貫した戦略が築かれていて、実現へのノウハウがあれば、従業員はリーダーの予想をはるかに超えた手腕やコミットメントを見せる。核となる何かがなければ、従業員の心が本当の意味でひとつになることはない。逆に、共通の目的と一体感で結ばれた時、人々は何ものにも劣らない凄まじいパワーを発揮するのだ。

意識されない文化

アメリカ陸軍の中尉だった時に私は、制服を着て国防総省の会議室に足を踏み入れるつど、将校が制服の上着（内輪では「ブラウス」と呼んでいた）を羽織っているかどうかで、これから始まろうとする会議の性格をおおよそ察することができた。ほとんどの場合、近隣の各基地や他の地域からの出席者もいるため、最初は皆制服を着ている。途中で上着を脱ぐかどうかは、一番格上の将校しだいで決まる。

もし将校が上着を着けたままであれば、肩の階級章がいやがおうにも全員の目に入り、その会議がブレーンストーミングでもなければ、微妙な問題について自由に意見を出し合う場でもないと読み取れる。他方、将校が上着を脱げば、格下の出席者が何か発言しても、ただちに咎められはしないと考えてまず差し支えない。

当時、陸軍士官の制服のズボンはすべて黒の縦線が入っていて、階級章、名札、飾りの類は上着にしか付いていなかった。上着を取ってしまえばカーキ色のシャツと黒のネクタイだけとなるため、わかるのは陸軍に所属しているということだけで、階級を明示するものは何もない。ただし会議室を見渡すと、肩に付いた小さなメタルから序列が推測できる。ちなみに私のメタルには銀色の棒が一本付いていた。

階級や権威をメンバーの思考プロセスの奥深くにまで植え付けている点で、軍隊の右に出る組織はないだろう。上級将校も含めて多くの士官は、優れた考えが必ずしも序列の高い者から出されるとはかぎらないと承知してはいるようだが、組織内には人間関係に関わる不文律があるため、上下関係が大きく物を言う。求められないかぎり発言すべきではないとわかっている以上、会議中に重大な問題や思い違いなどに気づいたとしても、黙って座っているほかない。会議を取り仕切り、最終判断を下す地位に就いた人は、意図しないにせよ、下位の者たちの意見を軽んじてしまうかもしれない。そのうえ、実際は違うにもかかわらず、合意が得られたと思い込むこともあるだろう。黙れと命令すれば、論争や反対意見は封じられるかもしれないが、水面下ではなおくすぶり続けるものだ。

私は、ふつう一年半かかるところをわずか一八ヶ月で少尉から中尉に「スピード昇進」（!?）を遂げて、軍隊での勤務を終えた。その後何年もしてから、「地位が高ければ知性も高いはずだ」との前提に立つ組織に、今度はまったく別の立場から接する機会を得た。コンサルタントとして名を成し、何冊もの本を上梓していたこともあって、陸軍空輸部隊から光栄にも、最高位の将軍たちに向けた講演の依頼を受けたのだ。かつての上官に当たる人々が静かに耳を傾ける前で話をするのだから、何とも不思議な気分である。

オハイオ州のデイトン空港で、空軍大将から差し向けられた軍用機に乗り込み、ライトパターソン空軍基地に降り立った。本部に着くと、大将のオフィスに招き入れられ、温かい言葉とコーヒーによるもてなしを受けた。数分後、ドアが開き、大佐が「全員が席に着き、ご講演を待っております」と告げる。廊下を歩き、会場へと向かう。そこで私を待っていたのは、それまで見たこともないほど大勢の高級将校たちだった。三ツ星の将軍が二、三人。二ツ星も数人。そして多数の一ツ星。

一番の格下は大佐で、企業でいうならバイス・プレジデントに相当する。こちらが会場に足を踏み入れようとすると、錚々たるメンバーがいっせいに立ち上がって、直立不動の姿勢を取った。

三〇人もの「地上最強の男たち」にまっすぐな視線を注がれ、私はふいに大きな戸惑いを覚えた。空軍大将から「諸君、こちらがアルブレヒト博士です。『隊務を画期的に改善する方法』についてお話しくださいます」と紹介された時には、もしや皮肉を言われているのではないかと疑ったほどだ。大将が私に合図しながら「アルブレヒト博士、それではお願いいたします」と言い、私はスピーチを始めた。何を話したのかほとんど思い出せない。だが話し終えると、真剣な質問を次々と浴びせられた。表現こそさまざまだが、そのほとんどは共通の中身だった。「権威、指揮命令、ヒエラルキーなどを土台とした組織では、先の見通しにくい状況にどう対処すればいいのか。変化にどう立ち向かえばいいのか。全員の脳のパワーを十分に引き出す方法は何か？」

私は毎回おおよそ同じ答えを述べた。「日ごろの何気ない考えや振る舞いを、意識することでしょう」。組織の中に、そうとは気づかないうちに恐れ、反感、惰性などが忍び込んで、生命力の源である感情を無理に抑えつけているなら、何とかしてそれらに向き合い、理解し、恐れを捨てなくてはいけない。人々が権威を恐れているなら、あるいは自分自身や人間関係が権威によってどう影響されるかをはっきりと理解できずにいるなら、この複雑な社会で権威がどういった役割を果たしているか、問い直す必要があるだろう。

戦争のルールが単純でテクノロジーもかぎられていた太古の時代には、権威への服従は、今日とは異なった意味を持っていた。当時の兵士に比べ、今日の兵士は多くのことを知っている。戦闘の隊形、戦術、方法も格段に複雑になってきている。スピードも以前とは比べようのないほど高まっている。現代では、ひとりひとりの兵士がより多くを知り、より多くの裁量を持ち、よりスピーディな思考と行動を身につけ、より多くのコラボレーション（協働）を心がけなくてはいけないのだ。パワーと権威の重視、個の抑圧などを特徴とした、心の奥底に潜む古い価値観は、人々が互いに尊敬し合い、コラボレーションを行うべきだという価値観に取って代わられつつあるだろう。軍の指揮命令だけでなく、さまざまな組織文化が、「支配する側・される側」という構図を捨てて、全員の一体感を強める必要に迫られている。全員が一体となって新しいソリューション、いやそれどころか新しい組織のあり方を探さなくてはならないのだ。

自分たちの過去を辿る

アメリカで最も古い書店はモラビアン書店とされる。ペンシルベニア州ベスレヘムで産声を上げたのは一七四五年であるから、母国アメリカとほぼ同じ年齢ということになる。そのような書店で働く感慨とは、いったいどのようなものだろうか。この店は、どのような出来事、変化、人間ストーリーに彩られてきたのだろうか。創業者の死を乗り越え、何世代も受け継がれてきたのはなぜだろう。幾星霜にもわたって紡がれてきた豊かな歴史は、どうかみしめればよいのだろうか。

実のところ、このように長い歴史を持つ企業は、さほど少なくはない。一〇〇年以上続く企業のリストには、よく知った名前、聞いたこともない名前、両方が出てくるだろう。ピンとこない？　ならば、「二〇〇年企業クラブ」の会員リストを眺めてはどうだろう。

「三〇〇〇年企業クラブ」には、たんに三〇〇〇年以上前から営業を続けているだけでなく、創業一族とのつながりを保っている企業だけが入会できる。本部はイギリスにあり、イギリス企業九社、他国の企業六社を会員としている。００７ことジェームズ・ボンドご愛用の銃メーカー、イタリアのベレッタも会員である。このクラブは何年か前に、ジェフリー・ダーテル（一五九一年創業の建設会社、R・ダーテル・アンド・サンズ）、リチャード・アーリーズ（一六六九年創業の寝具メーカー、アーリーズ・オブ・ウイットニー社）によって創設された。会員には他にも、制服・式服専門店トイ、ケニング＆スペンサー、海運会社G・C・フォックス＆カンパニー、不動産管理会社（以前は織物会社）ジョン・ブルック＆サンズ、帽子のジェームズ・ロック＆カンパニー、銀行業C・ホー＆カンパニー、ワイン商ベリー・ブロス＆ラッド、金属鍛造加工業フォークス・グループなどが名前を連ねている。

日本の住友商事はもともと、一五九〇年頃、京都で銅吹き、銅細工者としてスタートした。大丸百貨店のルーツは一七一七年創業の呉服店だという。スウェーデンの企業、ストラは、銅鉱山を前身としていて、その名がスウェーデンの文献に最初に現われるのは一二八八年である。

老舗、あるいは老舗中の老舗の従業員のうち、社の沿革を深く知る人はどれくらいいるのだろうか。ここで言葉の意味を確かめておきたい。

歴史を辿る——企業の沿革を振り返り、そこから将来性を見きわめる。

「歴史を辿る」(historicizing) というのは深い意味のある言葉であるため、あえて使うことにする。この驚くほど楽しい作業を行うと、熱意とひらめきが生まれ、企業の将来性を推し量れる。皆が共通のスタートラインに立って、同じ歴史を胸に刻むことができる。そして上層部に新しいメンバーが加わったとしても、その組織ならではの風土をすぐに理解できるのだ。

オーストラリアの連邦行政サービス省では、幹部が一堂に会して、将来への青写真を描こうとしたことがある。その際、手始めに次のような問いかけをした。「われわれの組織は、どのような道筋を辿ってきたのか。現在の環境で現在の課題に直面しているのはなぜか」

この組織は三年前から、激しい変化の波に洗われていた。大幅なダウンサイジング。設立綱領の度重なる変更。有力な政治家のあいだで、この組織を存続させるべきかどうかを巡って激しい議論が戦わされるという、途方もなく不透明な状況。当時の長官コリン・マカリスターが述べている。「皆、激しい心の痛みにさいなまれていました。サービス省一筋で働いてきた人も少なからずおり、『これまでの努力が認められていないのだろうか』と思い悩んでいたのです。職はどうなるのか、自分の将来はどうなるのか、と不安に陥る人も大勢いました。幹部は、リーダーとしての自分の役割に自信が持てなくなっていましたし、あらゆる階層のマネジャーが、組織の将来が見通せず、ストレスを感じていたのです」

「それまで一度としてなかったのです。立ち止まって、過去を振り返るということが。リーダーとして先に進むためには、ひとりひとりが心の中で、過去と折り合いをつける必要がありました。組織の辿ってきた道筋を知り、受け入れる必要がね」

戦略の見直しに取り組み、四日間の日程が進むうちに、歴史を振り返るなかで得られた「気づき」が大きなパワーを生み出し、組織の将来像を描く助けとなった。まったく新しい事業コンセプトを取り入れた場合、すでに先が見えず思い惑う一万二〇〇〇の人々がどのような困難にぶつかるかも、はっきりとつかめた。幹部たちはほぼ全員が、過去を振り返ることで展望が広がり、意義あるプランができた、と実感していたようだ。

若い企業であっても、岐路に立たされた経験はあるだろう。試練に遭い、存続の危機にすら瀕したことがあるかもしれない。過去に目を向け、組織の成り立ち、伝統、現状を心に刻むと、将来の可能性を現実的にとらえやすくなるだろう。古くからの組織、とりわけ多くの年輪を重ねてきた組織は、豊かな遺産と歴史を持っているはずだ。それを活かせばよい。とはいえ、これを実践している企業は、果たしてどれだけあるのだろうか。ＣＥＯが代わる。事業拡大に伴って新顔が大勢入ってくる。時勢が変わる……。これらが重なると、過去を振り返ろうとする姿勢は薄れていくかもしれない。残念なことだ。というのも、共通の経験に支えられているという意識があると、たとえ苦痛に満ちた経験だったとしても、それを大きなテコとして人々が結束できるのだ。経営幹部が戦略を見直す際にも、まず沿革をなぞってみるのが有意義ではないだろうか。最近そのような機会から遠ざかっていた、新しい顔がちらほら見受けられるといった場合には、とりわけ有効だろう。沿革を辿り、そこから何がつかめたか、わかりやすく表現すると、事業機会をよりよく見通せるだろう。

新しいメンバーのあいだに社の歴史を学ぼう、尊ぼうとする気持ちを育めるというのも、こうした取組みの利点だろう。年長者から過去の不況、プライベートでの苦労、社会の混乱、価値観の移り変わりなどを聞かされると、語り手とその世代のものの見方を理解できるだろう。同じように、企業でも、たとえさまざまな価値観の人々がいたとしても、過去の遺産を糸口にして共通の土台を見出せるのだ。社会学でいう「集団記憶喪失」のように、皆が同じように沿革をとらえていないと、組織のエントロピー・コストは増えるだろう。過去を知らないと、同じ失敗を繰り返す方向にあえて進んでいるようなもので、賢明とはいえそうもない。[注4]

会社をダメにするテロリストはいかにして生まれるか

「ご搭乗の皆さま、本日は当社のフライトをご利用いただき、誠に有り難うございます。しかしながら、経営陣の判断により、乗務員の人数が少なくなっておりますので、おもてなしに手間取る場合があるかもしれません。なにとぞご理解のほど、お願い申し上げます」

機内で離陸を待っている時に、客室乗務の責任者からこのようなアナウンスを聞かされたら、どう思うだろうか？　どう感じるだろうか？

決して絵空事を述べているのではない。ストックホルムからシカゴに向かう機内で、私が実際に経験したのだ。私はこのアナウンスを正確に書きとめた。胸がつぶれそうだったのだ。あなただったらどうだろう。心配にならないだろうか？

このアナウンスには何か利点があるのだろうか？　語り手は当の航空会社の従業員だ——乗客に会社の恥をさらして得をするのだろうか？　経営陣がいかにお粗末かを誰彼となく話して聞かせるというのは、一種の腹いせなのだろうか？　経営陣との駆け引きに、乗客を巻き込もうというのか？

経営陣と従業員が睨み合っていては、的確な事業運営はおよそ期待できないだろう。型にはまった日常業務ですら、満足にこなせるかどうか大いに怪しいものだ。一方が勝てば他方が負けるという、情けない状態なのだ（これをゼロ・サムという）。どちらも相手に目的を達成させまいと血眼になり、その結果、刺し違えてしまう。互いが相手の望みを断とうとして、「勝った」と思ったら実はともに負けていたのである。

泥沼の労働争議はいずれも、労使双方に打撃を与えてきた。一九九八年にはゼネラルモーターズ（ＧＭ）と全米自動車労働組合（ＵＡＷ）が激しくぶつかり、アメリカの労働争議として近年稀に見るほどの深い傷跡を残した。ストライキが終わってみれば、組合はわずかな譲歩を引き出したにすぎず、会社は一〇億ドルもの損失を被った。以後、経営側はコスト削減にいっそう力を入れた。ダウンサイジングと工場の閉鎖を続け、ストライキで失った利益を取り戻そうとあらゆる手を打ったのだ。

もっとも、アメリカの労働運動はイギリス、フランス、イタリア、ドイツ、オーストラリアなど他の多くの国々に比べればまだしも穏健だといえる。これらの国々では、社会問題や政治問題の解決を訴えて、あるいは他の組合のストライキに同調して、労働者がストを打つのだ。オーストラリアの航空会社では、９・11テロの余波で、客室乗務員による賃上げ要求ストが起きた。業務の危険性が増したのだから、「危険業務手当」が支払われて当然だというのだ。

従業員が会社に背を向け、敵意すら抱くと、極端な場合、進んで会社の利益を損なおうとする。

業務を妨害する、暴力に訴える、あるいは顧客を敵に回すといった行動に出るのだ。

ナショナル・ウェストミンスター銀行の前品質改善担当ディレクター、ポール・グッドスタットが述べていた。「つむじを曲げた従業員は、テロリストと同じです。クオリティへの信頼を一瞬にして木端みじんにしますから。とにかく凄まじい破壊力ですよ」

「テロリスト」という言葉は、最近では身の毛のよだつ響きがあるため、もう少し当たり障りのない呼び方にしたい。「クオリティの破壊者」「顧客価値ドロボウ」あたりでどうだろうか。もっとも、例の機内アナウンスをした乗務員は、私をまさしくテロに近い恐怖に陥れたのだが。

従業員による業務妨害はおよそすべての業界で起きている。この点で悪名高い業界もあるほどだ。そのような行為が起きるのは、社内が過激派の温床のような状態になった場合である。妨害がエスカレートしていく条件も過激派の場合と実に似通っている。つまり、従業員が不当に扱われている、ないがしろにされている、自由を奪われている、と感じ、ついには見境をなくしてしまうのだ。

業務妨害がどこまで激しさを増すかは、当人の精神状態が意欲の喪失、不満のうっ積、あからさまな敵意など、どの段階にあるかによって決まる。

意欲をなくした従業員は、要するに投げやりなのだ。この種の対応を私自身、シドニー発ホノルル行きの機内で受けたことがある。乗り継ぎ地のオークランド（ニュージーランド）に着陸すると、客室乗務員が私の座席にやってきて封筒を差し出した。「オークランドのホテルの宿泊券と、空港からのタクシー券です」。乗り継ぎ便が運航中止となり、オークランドで一晩足止めになったということを、彼女なりに素っ気なく私に伝えたのだ。

これが果たして適切な応対といえるだろうか。正規運賃でファーストクラスに乗っていて、累計で一〇〇万マイル以上も利用している客に対して、謝罪も、説明も、こちらの不便を少しでも減らそうとの配慮も、いっさいないのだ。あの客室乗務員はさしずめ、魂の抜けた投げやりなテロリストといったところだろう。私が木で鼻をくくったような対応には納得できない、できるだけ早い便を手配してほしいと掛け合うと、苦情担当者にバトンが渡された。その担当者は、およそ一時間後に出発する他社便の座席を手配してくれた。泣き寝入りしていたら、私はあのまま一晩足止めされていたはずだ。

従業員がうっ積した不満からテロに走った場合はたいてい、たんに投げやりな態度を取るよりも激しい破壊を試みる。言葉を武器にした破壊だ。銀行の窓口係やホテルの予約係が、顧客に向かってこんなグチをこぼすことがあるだろう。「例によってシステムの調子が悪くて。会社はいっこうに手を打とうとしないし……」。自力でトラブルを乗り越えようとも、よりよい方法を探そうともせず、すべてを会社のせいにするのだ。

引き続き客室乗務員の例を引きたい。空港からホテルへのシャトル・バスに、四人の客室乗務員と乗り合わせたことがある。その四人はホテルに着くまでの一五分間、大声でひっきりなしに経営陣の方針や業務慣行をののしっていた。周囲に乗客がいることなど、少しも気に留めていない様子だ。ホテルのロビーに着いた時、乗客が連れに「プロ意識のかけらもない乗務員たちだ」と話しかけるのが耳に入ってきた。

あからさまな敵意を示すという第三の段階では、破壊力が一段とアップする。二、三年前だろうか、労働不安が高まっていた頃、航空会社の手荷物担当者の労働組合が、自分たちに都合のよい条件を引き出そうとして、会社への「こらしめ」を考えた。初めからストライキを打つのではなく、まずは怠業《サボタージュ》に出るというもので、やがて乗客の荷物の紛失、破損、誤配などが急増すれば、会社は折れてくるだろうと踏んだのだ。

組合側のこの策略が大衆紙にリークされると、当然ながら乗客はいっせいに他社に流れた。マゾヒストでもないかぎり、スーツケースが失くなるかもしれないと知りながら、あえてその航空会社を選ぶ人などいない。だがもちろん、組合リーダーたちは、自分たちの首を締めているなどとは、想像もしなかった。

業務妨害（あるいは破壊活動）に加わる従業員には、共通点がある。会社から疎んじられていると感じ、価値を生み出す義務を果たそうとしないのだ。こうした人々が顧客対応に携わるのは、困ったものである。本来は分別があるはずなのに、それを忘れ、自分の不安、怒り、フラストレーション、敵意だけを剥き出しにするのだから。

疎外感に浸り、クオリティ実現への意欲を失うのは、ふたつのパターンが考えられる。ひとつは当人に原因がある場合だ。感情をうまくコントロールできない。不安から逃れられない。世の中にうまく適応できない……。このような人たちは、仕事をこなしていくには精神力に脆すぎるのだろう。人生の試練に遭い、仕事にまでプライベートの悩みを持ち込んでいるのかもしれない。いずれにせよ、後ろ向きの感情を抑えられず、職場のトラブルメーカーになってしまうのだ。

職場環境を原因とする業務妨害もあるだろう。職場環境は健全とはかぎらないのだ。不健全な職場では、働く楽しみはゼロ。従業員は働きバチのように決まり切った仕事をこなすだけ。組織に押し潰されそうになることも少なくない。仲間とよほど強い絆で結ばれていないかぎり、皆疲れ切っていく。人間らしい働き方ができずにいるのに、どうして素晴らしいサービスを提供できるだろう？

働き手の気持ちは、巡り巡って顧客の心に乗り移る。

従業員の反感を買った場合、原因が何にせよ、会社には強いリーダーシップが求められる。当人に原因があるケースでは、慰める、励ます、そして時には叱咤するなど、生身の人間として向き合う必要があるだろう。プライベートな悩みのはけ口を職場に求めているようなら、できるだけその悪影響が及ばない業務に移すべきだろう。いざとなれば、組織を去ってもらうということも有り得るのだ。

不健全な職場環境に原因があるのなら、経営陣の責任で人間らしく働ける環境づくりをして、従業員に手を差し伸べなくてはいけない。経営者やマネジャーは、従業員を恐怖や不安にさらすのは、顧客を同じ目に遭わせることを意味するのだと、肝に銘じておくべきだろう。

文化の違いを乗り越える

私は以前、日本の経営者グループから会議への参加依頼を受けた。経営慣行を学ぶ目的で訪米中の一行二五人は、サンディエゴで半日、彼らの研究テーマに関する私の考えを聞き、日本への応用法について質問したいという。

先方は会議場所の予約から通訳の手配まですませていた。前日の夕方、私はロサンゼルスから訪れたという女性通訳と会い、おおよその打ち合わせをした。彼女は日本で生まれ、日米両国で教育を受けていた。二カ国語を流暢に操るだけでなく、ふたつの文化に十二分に通じていたのだ。

その通訳は、会議に関係しそうな日本のしきたりを説明してくれた。「私自身、明日が初対面です。けれど、皆さん日本人ですから、席上どう振る舞うかはおおよそ見当がつきます」「それぞれ会社が違いますので、この出張で知り合った方たちだと思います。ですが明日お越しになる際には、互いの肩書きや格を十分に心得ているでしょう。それは、今回のグループでの序列にも反映されるはずです。まるで全員が同じ会社に属しているようにね」

「彼らはまず、あなたに最も上座に座るように勧めるでしょう。そして自分たちは、あなたの右隣から始まって偉い順にテーブルを囲んでいくはずです。最後が一番格下の人、その隣、つまりあなたの左脇が私です。知っておかれるとよいでしょうが、発言するのも、質問するのも、偉い順です。『ご質問は?』と水を向けると、重鎮に口火を切る権利があるわけですね。もしその人が口を開かなければ、ナンバー2、ナンバー3と順にお鉢が回ります。末席の人が質問できるのは、他の人が何も尋ねなかった場合だけです」

私は驚くと同時に戸惑いを覚えた。彼女が、翌朝のシナリオをはなから決めてかかっていたからだ。ところが、驚くのはまだ早かった。会議は、そのシナリオそのままに進んだのだ。それ以前も含め何度となく仕事で日本を訪れるうちに私は、日本の商慣習の裏にある複雑なしきたりを理解し、重んじるようになった。と同時に、アメリカやそれに近い文化との違いにも気づいた。アメリカ、イギリス、カナダから経営者が集まって同じような会議を行った場合、格の違いのようなものが多少は物を言うにせよ、質問をしたり、意見を出したりするのに誰も遠慮などしない。

ビジネスの世界では、文化の違いがあぶり出される場面は増える一方である。文化の違いを超えて発想し、マネジメントする必要性は、時とともに大きくなるばかりのはずだ。この本のテーマであるOIも、場合によって、文化の違いに大きく影響される。同じ文化でも、男女による違いはあるだろう。同じ国で同じ企業に勤めていても、集団の知性への影響の与え方は人種によってまちまちだろう。複数の組織から人材が集まってともに事業を動かそうとすると、人種、宗教、国や地域などによる差異がことさら際立ってくる。

例えば、男女の役割についての考え方が大きく異なるいくつもの文化からメンバーが集まって、チームとして仕事をする場合はどうだろう。サウジアラビアのように、男女が同じ部屋で働くことが許されないなど、イスラムの戒律を厳しく守る文化と、女性が軍隊などで出世して男性の上に立てるアメリカ流とは、どうすれば折り合いをつけられるだろうか。

西欧社会では、ひとりひとりの自主性が尊ばれ、現状を問う姿勢、参加型経営が広まっている。このような発想を、インドのように何千年も前から厳格な秩序と階級制が根を下ろしてきた国に普及させるには、どうすればよいのだろう？　そもそも、そうすべきなのだろうか？

これは興味深く、また重要なテーマではあるが、たとえ深くは掘り下げなくても、本書にはとうていて収まり切るものではない。そこでせめて、折に触れて次の点を思い起こすようにしたい。「さまざまな考え方が複雑に絡み合った文化であっても、あらゆる種類の一体感を根づかせ、育むことができる」

人々は強い一体感で結ばれているか？――七つのチェックポイント

一体感の強さを推し量るには、少なくとも次の七つのポイントを振り返ってみるとよい。

1 プラン、優先順位、業績などは、従業員に知らされているか？
2 あらゆる階層の従業員が事業の勘所を押さえているか？　全体的な戦略を理解しているか？
3 ヨコの連携はどうか。部門間の壁を超えて助け合い、情報やアイデアを自由に交換しているか？
4 帰属意識は具体的に表われているだろうか？　たんに従業員だというだけでなく、組織の一員としての自覚を持っているか？
5 従業員は経営陣を仲間《パートナー》と見なしているか？　疎外感、敵愾心などを抱いてはいないだろうか？
6 明るい見通しを皆が抱いているか？
7 「長くこの組織にとどまろう」と考えている従業員が主流か？

第6章

変わろうとする意志

現在は将来への通過点にすぎない。

――老子『タオ（道）』

感心にも、カトリック教会は、かつてガリレオ・ガリレイに不当な扱いをしたことを認めた。死刑をちらつかせて地動説を撤回させたのはゆゆしき過ちだったと、公式に宣言したのだ――一九八三年になってから。

こうして将来から目を逸らす――ホメオスタシスと神経症組織

変化へのアレルギーは、必ずしも変化の中身を十分に踏まえているわけではなく、本能にもとづく場合が少なくない。企業の精神構造に組み込まれた反応なのだ。まるで生き物のようではないか。事実、人体のたとえを用いると、組織をすっきり説明できることがある。組織での日々の営みがどのような文化によって動かされているのかを、浮き彫りにできるのだ。

人体にはホメオスタシスという機能があるが、これとちょうど同じものが組織の「身体」にもある。人間の体内ではさまざまな器官が体内環境、つまり体温、血圧、ホルモン濃度、血中の電解質の濃度などさまざまなファクターを一定に保とうとしており、この機能をホメオスタシスと呼ぶ。誰でも、照りつける太陽のもとにいると汗が吹き出すだろう。血管が広がって、循環系の働きによって熱の放出を促そうとする。腎臓は尿の生成を抑えようとする。これらはすべて、体内を最も安定した好ましい状態にしておくためだ。凍てつくような室内に入ると、今度はすべてが逆方向に働く。血管は縮み、末梢細胞への血流を抑えて熱の放出を防ごうとする。寒さを感じると震えるのは、筋肉がふだんよりも多くの熱を生み出して、体温を上げようとするからだ。

組織も、まったくコントロールが利かなくなっている場合は別としても、ホメオスタシスに似た働きがあり、さまざまな形を取って表われる。人々の行動のよりどころとなる多数の方針や不文律。幹部の判断パターン。CEOの取ろうとする方向性。事業機会をつかもうとするかどうかを左右する、経営陣の事業観。成功や失敗についての強い考え方。

ホメオスタシスに似たこのような働きは、行き過ぎると弊害を生む。特定の成果や財務結果に強くこだわりすぎると、方向を変えようとの試みがことごとく無関心、抵抗、あるいはあからさまな敵意に迎えられるのだ。

【事例】ぬるま湯から出られなかった元国営企業

オーストラリア・テレコム（現テルストラ）は、規制緩和と民営化という逆風にさらされるまでは、国営企業として電話利用者から料金を搾り取り、ぬるま湯に浸り切っていた。利用者からは嵐のような苦情が寄せられていた。料金が高い。電話が使えない。いつまで待っても修理に来ない。電話を引きたいが、長く待たされる……。通信設備が故障したため、あるいは電話が開通するまでに何週間も――ひどい場合は何ヶ月も――待たされたため、零細企業の倒産まで起きた。

独占企業として敵なしの状態だったため、ライバルの影がちらつき、それが大きな脅威となってからも、ぬるま湯から抜け出せなかった。競争意識を育てようとしても、独占の甘い蜜に慣れたホメオスタシス反応によって抑え込まれた。いよいよ競争が始まると、敵にとっては格好の餌食だった。無数のオーストラリア人が、「これまでの恨みを晴らしたい」との思いから、他社へと乗り換えていった。

「原点に立ち返ろう！」というお馴染みの掛け声は、変化、不透明性、新しい価値を生み出す必要性などを恐れ、現状にしがみつこうとする姿勢の裏返しの場合もある。「コア・コンピテンシー（中核的な能力）に集中しよう！」からも、慣れ親しんだものへの愛着が読み取れる。「新しい試みはうまくいっていないようだから打ち切ろう。これまで利益を生んできた事業に戻るのだ」というわけだ。ところが、肝心の原点がもはや存在せず、リーダーたちが新たな原点、新たな成功へのレシピを探さなくてはならない、といったケースが増えてきている。よく言われるように、「同じことを繰り返していては、同じ結果しか得られない」のだ。

時には、ホメオスタシスに似た働きやその副作用によって組織が何らかの神経症にかかり、理にかなわない発想や感情に取りつかれたために、変わろうとの意志が削がれることがある。こうした神経症の病根はさまざまだ。CEOが頑迷なのかもしれない。財務部や法務部といった門番的な部門が、戦略に大きすぎる発言権を持っているといった、社内のパワーバランス上の問題によるのかもしれない。あるいは、不幸な経験が続いたために、組織の人々が一様に心に傷を負って、そのトラウマに縛られているのだろうか。原因が何にせよ、こうした神経症にかかるとリーダーは活力を失い、痛みを避けるために安楽を求めるものだ。

【事例】由緒正しい石頭

ライアン・エアロノーティカルといえば、チャールズ・A・リンドバーグが初の大西洋単独無着陸横断飛行に用いた〈スピリット・オブ・セントルイス号〉の製造元で、由緒ある会社だ。だが製造部門のトップは昔気質の人々で固められ、経理部門はリスクにひどく神経質だったため、その弊害が長年会社を苦しめた。利益が出ても、新製品の開発には少しも振り向けられない。研究開発費らしきものといえば、入札や受注提案の必要経費だけ（ライアンにとって群を抜いて最大の顧客、アメリカ政府が認めた経費枠に収まる範囲だ）。言い換えれば、新しいアイデアあるいは設計案が検討されるのは、軍事・航空関連の政府入札に向けて提案書を作成する際だけなのだ。入札価格を実質的に決めるのは、日々の経理処理に携わる人々で、彼らはさまざまなファクターを踏まえた最先端の手法など頑として用いず、十年一日のごとく、巨額の利益を手にできるように算段を繰り返すのだ。こうして、果敢なライバルと比べると価格面でも、品質面でも、常に見劣りするのだった。ベトナム戦争中をきわめ付けとして、ライアンの業績は連邦政府の関連

――支出に合わせて上下するといった状態が二、三〇年ほども続いた。

組織やそのリーダーは、過去に実績を上げた馴染み深い手法にしがみつきがちだ。こうした傾向については、ピーター・ドラッカーもことあるごとに触れている。そして、有効性をなくした方法に見切りをつけるのも必要だと述べている。「胸に手を当ててほしい……現在の主な取組みひとつひとつについて、ゼロから新しく始める意味があるのかどうか、考えるのだ。もし意味が見出せないようなら、『廃棄』を検討してみてはどうだろう」。事業が行き詰まっても、たいていは見切りをつけるタイミングを逃してしまう。そのままでは立ち行かないと見えていても、製品、新規事業、戦略などの躓きを認めるのが辛くて、ずるずると抱え込んだままにしてしまうのだ。手遅れになるまで事業を清算せず、貴重な資金をすべて食い潰す中小企業が実に多い。投資先企業が損切りできないまま破綻して、投資がふいになったという投資家も実に多い。

リーディング企業はイノベーションに向かない

発明家チェスター・カールソンから見慣れぬ奇妙な機械のアイデアを紹介された際、ＩＢＭのお歴々は「どうぞお帰りを」と軽くあしらった。不格好で複雑で、およそ価値があるとは思えない。商用化など問題外だろう――。何社ものビッグネームが、この発明、つまり後の「ゼロックス・マシン」にやはり素っ気ない態度を示した。ハーバード・ビジネス・スクールの面々などは、「馬鹿らしい」と言い放ったと伝えられている。

だがカールソンはひるまずに、アイデアを磨き上げていった。そしてやがて、民間のバッテル・メモリアル研究所（オハイオ州コロンバス）から補助金を得て、ハロイド・コーポレーションという小さな写真関連メーカーとともに商用化にこぎつける。

ＩＢＭはふたたびゼロックス・マシンを後押しする機会を得るが、相変わらず不遜な態度を示すだけだった。一部の重役が「この製品は脈があるかもしれない」と感じて、名門コンサルティング・ファーム、アーサー・Ｄ・リトル（ＡＤＬ）に市場性の評価を依頼したが、ＡＤＬの専門家は全世界で五〇〇〇台も売れれば上々だろうと判断した。後の〈ゼロックス９１４〉コピー機が、ＩＢＭ規模の企業にとっては投資に値しないとされたのだ。実際には〈９１４〉は、後継機種に取って代わられるまで、実に二〇万台超を売り上げることになるのだが。

ビジネスの歴史からは、次のような教訓が浮き彫りになってくる。

リーディング企業がみずから産業、市場セクター、製品分野などに風穴を明けることは、まずありえない。たとえそうすべき時機が巡ってきたとしても。

リーディング企業がイノベーションを成し遂げる可能性はきわめて低い。イノベーションを実現してリーディング企業にのし上がる例はあるが、それとて必ずしも多数ではない。

コダックは、デジタル・イメージングという新技術の波に見事なまでに乗り遅れ、気づいた時にはすでに、写真分野ではほとんど実績のないエレクトロニクス・メーカーに市場を占領されていた。

コダックはそれまで長年、消費者向けフィルム、特殊フィルムの両市場に君臨して、常識を超えた高利益率を上げていた。ところが富士写真フイルムが殴り込みをかけてきたため、コダックの「専売品」はありふれた製品に成り下がっていった。そのうえ果てしない価格競争の火ぶたが切られ、コダックの将来に暗雲が垂れ込めた。

コダックもご多分に漏れず、チェスター・カールソンの静電写真《ゼログラフィー》技術を袖にした前歴があり、事業機会を逃したのはこれが初めてではなかった。やがて何年もを経て、コピー機事業に手を染めたがどこか生半可で、フィルムと感光乳剤を事業の柱とする基本スタンスは保ったままだった。新しい技術トレンドを探ってそれに乗ろうとするわけでもなく、鳴かず飛ばずの状態を続けたのだ。一〇年近くの後、先端技術に目を向けようとしたが、時すでに遅く、めぼしい技術はすべて他社に取られていた。意外なほど長く持ちこたえていた株価も、ついに一気に下落した。

市場を支配することとイノベーションを巻き起こすことの関係を追っていくと、企業文化の影の部分に突き当たるだろう。この両者に必要なマインドには水と油ほどの違いがあるため、容易には両立できないのだ。CEOが自信を見せたとしても、厳しい現実にぶつかり、フラストレーションに陥るだろう。切り替えもやはり一筋縄ではいかないようだ。企業文化を決めるDNA――すでに説明した企業の命運を握る「掟」――が、組織の実に深いところまで根を下ろしているからである。

一九七〇年代半ば、IBMがコンピュータ市場を席巻した。主な競争相手はほとんどが傾くか、市場から退散していた。IBMには何十億ドルもの余剰資金があり、上層部さえ関心を示せば、およそあらゆる技術を追求できたはずだ。IBMこそ、パーソナル・コンピュータ――大衆車フォルクスワーゲン〈ビートル〉のコンピュータ版――を生み出すのに最も有利な立場にあったはずではないか?

ところが現実にPCを世に送り出したのは、カリフォルニア北部のガレージを根城にしたふたりのティーン・エージャーだった。スティーブ・ジョブズとスティーブ・ウォズニアックは、何百人もの「コンピュータおたく」と同じように、インテルの最新マイクロプロセッサー・チップに魅せられた。切手大のシリコンに載ったコンピュータの頭脳にである。ふたりはノミの市や当時生まれつつあったコンピュータ愛好会に顔を出しては、ビニール袋に詰めたコンピュータ部品を売って歩いた。そしてある時、針金、チップ、廃品あがりのキーボード、その他細々としたパーツを組み合わせて、コンピュータを作ってしまえばいいと気づいた。できあがった製品は〈アップルⅡ〉と名づけられた。

ジョブズは車でエレクトロニクス・メーカー詣でを始めた。商用化を後押ししてくれる「兄貴分」を探そうというわけだ。名門企業の門を叩いて、つまみ出されたこともある(皮肉にも、そのうちの一社はヒューレット・パッカードだった。HPももともとは、アップルと同じようにガレージから出発したのに)。ともあれ最後は、フェアチャイルド・セミコンダクターの副社長まで務めたマイク・マークラが、新会社への出資を約束してくれた。

パーソナル・コンピュータ分野の成功企業といえば、IBMを忘れるわけにはいかない。発売したのはおよそ可もなく不可もない〈IBM PC〉だったが、個性に乏しく垢抜けないこの製品はしかし、市場に凄まじいインパクトを与えた。技術的に抜きん出ていたからではなく、IBMのロゴを背負っていたからだ。人々は「IBMが乗り出した？　ならばＰＣも馬鹿にはできないようだ。買うことを考えよう」と関心を持った。ビッグ・ブルー（ＩＢＭの愛称）は、初の消費者向け製品であるＰＣを、調子よく宣伝し続けていた。だが社内では、メインフレームを事業の要だと位置づけていた。海のものとも山のものともつかないＰＣで勝負するよりも、はるかに高業績につなげやすい、というのだ。やがて、ＰＣ事業の旗を振ってきた生粋のＰＣ派は士気を失い、その大多数がＩＢＭを去っていった。

ＩＢＭは他に一度だけ、消費者向けに製品イノベーションを試みた。〈ＰＣジュニア〉である。マスマーケット向けに安くて簡素なコンピュータを作ろう、というどうにも感心しないアイデアから生まれた製品だ。チャーリー・チャップリンに似せたに違いない奇想天外なキャラクターを起用して、大宣伝を繰り広げた。しかし市場の反応は思わしくなく、ＩＢＭはその醜悪な製品を人知れず葬った。何千万ドルもの投資がふいになった。

輝かしい名声を誇る大企業など、リーディング企業がイノベーション企業に出し抜かれた例は、決して少なくない。例を挙げたい。腕時計ほか各種時計の市場は、一世紀以上にわたってスイス企業の独壇場だった。だが、デジタル時計を最初に市場に送ったのは？　そう、日本企業である。産業史の専門家によれば、日本製のデジタル時計が登場するかなり以前から、スイスメーカーはその設計図を描いていたという。しかし、設計図だけでは実物とは程遠い。後にスイス企業は、安価でファッション性の高い〈スウォッチ〉で巻き返しを図り、失った市場の一部を取り戻したが、すでに一〇年以上の歳月が流れていた。

ＲＣＡのデビッド・サーノフ研究所が開発した電子技術は、生活のさまざまな場面で活かされている。液晶ディスプレイである。金属の粒子の上に透明フィルムを載せて電気を通すと、思い思いの箇所を暗くして、文字や数字を浮かび上がらせることができるのだ。この技術を発見した研究員たちは、ゆくゆくは何十億ドルもの売上につながるだろうと考え、ＲＣＡの経営陣に商品化への後押しを求めたが、返ってきたのはけんもほろろの反応だった。そこへ、液晶ディスプレイの開発を嗅ぎつけた日本のシャープから、商用ライセンスを求められる。ＲＣＡはこれに応じ、長年にわたって潤沢なライセンス収入を得たが、この技術でみずから市場に打って出ようとはしなかった。

リーディング企業はイノベーションを実現できない。しかし、３Ｍだけはこのパラドクスに縛られていないのかもしれない。３Ｍは長いあいだ、新製品、そして「テクノロジー・プラットフォーム」と呼ばれる新しい技術基盤を矢継ぎ早に生み出してきた。発売後四年に満たない製品が、利益の半分以上を稼ぎ出しているのだ。ただし、総売上高ではＩＢＭ、ゼネラル・エレクトリック（ＧＥ）、シーメンス、ヒューレット・パッカード（ＨＰ）といった超巨大企業に及ばない。３Ｍは一部の製品分野で大きな力を振るってはいるが、全体としてはイノベーション企業の代表格と見なしてよいだろう。事実、経営陣は、イノベーション力を一種のブランドとして位置づけていて、最近では「イノベーションの３Ｍ」をＣＩの柱として広くアピールしている。

とはいえ、大小を問わずほとんどの企業にとって、「特定の分野で圧倒的な強さを持ちながらイノベーションを成し遂げるのは、このうえなく難しい」というのは明らかだろう。このパラドクスゆえに、組織はさまざまな局面で板ばさみを経験する。それがどのようなものか、克服するにはどのような発想が求められるのかは、後に詳しく説明する。

シックスシグマ、それともシックスシグマ？

モトローラは一九九三年には、世界の携帯電話市場で三分の一のシェアを握っていたのだが、その後、市場シェア、売上高、利益をみるみる減らし、二〇〇〇年にはノキアに王者の地位を明け渡した。九三年時点ではほとんど無名だったノキアは、二〇〇二年には世界市場の三分の一を制していた。実にモトローラ、エリクソン、シーメンスの合計シェアに匹敵する規模である。

携帯電話市場に君臨していた当時、モトローラは品質手法でも数々の賞を受けている。その洗練された品質管理プログラムは「シックスシグマ」と呼ばれ、業界を問わずおよそあらゆる企業から手本と見なされた。シックスシグマとは、統計分析用語に由来する名称で、大量生産において欠陥品の比率が一〇〇万分の三・四以下の品質レベルを指す。モトローラはこのプログラムで、栄えあるマルコム・ボルドリッジ国家品質賞に輝いた。「モトローラ大学」まで設立して、その品質管理の手法を他社に教えている。

残念ながら、そのモトローラもやがて崖っぷちに追い込まれる。アナログ方式からデジタル方式への移行が後手に回り、他社がデジタル通信規格に沿って、より小型で優れた製品を開発するなか、旧来のアナログ技術にしがみついたのだ。手をこまねいていた期間は二年以上にのぼるとも言われる。これは「デジタル時間」に直すと、とてつもなく長い期間だ。事態の深刻さに気づいた時には、すでに周囲の状況は一変していた。

「モトローラが古い技術にこだわり、すっかり衣替えした市場への挑戦に尻込みしたのは、品質管理の模範企業だったからにほかならない」との見方も専門家のあいだにはある。つまり、経営陣以下、社内のすべてのリーダーが、品質の素晴らしさを誇りに思うあまり、それを打ち壊してデジタル方式に鞍替えすることができなかったというのだ。最大の武器だったはずのシックスシグマが逆に足かせになって、事業革新を妨げたのだと。

だが突き詰めて考えれば、シックスシグマそのものに問題があったのではない。それどころか専門家の多くが、シックスシグマによって製造業の品質水準が目覚しく高まったと、好意的なとらえ方をしている。現実にGE、アライドシグナル（現ハネウエル）などが、シックスシグマを自社流にアレンジして導入、何十億ドルにものぼる業務改善・コスト削減効果を生み出している。わけてもGEは、「ブラックベルト」と呼ばれる社内の品質コンサルタントを活用して、海外も含めた事業の隅々にまで取組みを広げている。ジャック・ウェルチは二〇〇一年にCEOを退いたが、ウェルチ経営の総決算のひとつともいえるのが、経営理念の柱にこのシックスシグマを据えることだった。

他方モトローラでは、シックスシグマはシックシグマ（病んだシグマ）に変わっていった。この事実からは、「完璧なものを打ち砕くにはどうすればいいのか？」という、矛盾した難題が浮かび上がってくる。何かをきわめた後にそれを打ち壊して、別のよりよい、より価値ある何かをきわめようと歩を進めるべきタイミングは、どうすれば見出せるのだろうか？

他にも多くの企業が、シックシグマ症候群にかかってみずから滅んでいった。何十年もかけて築き上げた栄光を、捨てるにしのびなかったのだ。その気持ちは、察するにあまりある。ふたつの選択肢があって、片や莫大な知識、ヒト、モノ、カネを投じて完成度を高めてある。価値と利益を生み出していて、馴染みもある。片や、可能性が未知数。となれば、前者にずいぶんと分があるだろう。まして、後戻りが利かず、片方は完全に諦めるしかないとしたら、なおさら悩みは深い。このような一〇年に一度の転換点では、まさに各社の知力が試されるだろう。

「殻を破れる組織」になるには

ロッキード（現ロッキード・マーチン）はかつて、新しい偵察機を開発して最高高度の記録を塗り替えるという難題に挑んだ（そこから生まれたのが、アメリカの諜報活動を何十年にもわたって支えた、名だたる〈U‐2〉である）。その際、従来のプロジェクト形態は取らないことに決め、伝説の設計技師ケリー・ジョンソンを技術リーダーとする「スカンクワークス」（秘密プロジェクト）を立ち上げた。このプロジェクトは極秘に進める必要があったのだ。ただし秘密を守るという条件だけなら、従来のプロジェクト形態でも満たせただろう。スカンクワークスという形態を選んだのはむしろ、短期間に多数の技術的ブレークスルーを成し遂げなくてはならないため、他のプロジェクトと違って、通常のきめ細かいマネジメントやプロセス・コントロールでは太刀打ちできないと判断したからだった。

ロッキードのこの決定を、通常の設計・製造では非効率だと認めたようなものだ、とする見方もあるかもしれないが、要求条件が異なる以上は従来とは別のやり方が求められる、とも考えられるだろう。標準仕様機を何百という単位で低コストに、しかも緻密なスケジュールに沿って生産するのと、新型機を独自の工程に沿ってスピーディに開発・製造するのとでは、優先すべき事項が異なるものだ。

「標準的な組織形態を定めておけば、急な課題や変化にすべて対応できる」といった発想では、今日では成功は覚束ないだろう。さまざまな状況に対処するにはむしろ、スカンクワークスと伝統的な組織を使い分けるのが理にかなっている。前者は、スピードに勝り融通が利きやすいが、きめ細かさに欠けるという大きなマイナスもある。後者は、緻密さ、堅実さに優れているが、即応性に乏しく、融通も利きにくい。

新しい方向性が求められている。移ろいゆく環境に合わせて、大胆な変革を行わなければならない。このような時に犯しやすいのが、古いままの組織で新しいことを試みるという失敗である。ウォール街の大手証券各社も、オンライン・サービスが伸びを見せ始めた頃、失態を演じている。社内に専門家を抱えていなかったばかりか、割り振った経営資源もほんの申し訳程度。子どもだましのウェブサイトを作って、オンラインの口座照会機能を設けただけだった。

従来組織の弊害を避けるためには、いくつかの選択肢があったはずだ。

その一、スカンクワークスを設けて、専門家たちを安全な場所に置く。「従来のやり方が脅かされている」と感じた人々から横槍が入らないようにするのだ。

その二、必要分野のノウハウを持った小規模企業を買収して、スカンクワークスとして活かす。

その三、ネット専業の証券会社と本格的に手を組む、あるいは、ライバルになりそうな相手を飲み込むことで、経験や知恵を手に入れる……。

いずれにしても狙いは、新しい課題について学んだり、適応したりすることで、必ずしもすぐに目に見える結果を出すことが目指されてきたわけではない。

組織がこれまでのやり方をぴたりとやめて、明日から新しいやり方に変えることなど、まずありえない。初めは動揺するがやがて方向を変え始め、最後に新しいやり方に落ち着く、というプロセスを経るものなのだ。リーダーは、土壇場まで変化に抗うのではなく、意識的にこうしたプロセスを動かしていくべきだ。そのためには従来の安定性を守りながら、新しいやり方に伴う混乱、先行きの不透明さなどに対応できる、臨機応変な組織が求められるだろう。

変わろうとする意志があるか？——七つのチェックポイント

あなたの組織は「変わろうとする意志」をどれだけ持っているだろうか？　基本として、以下の七つのポイントを考えてみよう。

1　**製品、サービス、流通方法などをたゆまずに進化させているか？　需要の変化についていっているか？**

2　**イノベーションが自然と芽生えるように、工夫をほどこしているか？**

（例）新しいアイデアを試せる土壌があるか／新製品開発チームがあるか／新規事業担当のスカンクワークスがあるか／従業員による提案制度があるか

3　**よりよい仕事の仕方を見つけるよう、奨励されているか？**

4　現在のやり方に誰でも疑問の声を上げられるか？

5　形式主義の足かせ（規則のための規則、時代錯誤の方針や手続きなど）を最小限に抑えているか？

6　リーダーたちは失敗を潔く認めるか？　新規事業が迷走したら打ち切るだけの勇気を持っているだろうか？

7　変化を素直に受け入れようとする社風が育まれているか？　斬新奇抜なアプローチをしようという社風はどうか？

第7章 仕事への情熱

やる気を出すまで性根を叩き直してやる！
——ある工場の掲示板より

上級マネジャーが労働者に抱くイメージには、ある人物の考え方が色濃く影を落としているようだ。その人物とはフレデリック・ウィンスロー・テイラー。二〇世紀の最初の二〇年に大いに脚光を浴び、マネジメント理論の草分けとして名を成した。テイラーの思想は、産声を上げてまもないアメリカの工業社会に計り知れない影響を与えたのだ。アリストテレスの最も有名な弟子、アレキサンダー大王は、征服した地域（「全世界の三分の一近く」とされる）に師の教えを次々と広めていったが、同じようにテイラーの思想も当時、産業界のリーダーたちが大企業の土台作りを進める際に活かされた。

フレデリック・テイラーの亡霊

エンジニアだったテイラーは、物理労働の効率を探ろうと思い立ち、工場や第一次産業の仕事に関心を向けた。メリーランド州にあるベスレヘム・スチールの工場で製鉄工などの作業を細かく調べたところ、辿り着いたのは「賃金に見合った利益が上がっていない」との結論だった。その理由はふたつ。作業手順そのものに問題があるうえに、労働者のほぼ全員が心の中では「できるだけ手を抜こう」と考えている、というものだった。

テイラーの説をまとめると、おおよそ以下のようになる。

イギリス人、アメリカ人ともに、ことスポーツに関しては大いに光るものを持っている。アメリカの労働者が野球をしても、イギリスの労働者がクリケットに興じても、まず間違いなく、全力で勝ちにいこうとするだろう。ひとつでも塁を進めようと、あらゆる努力を傾けるのだ。皆がこうした気持ちを共有しているため、力を出し切らない者がいれば、周りから「卑怯者」とさげすまれる。

ところが、その彼らが翌日出勤すると、精一杯働いて生産量をできるだけ押し上げようとは思わずに、あえてできるだけ楽をしようとするのだ。本来の力よりもはるかに少ない量、多くの場合、一日の望ましい出来高の三分の一から半分程度しか生産しないのである。かりにも全力を出し切ったりすれば、職場の仲間から袋叩きにされるだろう。野球やクリケットで手抜きをした時よりも、さらに恐ろしい仕打ちが待っているのだ。

あえて手抜きをして、本来の仕事をすべてこなさずに一日を終えるという姿勢は、アメリカ、イギリス、スコットランドなどでそれぞれ独自のスラングで呼ばれていて、ほとんどの企業や建設作業現場などで広く見受けられる。反論を恐れずに断言するが、これこそイギリス、アメリカの労働者が染まった最も深刻な害悪である。[注1]

テイラーはこの考え方を同時代の技術者やコンサルタントに伝え、その「教え子」たちが新しい工業化経済のインフラを築き上げていった。全米機械技師協会での講演で、テイラーが述べている。

仕事の手抜きはいたるところで起きています。……（中略）……日雇い、委託、下請け……どのような労働形態であろうと、有能であるはずの人々が皆、「雇い主に悟られずにいかに手抜きをするか」を考えることに多大な時間を使っているのです。[注2]

テイラーは数々の革新的な発想で職場づくりに貢献し、生産工学、さらにはいわゆる「時間・動作研究」が発展する礎を築いた。にもかかわらず多くの産業史家から、「働き手を生産メカニズムの歯車と決めつけ、いくらでも取替えが利く存在と見なした」という消しがたい汚点を残したとされている。今日知り得るかぎりではテイラーは、労働者が経営者による「圧政」のもとに置かれている点を除いては、両者のあいだに精神的にも社会的にもつながりはないと考えていたようだ。

たしかに、進んで働こうとはしない人々がいるのは、事実として認めるべきだろう。仕事への姿勢は人それぞれで、誰もが自分なりのやり方で生計を立てようとしている。自分のことしか考えずに墓穴を掘る人々。できるだけ楽をして生活の糧を得ようとする人々。自信が持てない、周囲とうまく付き合えない、などという人々。働き手の中には厄介者、そこまではいかなくても無用の長物と呼べそうな人々もいるが、その全員がまったく見込みがないわけではない。

テイラーイズムの問題点は、すべての労働者に一律に「やる気がない、協力的でない、自分のことしか考えていない。鞭打つようにして追い立てなければ、賃金に見合った成果を上げない」というレッテルを貼ったことだろう。マネジメントの古典『企業の人間的側面』[注3]を著したダグラス・マグレガーは、このような考え方を「X理論」と名づけた。これに対してマグレガーが打ち立てた「Y理論」は、人間をより複雑な存在としてとらえて、誰もが自分のモチベーションに合わせて熱意や労力を使っているとした。

マネジメント理論家、コンサルタント、心理学者、先見性のあるCEOなど多数の人々が、働き手の人間性を重んじる発想を広めようと努力してきたが、依然としてフレデリック・テイラーの亡霊が産業界を歩き回っているようである。テイラー流の考え方、第5章で紹介した愚かな大衆説、あるいはマグレガーのX理論、人々を「家畜」のように見なす考え方は、いまだに多くの組織、とりわけ大組織では広く見受けられるのだ。「人材こそわが社の最も重要な資産です」といった経営陣の言葉は、無意識にせよ、テイラーイズムを受け継いでいる。「資産」などという呼び方をしていたのでは、ひとりひとりの従業員を人間として見ることなどできるはずがない。

人々のやる気にスイッチを入れる？

「情熱指数」。ある素材関連企業のCEOの言葉である。このCEOによれば、先ごろ買収した子会社の従業員は仕事に精を出さず、責任も持たず、要は情熱が欠けているのだという。親会社の価値観にも馴染もうとしない。「うちの会社の従業員とは違って」、気骨も、ライバル会社に勝とうという意気込みも、目的意識もない――。そこでこのCEOは、子会社の従業員の情熱を呼び覚まそうと腰を上げた。

その時を境に子会社では、四半期ごとに全員が上司から情熱の大きさを評価されることになった。各人がどれだけ情熱を示したか、それを測ったものが情熱指数である。上位二五パーセントから漏れた者には半年ごとに肩叩きをする、とCEOの号令は続いた。全員が上位二五パーセントに属するなどということは決してありえないのだが、そんなことはお構いなしだ。とにかく情熱を叩き込んでやる……。

私はこの会社の役員から依頼を受けて、プロジェクトに加わった。当然の成り行きとして、「情熱問題」にもじかに関わり合いを持つはめになった。CEOの情熱強化プログラムと情熱指数について説明を受けた時、私は唖然とした。どう表情を取り繕えばよいのかもわからなかった。そのCEOは経営者としての経験が豊かで、舵取りをした企業はいずれも、長期にわたってほとんど非の打ちどころのない業績を上げていた。ただしくだんの企業は、人使いが荒いことでも知られていた。このCEOは、社風、世の中の心理、モチベーションといった事柄に関しては、初歩すらも知らなかったのだ。私は開いた口がふさがらなかった。

情熱指数に関しては、もうひとつ皮肉な点がある。当のCEOがおよそ情熱とは無縁の人物なのだ。あの冷やかさに接すると、おののきや不安だけが湧き上がってくる。ユーモアなどおよそ解さず、感情の起伏は気味の悪いほど少なく、情熱らしきものを見せることもない。私はできるだけソツのないやり方で、何とかしてこのＣＥＯの注意を情熱強化プログラムから逸らして、より前向きな何かに向けさせようとしたが、無駄だった。ほどなくして、私はプロジェクトから身を引いた。

モチベーションは「与えるもの」ではない

聡明な経営者であっても、人の感情、モチベーション、組織の一体感などについてはおそろしく無頓着な場合がある。組織の一員として仕えた経験がないのだろうか？　あるいは、その時の気持ちをすっかり忘れてしまったのだろうか？　多くの経営者は、従業員を個性のない、取替えの利く部品のようにしか見ておらず、ひとりひとりが異なったウォンツ（欲求）、ニーズ、考え方、志などを持っているという事実に目を向けようとしない。従業員をモノと同じようにしか見ることのできない人々が、社内文化に関わる問題を考えようとすると、惨めな結果が待っている。

私にはこんな経験がある。イスラエルの経営者を対象に朝食セミナーの講師を務めた時のことだ。主催者は私に向かって、出席者は錚々たるメンバーばかりで、教養が深くマネジメントの本もよく読んでいる、私の著書や考え方についてもよく知っている、と強い調子で念を押してきた。「くれぐれも、最新のビジネス理論だけをお話しください」。特に、サービス分野でいかに競争力を強めるべきか、に焦点を絞ってほしいという。

私は少し怖気《おじけ》づいた。聞き手よりも私の方が、中身に詳しいといえるのだろうか……。そこで開口一番、聞き手の意識を探ることにした。「イスラエルのビジネスリーダーの皆さんにとって、答えの見えていない経営課題は何でしょう。五つほど挙げてくださいますか?」。すぐに何人かが意見を出し、他の大多数もそれに頷いた。五つのうち三つまでが社風に関わる課題だった。「従業員のモチベーションをどう引き出すか」「サービス施策に、いかに経営トップの後押しを取り付けるか」「社風を変えるには?」。実のところ、これらすべてに、モチベーションに関する出席者の意識が映し出されていた。他のふたつは変革をいかに進めるかといった内容で、本書のテーマであるOIに深く関わっていた。

参加者たちの変わり映えしない答えに耳を傾けた後、私は各テーブルを巡りながら強い口調で言った。「主催者のお話では、皆さん最新のビジネス理論に関心がおありなのですよね? ですが、ご意見を伺っていると、基本レベルの発想にとどまっているのでは? さまざまな理論について、目は通されたのでしょうが、どこまで本当に理解されているのでしょう?」

「『どうすればやる気を引き出せるか』。このような問いを抱くのは、本質を理解していないからです」。私は厳しい言葉を放ち続けた。「やる気を出させるのは無理です。発想そのものが間違っている。『モチベーションとは与えるもの』と考えているわけですよね? 機械に油を差すのと同じように。……発想を根本から変えてください。打つ手があるとすれば、人々がやる気を向ける何かを作り出す、つまりビジョンを描くことです。意義がなければ、モチベーションは生まれません。リーダーの役割は、まずこの意義を用意することでしょう」。続いて、熱い議論が交わされた。

フレデリック・ハーズバーグの亡霊

二〇〇二年の春、『フォーチュン』に恒例の「最も働きやすいアメリカ企業ベスト一〇〇」が掲載された。今回はとりわけ興味を引かれる中身だった。9・11テロとそれ以前からの景気後退が、経済に深刻な打撃を与え始めていたからである。規模、業績の両方で抜きん出た企業が、軒並みそれまでに経験したこともないほど深い痛手を受けた。その多くはレイオフを避けられず、社内にはほぼ例外なく過度のストレスがうっ積して、従業員は心に大きな傷を負っていた。この事実からは、厄介な問いが浮かび上がってくる。「人気企業は、業績が下降線を辿っても人気を保てるのか?」

『フォーチュン』によれば、多くの企業が恐ろしい状況の中で懸命に努力をした。従業員が受けた苦しみに正面から向き合い、見事に対処したのだ。[注4] 紹介された中には、従業員をあくまでも尊重しようとして、目覚しいコミットメントを示した企業がある。さらに特筆すべき点として、従業員が仕事、上司、あるいは会社に対してなぜ現在のような感情を抱いているのか、その根底にある真実をしっかりとつかんでいた企業もある。

大手会計事務所アーンスト・アンド・ヤングもさまざまな取組みをしたという。従業員の配置転換。一時的な人手不足に陥った顧客企業への従業員派遣。給与の二五パーセントを保証しての休職制度。このように血の滲むような努力の末、レイオフを避け切ったのだ。ウォール街のアナリストであれば、アーンスト・アンド・ヤングがなぜ通常のレイオフをせずに、あえてこのように面倒なことをしたのか、首を傾げるかもしれない。この問題のカギは株価ではなく、人、そして企業文化にあるに違いない。

『フォーチュン』のデータによれば、ランキング入りした一〇〇社のうち八〇社は「9・11ショック」の後もレイオフを避けていて、そのほとんどが、「きわめて厳しい状況を除き、レイオフはしない」との方針を掲げている。この一〇〇社の大多数が、長年にわたって輝かしい業績を上げているという。

ヒューレット・パッカード（HP）から分社《スピンオフ》したアジレント・テクノロジーは、数千人規模の人員削減を迫られた。しかし、アジレントはHPの創業者ビル・ヒューレットとデイブ・パッカードの精神――HPウェイ――を受け継いできたことを誇りにしていて、人員削減をしてもなお、従業員からきわめて好意的に受け止められた。従業員を追わなければならないという事態への対処の仕方と、一体感と業績を重んじてきた歴史ゆえに、去りゆく人々も「騙された、ひどい扱いを受けた」などとは思わず、会社に愛着を抱き続けたのだった。

『フォーチュン』の記事はさまざまな意味で、モチベーションの基本とは何か、その多くを改めて浮き彫りにしている。この記事は、ユタ大学のフレデリック・ハーズバーグ教授が何年も前に、名著『仕事と人間性――動機づけ・衛生理論の新展開』[注5]で述べた内容を裏づけているのだ。残念なことに、ハーズバーグが挙げた真の動機づけ要因を知る経営者は一握りにすぎず、その無知が原因で社風を歪めてしまっている例も少なくない。人、社風、事業手法（〇〇ウェイ、〇〇方式など）について、経営者は実にさまざまな姿勢や考え方を示している。片や資金力、パワー、株価、株主価値をすべてとする考え方がある。片や、企業を世の中の縮図としてとらえ、そこで働く人々の能力を伸ばして優れた実績を上げ、ひいては株主、顧客、社会に価値をもたらそうとの考え方もある。

ハーズバーグの動機づけ理論は、これ以上ないというほどシンプルなものだ。自身が「あまりにもシンプルすぎて、経営者、マネジャーはまず理解できないだろう」と述べ、「二要因理論」「動機づけ・衛生理論」と名づけたのである。その説によれば、リーダーは満足をもたらす要因、不満足をもたらす要因をともに理解しておくべきだが、両者は必ずしも表裏をなすわけではないという。例えば、不快な環境で働く人々は、高い成果を上げようとは思わないだろうが、環境が改善されたところで、働きぶりはかろうじて許容できるレベルに引き上げられるだけだろう。

経営者たちが、少なくとも直感的には察しているように、働き手の多くは今以上に働き、考え、工夫を凝らし、仲間と助け合い、より大きな付加価値を生み出せる。問題は、規則で定められた以上の貢献を引き出すには、どうすればよいかということだ。ハーズバーグは、一世紀以上も前からの根本的な経営テーマに答えを示した。にもかかわらず経営者たちは、その答えの意味するところを理解しようとはしなかったのだ。

ハーズバーグによれば、不満をもたらす要因――医学用語に倣って「衛生要因」ともいう――がはびこっていると、働き手は会社から大切にされていないと感じて、仕事に熱意や労力を傾けようとの気持ちを失っていく。不満をもたらす要因が存在すると、つまり給料が低い、危険や不快と隣り合わせである、雇用が保証されていない、上司から不当に扱われるなど、「職場での居心地」を悪くする条件がひとつでも存在すれば、人々は熱心に仕事をしようとは思わないものだ。ハーズバーグは、この不満をもたらす要因（非衛生的な要因）を取り除くのが、当然ながら何より先になすべきことだと述べている。辛い状態に置かれている人々が、達成意欲、士気、愛社精神などをみなぎらせるはずはなく、「会社に成功してほしい」などとも思わないだろう。

卓越した企業は、不満をもたらす要因などとうの昔に取り除き、満足をもたらす要因を増やそうと努力を始めている。ハーズバーグは満足をもたらす要因を、心を豊かにするチャンスを生むものだとしている。「自分も会社の成功に一役買った」という喜びをもたらすというのだ。かりに専門的な業務に従事する人が、業界コンファレンスで技術プレゼンテーションをするように会社から勧められ、往復の旅費まで支給されたとしよう。この人は、たんに給与をもらっているだけでなく、エイブラハム・マズローの欲求段階説の上位ニーズを満たされているのだ。プロフェッショナルとしての誇り。同僚からの尊敬。上層部からの評価。知的な挑戦。これらはいずれも、「自分は会社の一員として重要な役割を果たしている」との実感につながる。その結果、より多くの熱意が引き出されれば、その人にとって、その状況での動機づけ要因が満たされたといえる。

以下、ハーズバーグの理論をまとめておきたい。不満をもたらす要因があると、人々がやる気を失う。だがそのような要因を取り除いても、動機づけには十分とはいえない。働き手の精神的なニーズを満たさないかぎり、真の動機づけにはならないのだ。人とつながりたい。受け入れられたい。達成感を得たい。自分の価値を確かめたい。人間として成長したい……。このようなニーズを満たせば、「いかにモチベーションを高めればよいか」と話し合う必要すらなくなるはずだ。

企業と従業員の関係を考えるうえで興味深いのが、かねてから見受けられる従業員提案制度（数々のコミックでお馴染みの「提案箱」）である。

この制度は何十年も前からあり、誰もが提案箱について耳にしたことがあるはずだ。ところが、業務をどう改善すればよいかについて、絶えず従業員の意見を求めている企業は、あきれるほど少ないのだ。提案制度の多くは形ばかりで経営陣からの後押しがないため、有益なアイデアを長く提供し続けることができない。従業員のアイデアを集める仕組みがないのは、多くの場合、経営者が従業員の心の内に無関心でいる証拠だといえる。「われわれ経営者こそ、事業を動かしているのだ。何をすべきかも心得ている。従業員は言われたことだけをしていればよい」というわけだ。[注6]

アイデアや提案を出す。リーダーに意見を述べる。業務の改善に関わる。ハーズバーグによれば、これらの機会を設けるだけで、従業員のモチベーションを高められるという。コミュニティを築く、アイデアを共有する、仲間と手を取りながらよりよい仕事の方法を探す、といった精神で従業員参加を進めれば、コストを押し下げ、利益を押し上げるだけでなく、士気とコミットメントを引き出せるのだ。ウェブベースの情報システムや電子メールが広く普及している現在では、従業員からアイデアを募集するのは、これまでになく容易なはずである。

意味とモチベーション——共通の目的の威力

なぜ狂信的な新興宗教が成り立つのだろうか？　なぜ人は変人の集団に加わり、そのきまりや儀式に従い、普通ではない行動に走り、時には法さえも犯して、カルトの教祖の気まぐれに魂を売り渡すのだろうか？　答えは簡単だ。人生に意味を与えてくれる何かにすがりたいのだ。生きる意味も、自分の価値も見出せない人は、いともたやすくこの種の誘惑になびく。

とはいえ、生活のために組織で働く一般の人々にも、何かに属していたい、周囲と共通の目的で結ばれていたい、との思いはある。事実、企業によっては、あまりにも強く従業員の夢をかき立て、会社との一体感を引き出しているため、社風にどこかカルト的な趣がある。マイクロソフトはその全盛期には、ハイテク企業の雄として崇められ、創業者ビル・ゲイツのテクノロジーや社会についての考えは、従業員たちを心酔させた。実際、「テクノロジーおたく」の世界では、マイクロソフト社員は「マイクロ下僕」とか「マイクロお馬鹿さん」と陰口をたたかれ、「〈クールエイド〉を飲んだ人たち」とも呼ばれた。「〈クールエイド〉を飲んだ」は、ジム・ジョーンズを教祖とするカルト集団がギアナのジャングルで〈クールエイド〉に毒を入れて集団自殺をしたことに由来する、身の毛のよだつような表現だ。

共通の目的は実に大きな影響力を持つ。共通の目的があれば、人々はやる気をみなぎらせるが、逆に目的が失われれば、淡々と仕事をこなすだけだ。従業員教育の第一人者ロバート・F・メイガーがことあるごとに述べているように、リーダーは「君たちもこうありたいはずだ」症候群に陥りやすい。経営陣やマネジャーは、「部下のやる気を引き出そう」と思い立つと、往々にして「自分ならこうありたい」というフィルターをとおして従業員を見てしまうのだ。部下に使命《ミッション》を理解してほしい、その達成に向けてひた走ってほしいと願うあまり、「こうありたい」という思いを押売りしようとするのだ。これは、自分自身のモチベーションをチームに無理強いする、間違った行いである。私が訪問したある企業では、経営陣が際限なくモチベーション・プログラムを考えつくため、従業員たちは「おいおいまたか、伏せろ！」を合言葉にしていた。

モチベーション、さらには共通の目的とモチベーションの関係を押えるただひとつのカギは、「WIIFM（ホワッツ・イン・イット・フォー・ミー：自分にとってどんな意味があるのか？）」のようだ。比喩的に、「従業員たちは、WIIFMというラジオ局だけに周波数を合わせている」という言い方をする場合もある。これは最もシンプルな人間の性《さが》だ。リーダーたちも常にそうした性に従って行動しているにもかかわらず、部下のこととなると、「人は望みを実現しようとして動く」という真実を容易には理解できないようだ。

動機づけの専門家チャールズ・ガーフィールド博士は、アポロ七号計画に参加した経験があり、人類を月に送るという目標に向けてジョン・F・ケネディがいかに人々の力を結集させていったかを、さまざまな折に紹介している。

当時、私たちは皆、「人類を月に立たせ、無事に地球に戻す」というこのうえなく崇高で心躍る目標に向けて、熱に浮かされたように頑張り続けたものです。あれほど多くの人々が、あれほど強く目標に突き動かされる様子を目にしたのは、人類初の月面着陸へ向けた日々だけです。皆、夜間であろうと週末であろうと、時間を忘れて働き、ミッションを果たすために凄まじいエネルギーと熱意を傾けました。後に私は、はっきりと悟ったのです。使命感がいかに大きな力となって人々を動かすかを。[注7]

従業員が「共通の目的」を熱く支持したために、快進撃を遂げる企業もある。リーダーが人々を惹きつけてやまないビジョンを生み出し、共通の目的を鮮やかに示す場合もあるだろう。この共通の目的意識は、蜂、鳥、魚の群れなどを動かす原則に似ている。これがありさえすれば、自然とエネルギーがみなぎり、エントロピーが減り、シントロピーが増える。ひいては壮大な目的が達せられるのだ。

職場の環境——情熱のバロメーター

職場環境の良し悪し、つまり会社で働くということ全体の質を、従業員が何に着目して判断しているのかは、産業心理学者のあいだでは以前からよく知られている。フレデリック・ハーズバーグの説にもあるように、環境がよくても目覚しい業績が上がるとはかぎらないが、環境が悪ければ、まず間違いなく業績は下がっていく。不満を抱く従業員と、仕事ぶりを評価され尊重されていると感じる従業員を比べれば、後者の方が熱心に働き、大きな価値を生み出すのはほぼ確実だといえる。

職場環境の質は、以下の一〇項目によっておおよそ決まるだろう。

1　意味のある仕事か？

価値ある何かを生み出すか。働き手の能力を活かせるか。

2　物理的な環境に恵まれているか？

事業内容や作業の性質を考えた場合、安全、清潔、快適で、ストレスが少ない職場といえるか。

3　給与や福利厚生は充実しているか？

従業員の貢献に正当に報いているか。報酬パッケージは全体として、他社と遜色ない水準にあるか。

4　雇用は保障されているか？

十分な成果を上げていれば、将来もまず解雇されないと考えてよいか。

5　上司は尊敬に値するか？

温かさと能力を備えた人々が昇進し、部下の人間的なニーズに気を配っているか。どのような成果が求められているか、何を優先すべきかを説明してくれるか。必要に応じて手を差し伸べ、ヒト、モノ、カネなどを充ててくれるか。業務成果について評価やアドバイスをくれるか。業績に問題がある場合、思いやりをもって公正に対処して、チームの力を伸ばしているか。

6　働きが認められているか？

経営陣、上司、同僚などは、業績アップに向けたひとりひとりの働きぶりに目を向け、評価しているか。

7　学ぶ機会、力を伸ばす機会はあるか?

仕事の割り当て、特別任務、研修プログラム、上司のコーチング、指示などをとおして、知識やスキルが身につくか。より大きな貢献や昇進につながるか。

8　昇進は望めるか?

より大きな権限と責任を伴う地位に就く可能性があるか。性別、人種、国籍などに左右されずに、成果と能力だけが昇進の基準とされているか。

9　チームの一員だと感じられるか?

チーム、部門、全社の一員であるという帰属意識、意義などを感じられるか。集団の活動に十分に参加しているか。一体感を得ているか。最新の動きを知らされているか。新しい仲間を歓迎できるか。

10　公平な組織といえるか?

社内のきまり、賞罰などは全員にひとしく適用されているか。誠心誠意働いている人にとって、やる気のない者が自分と同じ報奨を与えられているのは、不公平だと映る。男女の扱いが異なれば、やはり不公平感を生む。不正、駆け引き、人格攻撃、自分勝手な振る舞いなどをした人が得をするようでは、会社の利益に貢献しようとしている人々は欺かれたと感じるだろう。組織のルールに従って、全員が公平に扱われていることが重要である。

皆が仕事に情熱を傾けているか？——七つのチェックポイント

組織の皆がどれだけ熱意を持って仕事をしているか。それを知るにはまず、以下の七つのポイントを振り返ってみるとよい。

1 従業員は、おおむね働きやすい職場だと感じているか？
2 経営陣を「自分たちに配慮してくれている」と見ているか？
3 組織の一員であることを誇りにしているか？
4 組織の成功、ゴールへの到達を後押しするために、皆が進んで努力を傾けているか？
5 社内でのキャリアアップについて、従業員が明るい見通しを持っているか？
6 マネジャーたちは、希望を持って仕事をしているか？ 熱い思いをみなぎらせているか？
7 仕事への献身、熱意、先行きへの明るい展望を示す、といった点で、マネジャーたちは従業員の目に模範と映っているか？

第8章

足並みの揃った組織

厳しい訓練をこなしてきたというのに、新しい部隊を作るつどやり直しを迫られる。私は後に気づいた。新しい状況に直面すると、われわれ人間は必ず新規蒔き直しを図るが、これは「よい方向に進んでいる」という幻想を生みながら、その実、混乱、非効率をもたらし、士気を失わせるのだ。

——古代ローマの将軍ペトロニウス

組織設計理論で知られるジェイ・ガルブレイスは、「『一〇〇万回目にも日的を達成できるように』という狙いで作られた組織は、一回で目的を達するうえでは不都合きわまりない」と述べている。ガルブレイスが言いたいのは、生産とイノベーションではまったく異なる意識が求められる、ということだろう。完璧主義とイノベーション志向は、まず両立しないだろう。正反対の発想、姿勢、組織などが適しているのだ。

組織のパラドクス

製品や製品群が普及する。あるいは企業や業界が繁栄を手に入れる。するとある時点で必ず、「成功への法則」探しが始まるだろう。最初は、決まったルールに従うというよりは、主に手探りで、いくつもの失敗を重ねながら成功に辿り着くため、さまざまな手法、手順、組織、製品設計などを試すことに誰も疑問を持たない。「これだ！」という切り札を、努力によって見つけ出そうとするのだ。やがて多少の幸運にも恵まれ、成功への法則のようなものが見えてくる。製品設計、ブランド・コンセプト、マーケティング戦略、流通手法、顧客リレーションシップのあり方など何にせよ、大きな利益につながる秘策に巡り合うのだ。すると、組織は混乱から抜け出して、コントロールが利き始める。独創性を活かした手探りの状態から、より安定した状態へと移っていくのだ。

一定の枠組みも生まれてくる。意識的にせよ、そうでないにせよ、方針も定まってくる。組織も固まってくる。業務の手順、ルール、習慣などが「模範的なやり方」として定着する。上下関係、しきたりなどが形作られる。あらゆる面で「わが社流」が決まってくる。不文律も生まれてくるだろう。日一日と、さまざまな枠組みの輪郭が明らかになり、影響力を増してくる。組織が拡大して成果が上がるにつれて、変わろうという意欲が失われ、枠からはみ出すものを許さない雰囲気が強まっていく。

組織が成熟するプロセスは、人間の成長プロセスと多くの点で似通っている。私たちも年齢を重ね成功を手にするにつれて、脱皮しようとの意欲を失い、不透明性を嫌うようになる。「成功法則」にしがみつく傾向を強めていくのだ。

知性の力について考えるうえで私は、以上のような現象を「枠組みの悲劇《パターン・パラドクス》」と呼んでいる。

枠組みは物事を考える際に大きな助けとなるが、同時に大きな足かせともなる。

私たちの脳は、枠組みを作ったり、認識したりするのに非常に秀でている。これだけの力を持ったテクノロジーは、今日にいたるまで生み出されていない。人間の脳は理解、判断、意思決定などの折に素晴らしいパターン処理能力を発揮する。どのようなコンピュータをもってしても、この力にはかなわないのだ。私たちは、ほとんど労力をかけずにパターンを組み立てたり、解きほぐしたりしている。これは環境に適応する、脅威にすぐさま対応する、創造的で複雑な目的に意識を向ける、といった局面では、きわめて頼もしい武器となるのだ。

ところがこのパターン処理能力ゆえに、私たちは習慣、ステレオタイプの発想、慣れ親しんだ行動様式などにこだわってしまう。年齢を重ねるに従ってたいていは頭が固くなっていき、新しい発想法を積極的に試さないかぎり、徐々に柔軟性を失っていく。

組織のあり方や習慣が、主流メンバーの発想パターンを組み合わせてできたものであるなら、やはりパターン・パラドクスと無縁ではいられないだろう。

事業運営のパターンが固まると、組織にとって両刃の剣となる。

いくつもの組織を思い浮かべてみるとわかるように、いずれも安定と混沌（カオス）のあいだのどこかに位置づけられる。革新性のきわめて高い組織は、発明向きといえるだろう。その逆は、完成された組織と呼ぶことにしたい。表8-1に、これら二タイプの組織をおおまかに対比しておく。

革新性の高い組織は、混沌としてはいるが、知性面で劣るとはかぎらない。組織の使命、発展段

表8-1　組織構造：対照的な2つのタイプ

主な特徴	完成された組織	発明に向いた組織
組織のつくり	制約が多い	自由度が高い
カラー	きまりに縛られる	実利的で結果重視
業務プロセスの重点	バラツキを最小限に抑える	多様性を許容し、進歩を目指す
業績評価	減点法	加点法
リーダーシップの前提	標準的な目標を達成する	大きな力を引き出す
具体例	半導体の製造工場	スカンクワークス

階、リーダーの目標などによっては、混沌とした状態で業務を進めるのが、成功への最短コースであるかもしれないのだ。成功への道のりは、組織ごとに異なるだろう。もっとも、ただ混沌としているだけでは、あるいは意図せずに混沌状態に陥ったのでは、「集団の愚かしさ」そのものといえるかもしれないが。

反対に、体系立った安定的な組織、ルールの多い完成された組織は、高い知性を発揮する場合と、集団の愚かしさを示す場合がある。そのどちらに振れるかは、使命の達成に向けて頭脳のパワーをどれだけ引き出せるかによるだろう。音楽でも、交響楽団に適したものと、ジャズコンボに適したものとがある。その適性を見誤ると、愚かな集団になってしまう。

ただし、組織のつくりや業務プロセスが「成熟」してくると、最適な状態に近づくというよりは、むしろ硬直化へと傾きやすい。役所的な体質の強い組織では、新しいものへの適応やイノベーションよりも、安定や秩序が重んじられ、集団の愚かしさは、気味が悪いほどの平穏さとなって表われるだろう。物事がよどみなく進んでいるように見えるかもしれないが、かりに見当違いな仕事をうまくこなしているだけだとしたら、驚くほど大きなエントロピー・コストを支払っていることになる。

集団の愚かしさには、お馴染みの「お役所主義」だけでなく、はるかに厄介なタイプも見受けられる。この後者のタイプの方が、組織の成功・失敗を決めるうえできわめて深い、決定的な意味合いを持つ。つまり、この四、五〇年にわたって受け入れられ、称賛されてきた伝統的なマネジメント手法を実践すると、あえて従業員の知性を衰えさせる結果につながるのだ。日本は、ひとりひとりの知性を集団のためにいかに活かせばよいか、懸命に探ってきたが、西欧では経営者、学者、マネジメント・コンサルタント、ITエキスパートともども、いまだに「いかに各人の頭脳のパワーを弱めるか」に力を注いでいるようである。スウェーデンの経営者たちによれば、アメリカ流の経営は「働く人々から計画的に考える力を奪っている」のだ。

【事例】信じがたいコンサルティング

先ごろ、ISO9000という品質管理手法に関して、コンサルタントによる次のような記述が目に留まった。「業務プロセスをきちんと文書化できているかどうかを確かめるには、スタッフを総入れ替えしてみればよい。新しいスタッフがマニュアルに沿って滞りなく業務をこなせれば、資料は完璧だといえる」

本当にこのようなことを実践する組織などあるだろうか？　このような取組みが望ましい状況など、有り得るのだろうか？　この記事を書いたコンサルタントがISO9000に取りつかれてしまい、組織にとって何より重要なのは「集団の知性」だという事実を見失っている点に衝撃を覚えないだろうか？　このコンサルタントは、組織の競争力が人々の頭脳、心、手、直感などよりもむしろ、書棚いっぱいの膨大なマニュアルに詰め込まれていると信じているようだ。ならば、マニュアルの完成度を試すために、「経営者やマネジャーの首を挿げ替えてはどうか」といった提案もするのだろうか？　同じ「試験」は品質の専門家やコンサルタントにも当てはまるのだろうか？

ジョナサン・スウィフトの『ガリバー旅行記』には、主人公のレミュエル・ガリバーが天文学者ばかりの不思議な国を訪れるくだりがある。その国では誰もが、天体の日々の動きを予測するのに没頭している。何世代も前からこの作業を懸命に続けてきたため、一日でもそれを怠れば、天体の動きが止まってしまうと、皆が信じ込んでいるのだ。品質にまつわる理論には、そして残念なことに実務にも、この天文学者たちに似た発想が見受けられる。ＴＱＭ、ＩＳＯ９０００ほか、すべてを規格化しようとする「マックマネジメント」（訳注：マクドナルドとマネジメントを合わせた造語）の熱狂的な信者は、私の同僚の言葉を借りれば「気のふれたフレデリック・テイラー」のようなものだろう。

業務の中身があまりに細かく決められ、コントロールが行き過ぎていると、従業員が実務知識、人生経験、常識などを活かせない。経営者、品質専門家などはたいてい見落としているが、真のノウハウはマニュアルが所狭しと並ぶ部屋ではなく、目に見えない場所、つまり従業員たちの頭脳の中にあるのだ。

狂った仕組み――目指すは失敗？

自分のためを思うなら、週末には体調を崩さないように。『ニューイングランド・ジャーナル・オブ・メディシン』誌はこう警告している。[注1]この記事によれば、重病患者の死亡率は、週末に入院・治療を受けた場合には通常よりも六パーセントほど高いという。調査の対象となったのは、一〇年間にカナダの病院で診察・治療を受けた二八〇万人である。アメリカ病院協会は、この調査がアメリカその他の国に当てはまるかどうか、疑問を投げかけてはいるが、調査にあたった人々は、週末に経験の浅いスタッフを小人数しか配置していない病院では、同じ結果が生じるはずだとしている。その主張ではさらに、週末勤務のスタッフは往々にして、事務処理など、平日にこなし切れなかった治療以外の仕事を大量に抱えているという。これらの要因が重なって、十分な治療ができないのではないか、ということだ。

集団が効率的に仕事をこなせないのはほとんどの場合、ひとりひとりの能力が足りないからでも、士気が低いからでもなく、組織そのものに問題があるのだ。仕事をどう回していくか。情報をどのように伝えるか。人員や技能をどう配分するか。権限や責任をどう割り振るか。これらの判断が積み重なった結果、業務の進め方はこのうえなく聡明にも、あきれるほど非効率にもなりえる。

真実を述べれば、業務方法が意図的に形作られているケースは稀で、自然に芽生え、進化していくのが一般的である。組織やその下部組織が生まれ、多くの仕事を抱えるにつれて、人々は仕事のやり方を改め、新しい方法を取り入れていく。新しい書式を設けたのに古い書式を使うのをやめないため、書類の山が積み重なっていく。情報を伝える相手が増え続けていくため、業務プロセスに時間がかかり、本来の目的を忘れてしまう。

【事例】CEOの社内ツアー

ある金融サービス企業のCEOが、老後に備えて簡単な投資を始めようと、自社の商品を購入することにした。当初、手続きを詳しく調べずに申し込みを行った。用紙を取り寄せて必要事項を記入のうえ、提出した。支払い方法は報酬からの天引きを選んだ。ところが三週間が過ぎても、申し込みを受け付けた旨の知らせがなく、CEOは状況を問い合わせた。「申込書のありかを探り出すだけで、おそろしく時間がかかりました。ようやく、ある担当者の書類箱で眠っているのが見つかりました。別の担当者が休暇中だったため、処理を進められずにいたのです」

CEOは、顧客サービスがどのように進められているのかいぶかしく思い、みずから業務手順を調べることにした。「CEOである私の申し込みが、これほど長くたなざらしにされるのだ。お客さまへの対応はどうなっているのだろう?」。そこで補佐役とともに手順全体をつぶさに追い、関係者のもとをひとり残らず訪れた。この社内ツアーには朝から夕方までを費やし、途中途中で各担当者にいくつかの質問を投げかけた。「あなたの前に申込書を処理するのは誰か?」「あなたの次は?」「一件あたりどれだけの時間がかかるか?」。

これらの情報をもとに、CEOと配下のチームは手順を一から十まで詳しく図に表わした。「愕然としましたよ。あれほど多くのステップを、それも無駄なステップを踏んでいたとは。はるかにシンプルにできたはずなのに。書類はふたつの拠点のあいだを何度も行き来していました。そのやりとりだけで何日も過ぎていたのです。本来なら、二、三日ですべてを終えられるでしょう。ステップも半分ですむはずですね」

業務の仕組みや手順のなかには、おそろしく馬鹿げたものがある。私が主治医の勧めで健康診断を受けに行った時のことだ。受付に着くと、「申し込み手続きがすんでいないので、主治医の方に電話で確かめます。そのあいだ、待合室で座っていらしてください」との対応だった。待つこと一五分。ようやく受付嬢が現われ、血液検査を受けるように言う。ところが検査室に行くと、受付から依頼が来ていないというではないか。私は医師は間違いなく血液検査の指示を出した、おそらく書類はまだ五階のオフィスにあるのだろう、と告げた。「ではドクターのところに行って、書類を取ってきていただけませんか？」。私は相手に、医師に電話をして書類をファックスで送ってもらえばよいではないか、と答えた。だが、聞き入れてはもらえなかった。「ファックスなどありません。五階に上がって取ってきてください」。こうして私は、無償で宅配サービスをするはめになり、医師のオフィスで書類を受け取ると、検査担当者のもとに届けた。医療関係者は顧客が――もとい、患者が――自分たちを信頼せず、尊敬の念も抱かないといって驚くようだ。これにはこちらの方こそ、いつも驚かされているのだが。

業務のプロセスや仕組みについては、かりに抜本的に改めることができないにせよ、少なくとも時折は見直して、必要のない手順などを削るべきだろう。中込書の処理など、多くの情報が関わってくる業務は、組織のしがらみに苦しめられ、悲鳴を上げている。常識に沿ってシンプルに進めてほしいと訴えているのだ。

もちろん、時には人々の素晴らしい工夫によって、どうにも情けない業務上のきまりが乗り越えられる場合もある。何年か前、ある大病院のプロジェクトに携わっていた折に、私は情報システムがどのように業務に影響を与えているか、職員を集めて話を聞いた。ある女性職員は入院患者受け入れ部門に所属していて、患者、その家族、医師などに対応するのが仕事だという。面白いことに、その女性職員がエピソードを披露してくれた折に、コンピュータ・システム担当のバイス・プレジデントが同席して耳を傾けていた。

女性職員は、しばしば以下のような経験をするという。「毎朝、ドクターが回診に来ます。その際にはまず、患者さんの部屋番号を確かめるために、私たちのデスクに寄るのです。私はコンピュータで調べようとしますが、メニューをうまく表示できないことがとにかく多くて。きっと、一度に何人もが接続すると、うまく機能しないのでしょう。メニューが表示されなければ、どれだけ待つのかすらわかりません。数秒かもしれませんが、一〇分以上待たされないともかぎらないですよね。ですから私は、スクリーンの脇にいつも手書きの部屋割り表を貼っています。毎回必ず、初めはコンピュータで検索しようとします……そうすれば、ドクターは『コンピュータ化が進んでいる』と安心するでしょうから。けれど、うまく検索できない場合には、手書きメモで部屋番号を確かめて、答えているんです。あたかも、コンピュータで調べたように装って」

担当のバイス・プレジデントは大きな衝撃を受けたようだ。顔は青ざめ、焦りと驚きに歪んでいた。話し合いに加わっていた他の職員たちは、「よくあることだ」とでも言いたげに大きく頷いている。バイス・プレジデントはすっかり沈み込んでいた。職員たちが独自に「情報システム」を設けていただけでなく、誰一人として、システムがうまく機能していないという事実を経営陣に伝えようとしなかったからだ。

経営陣は皆、日に少なくとも一度は感謝の念を示すべきだろう。コンピュータや業務手順が役に立たなくても、必ず誰かが知恵を絞って解決しようと試みているのだから。

賢い仕組み——目指すは成功

目的の達成につながる、当初は予想していなかった要望にも応えられる、といった条件を満たしていれば、業務の仕組みは賢いといって差し支えないだろう。これは社内の業務だけでなく、顧客に関わる業務にも当てはまるが、顧客は、業務の仕組みが理にかなっているかどうか、実に鋭く感じ取るものだ。

例えばサービス業では、以下の五つの切り口から「賢さ」を推し量れるだろう。

1　期待どおりの成果を上げる

すべての要素（人、業務プロセス・手順、方針、情報、資材、原材料、資金など）がうまく組み合わさって、狙いどおりの価値を生み出している。時間、労力、コストなどが無駄になっていない。余計な副作用が引き起こされていない。以上が「賢い」ということである。病院であれば患者が快方に向かって退院できる、航空会社であれば、乗客が時間どおりに快適な空の旅を終えられるということだ（もちろん荷物も無事に届かなくてはいけない）。

2　ミスを修正できる

ミスが起きた場合のために、修正機能が備わっている。あらかじめミスを防げれば理想的だが、そうでなくても、早めに気づいて改めるのが望ましい。顧客に問題点を指摘されたり、外部の力で強制的に改めさせられたりするのは、避けたいものだ。

3　例外に対処できる

慣れない要望、想定外の要望に対処できる。顧客からの特別な要望に応える。異例の状況で業務を続ける。情報が足りない、誤っているといった事態を切り抜ける。本来の価値が提供できない場合、それに代わる価値を生み出す。これらの適応力も、ある種の知性といえるだろう。

4　リカバリーが効く

深刻な失敗によって顧客の信頼を損ないかねない、今後は二度と受注できそうもない、といった危機的な状況を何とか打開する。

5　価値をプラスできる

その時々の機転で、顧客にプラスの価値をもたらす。そのためには工夫、痒いところにまで手を伸ばそうとする姿勢、何としても優れた価値を生み出そうとする気骨、などが求められるだろう。そこからは、新たな発明やイノベーションすら生まれるかもしれない。

本書では、主として組織とそこでの業務プロセスに焦点を当てながら、ＯＩについて論じてきた。しかし、企業が繁栄できるかどうかは、社内の取組みだけではなく、顧客、株主、事業パートナーなどから認められるかどうかにかかっている。これらの関係者に価値をもたらすのが、ＯＩの本質なのだ。[注2]

「安全弁」がリーダーの成長を阻む

私はハワイ州の招きでホノルルを訪れたことがある。知事主催の年次コンファレンスで、州の幹部に向けてスピーチをするように依頼されたのだ。テーマは「州政府は顧客志向を育むべきか」。私はこのテーマの世界的権威として知られていた（これから紹介するエピソードでは、この事実が大きな意味を持っている）。窓口役となったのは、州政府で最大の部門を率いるある女性幹部だった。その女性は私の考えや評判をよく知っていて、以前に私がホノルルを訪れた際に面識を持っていた。私たちふたりはコンファレンスの目的を十分に理解して、何に話の重点を置くか、講演料はいくらにするか、合意していた。

ところが、コンファレンスの数週間前になって、その女性から電話がかかってきた。彼女は戸惑いがちに、私が基調講演の「ただひとりの適任者」である理由を州政府に提出しなくてはならない、と切り出した。さもなければ、州の契約部門が講演者を募集して、応募者のリストのなかから適任者を絞り込まなくてはならないというのだ。「申し訳ないのですが、あなたをおいて他に適任者はいないという理由を、文書にまとめていただけませんか。多数のなかから選考するのは、州政府の利益にならないと」

私自身、かつてアメリカ連邦政府で防衛関連契約の管理を担当していたので、事情は十分に察しがついた。このような官僚的な仕組みをとおして、不正を防ごうとしているのだ――と同時に、賢い行いも「防いで」しまうかもしれない。私は言われたとおりに資料を作成・提出した。関連部署は満足したようだ。だが私は釈然としなかった。

そしてコンファレンスの当日。私は知事やその側近ほか、四五〇人の幹部職員を前に、「安全弁」について述べた。安全弁とは、組織のルール、方針、手順のように、マネジャーから責任を取り上げ、官僚制のどこかに隠すものすべてを指している。その話の中では、「ただひとりの適任者」である理由を提出するように、とのルールにも触れた。「このルールは、コンファレンスの講演者を選んだ人への侮辱ではないでしょうか。どこかの事務処理部門の方が、彼女よりも優れた判断を下せる、と言っているようなものです。併せて、彼女に判断の責任を負わせないようにしているのです。私がろくでもない講演をしたとしても、誰にも責めが及ばないわけですね。逆に私がどれほど素晴らしい話をしても、誰一人として褒められません。まさに典型的なお役所仕事です」。聞き手は皆、私の話に感じ入っているようだった。

困ったことに安全弁は、決して人々に誠実さを身につけさせないのだ。誠実でない者は、よりうまく立ち回るすべを覚える。他方で誠実な人々は、自分で判断してその責任を負えば、リーダーとしての資質を磨き、たくましくなれるはずだが、その機会を奪われる。

官僚的な大組織、わけても政府機関は、安全弁に頼り切って、独自性の高い発想や突飛な行動に伴うリスクを避けようとする。あたかも秩序が保たれているかのような幻想を生み、その裏でエントロピー・コストを恐ろしいほど増やしているのだ。誰もが石橋を叩いて渡るようになる。意思決定には長い時間がかかり、形式主義の弊害で多くの時間と才能が無駄になる。しかも、よりよい解決策が見出されることはまずないのだ。

当の官僚たちも、役所の体質について不満を述べる。きまりや安全弁によって、組織全体が愚かしさに染まっているというのだ。ところが嘆かわしいことに、彼らは心の底ではそういった体質に愛着を感じていて、決して捨てようとはしない。自分で考えたり、行動したりするのをやめてしまえば、誰も責任を負わずにすむため、その安楽さから抜け出せないのだ。官僚制のもとでは、正しいかどうかよりも、誤っていないかどうかの方がはるかに重要とされる。人々は責任を――責められる危険を――「制度」に押しつけることを学ぶ。制度は罰せられず、解雇もされない。無気力は萎縮、保守性、リスク回避、責任転嫁など大きなデメリットを生むが、反面、決して失敗を責められないというメリットもあるのだ。

安全弁はどう扱えばよいのだろうか？　最低限なすべきは、折に触れてその意義を問い直し、弊害があまりに大きいようであれば廃止することだろう。広い視野に立てば、そのようなものがない方が人生は楽しいといえるのだと、人々に知らせるべきだろう。

失敗を称え、成功を戒めている!?

成功を戒め、失敗を称えるようでは、その集団は愚かしさに染まっていることになる。

メンバーの振る舞いを評価、称賛、あるいは叱責する仕組みが表立って設けられた組織もあるが、表に見えない仕組みも必ず存在する。そのような仕組みが狂っていればいるほど、失敗を称え、成功を戒めるような、とんでもないことが起きてしまう。誠実でまっすぐなはずの人々が、自分を守ろうとしてカメレオンのように周囲に迎合する。するときまって、成功へのコミットメントが損なわれるのだ。

【事例】水増しされた数字

多数のニュース報道によれば、海洋に棲む魚類の数は激減しているという。ところが専門家はごく最近まで、「おおむね横ばい」だと推定していた。なぜ誤った推定がなされていたかといえば、中国政府が漁獲高の統計を水増ししていたのだ。というのも中国政府は、共産主義特有の計画経済のもとで、漁獲高を増やすという目標を立てていた。網元や役人は、目標を達成できないとわかると、実績を水増しして報告する道を選んだ。

このような愚かしさは、当局、あるいは中国政府全体にとどまらず、はるかに広く悪影響を及ぼした。貴重な海洋資源を守ろうというグローバルな取組みに水を差し、「新しい漁船団を作ろ

う」と資本市場に過大な期待をもたらしたようだ。[注3]

経営陣やマネジャーは、従業員を褒めたり叱責したりすることに関わる目に見えない掟に関しては、自分たちをも欺いているようだ。制度やきまりに歪みがあるために従業員が痛みを感じていて、それにうまく対処できていないとわかっても、上司たちは判で押したように見ざる聞かざるを決め込むのである。「『どの仕事を最優先すべきか』などと質問してこないように。とにかく全部を片づけるのだ」。これでは上司は「正直でなくても構わない」と言っているのと同じだろう。「仕事が終わらないのは、誰か、あるいは何かのせいだろう。それを見つけ出せ」「私に判断を求めるな。私が上司から叱られるかもしれないじゃないか」。こうして、皆がまるで申し合わせたように失敗への道をひた走っていくのだ。担当者が躓き、上司が躓き、そのまた上司が躓く。皆が悪知恵を少しだけ働かせれば、誰一人として責められずにすむというわけだ。

【事例】プロジェクト・マネジメントはなぜ失敗したか？

カリフォルニア州パサデナのとある宇宙航空企業。この企業では、無線機器を設計・製造してさまざまな軍当局に納めており、コストを管理するために厳しいプロジェクト管理体制を取っていた。そのひとつの柱は、「オーバーヘッド製造要員」（特定のプロジェクトを割り当てられていないスタッフ）を減らすことだった。オーバーヘッド要員のコストは、顧客に請求できないため、利益を押し下げてしまう。経営陣は、各部門のマネジャーにしきりに圧力をかけて、オーバーヘッドを減らすように迫った。つまりは、受注が少ない期間はレイオフ（一時的解雇）をするように、というのである。しかし現場のマネジャーにしてみれば、数週間後、あるいは数ヶ月後にふたたび必要になるかもしれない貴重な働き手を、職場から追うのは忍びない。

そこで皆の勤務時間を意図的にいくつものプロジェクトに割り振り、レイオフの対象となりにくくした。その結果、コストを正確に押えられなくなり、プロジェクト・マネジャーが個別の契約と人件費を関連づけられなくなった。各プロジェクト、各人のタイムカードをつぶさに調べないかぎり、コストを把握できないのだ。プロジェクト・マネジメントは当初の目的を果たせなかった。人間味あふれる対応によって押し潰されたのだ。

経営者、下級マネジャーを問わず、物事の実現性を正面から見つめ、地に足の着いた判断を下すのは、大きな勇気が要る。「四ヶ月でプロジェクトを完了させるように」と無理な注文を突きつけられた場合、できるふりを装っても、現実を変えられるわけではない。そのプロジェクトに関連したさまざまな発想を歪めるだけでなく、全社への貢献を果たすうえでもマイナスだ。

ましてや「できません」と正直に述べた者を罰したのでは、「嘘をつくのが出世への近道だ」と宣言しているようなものだろう。出世競争を仕かけ、成功をとがめ、失敗を褒めそやすような社風では、嘘をつく、責任逃れをする、他人を責める、都合の悪い情報を隠す、できの悪い製品を放っておく、といった自分を守ろうとする振る舞いが当たり前になっていく。

異なる文化をつぎはぎする――企業合併の成否を握るもの

ふたつの企業を併せるのは、ふたつの文化をひとつにまとめるということだ。大多数の経営者は、この単純な事実から目を逸らそうとしている。M&A（企業の合併・買収）が行われると、たいていの場合、その一年後くらいにはリーダーたちの口から「ふたつの文化をひとつにするのが、これほど大変だとは、思ってもいなかった」といった嘆きが漏れるのだ。

買収された側の企業が従来と変わらず高い独立性を持って事業を続ける、あるいは買収企業の事業部となる、というシンプルなM&Aでは、当初は文化の違いはさほど目立たないかもしれない。ところが、時を経るにつれて相互交流の必要性が強まると、文化面でのきしみが表面化してくる。ふたつの組織を文字どおりひとつにするタイプの合併では、一日目から文化の違いが際立ち、合併の行方そのものに影を落とすだろう。

【事例】AOLタイムワーナーの失敗

アメリカ・オンライン（AOL）とタイムワーナーが合併を発表した際、新会社の前途に大きな期待が寄せられた。オンライン・エンターテインメントと電子商取引の雄AOLと、多彩なメディア商品とケーブルTV事業を擁するタイムワーナー。絶妙の取り合わせに見えた。だが専門家のあいだには早くから、先行きを懸念する声があった。文化、プロフェッショナル層の発想、リーダーシップ・スタイルがまるで対照的で溶け合わないだろう、チョコレート・シロップをミルクに混ぜるのとはわけが違う、というのだ。おそらく、反動が出るだろう——。

ＡＯＬタイムワーナーは、財務やマーケティングよりもむしろ、さまざまな文化の違いに足をすくわれた。ＡＯＬのスティーブ・ケース、タイムワーナーのジェラルド・レビンというふたりのＣＥＯは、別々の世界を生きてきた。製品発想も、成長へのビジョンも、一八〇度異なっていた。彼らの右腕に当たる人々、つまり新会社で幹部に就くと予想された人々も、異なった文化で育ち、異なった価値観を持っていた。新会社がこれらを溶け合わせ、市場での可能性を活かし始めるまでには、大方の予想よりも長い期間を要した。当初は、大きな可能性があると予想されていたものだが……。新会社のＣＥＯに就任したジェラルド・レビンは経営の舵取りに及び腰で、二年後には一身上の理由で退任する。これを機に次のリーダーの座を巡る競争が始まり、誰が、そしてどのような考え方が勝利するか、選別が行われるようになったのだ。

合併に伴う軋みや痛みは、制度に原因があると受け止められることが多いようだ。コンピュータ・システム、指揮命令関係、ヒト・モノ・カネの管理形態などが、うまく噛み合っていないというわけだ。こうした実務面での困難が目を引くが、実はその陰には考え方や感じ方の大きなすれ違いがある。買収された側の人々は、将来に不安を抱くかもしれない。なかでも役職者は、居場所があるかどうか、組織改編によってはじき出されてしまうのではないか、と気を揉むだろう。買収した側に比べて弱い立場に置かれると、内心、ふつふつと憤りが湧いてくる。自分たちの業務方法を守ろうとの気持ちが勝り、違ったやり方や方針を押しつけられるのを快く思わないのだ。

経営陣が企業文化や人々の心の内に気配りをせず、財務、物流などの面だけから合併をとらえると、文化ギャップに根差した種々の問題を、制度や仕組みだけに着目して解決しようとしがちだ。だが、合併が従業員の心の奥深くにどのような影響を与えるかを、十分に見通して、より深い理解、コミュニケーション、協力、コミュニティの構築などへの道を探れば、制度や仕組みは大きな障害ではないと気づくはずだ。本書ではOIを七つの側面から掘り下げてきたが、これら七つはいずれも、合併後の企業にも従来と変わらず息づくだろう。

合併した二社の片方が高い知性を持ち、他方が愚かしさに染まっていた場合、全体としては愚かしさが勝る可能性が高い。ただし、いっそう恐ろしいことに、両社がともに優れたOIを持っていたにもかかわらず、合併してみたら愚かな組織に成り下がってしまう場合もあるのだ。知性と知性が結び付き、なおかつそれをうまく使いこなしてこそ、真に賢い組織を生み出せるのである。

組織改編がエントロピーを増大させる

企業のエントロピーを増やそうと思うなら、組織に手を入れればよい。それが最も手っ取り早い方法だろう。リストラクチャリング、事業の再構築、経営資源の再配分……。呼び名はどうあれ、ひとたびこれらに着手すれば、経営者たちは数ヶ月は、あるいは数年間は飽きずにすむ。ある経営者など、「ひっきりなしに組織を変えています。そうすれば、私の威光を皆に思い知らせることができますから」と述べていた。

何かがうまくいかないからといって、やみくもに変えただけでは、その時々の状況に応じて仕事をこなしていこうとする人々の工夫を、台無しにしてしまう。ゼロからふたたび、コミュニケーションに必要な手当てを考えなくてはならなくなるのだ。かりによりよい組織構想を実現したとしても、当初はエントロピー・コストが増える可能性がある。人々が新しい適応法を学ぶ必要があるからだ。

ストラテジック・フューチャー社の社長で経営コンサルタントのロン・ガンは、「お手軽な組織改編」という表現を用いている。「CEOは、何か問題に突き当たると、とにかく組織を改めればいいと思うようだ。そんなCEOばかりだ。その結果や反動については少しも考えていない」「CEOや経営陣は皆、組織図を書き直してそれを社内に知らせれば、従業員はすぐに新しいやり方で仕事を始めるだろうと思っている。たしかに従業員は、何とか適応しようと努力する。けれどその結果生まれるのは凄まじい混乱、エネルギーの無駄、フラストレーション、ストレス、非効率などだろう」

かりにあなたが組織を変えようとしているなら、組織改編はその時かぎりのイベントではなくプロセスだということをまず念頭に置いてほしい。ビッグバンのように一瞬にして起きるのではなく、時間をかけて進んでいくものなのだ。新しい組織のあり方を従業員にいかに説明するかも、ことのほか重要だろう。変革を推し進めようとすると、従業員はまず確実に不安、恐れ、疑いなどを抱く。権限体系を改めようとすれば、マネジャーたちは必ず、先行きに不安を感じるだろう。変革プランを発表したその日から、勢力争いが始まるかもしれない。皆、組織改編の〝本当の狙い〟が何か、しきりに想像を巡らすだろう。誰が得をし、誰が貧乏くじを引くのか？　誰が取り立てられて、誰が追われ者となるだろう？

業務のプロセス、情報の流れ方、優先順位などを変えるには、多大な労力が求められる。何をどのような順序とタイミングで行うか、どのように変えるのか、といった詳細が重要な意味を持つだろう。着想、段取り、進め方を誤ると、経営者はこれ以上ないというほどの醜態をさらすことになるのだ。

とはいえ、「戦略が先にありき」という古くからの原則はここにも当てはまる。使命、価値提案、戦略などを中心に据えて、組織改編を進めるべきなのだ。

この章の最初の方で述べたように、どのような組織も完璧ではありえない。ある組織案を選べば、別の案の優れた点を捨てざるをえないからだ。しかしリーダーが素晴らしい知性を発揮すれば、経営資源の割り当てを工夫して、使命達成に人々の熱意を振り向けられる。組織間の壁を超えて協力し、コミュニケーションを図らせることができる。業務プロセスを改めて、エントロピーを最小に、効率を最大にできる。

実際にヒト、モノ、カネの配分をどのように変えるべきかは、ここではとうてい論じ切ることはできない。そこで、組織にメスを入れようとする際には、どういった選択肢があるかを事前に注意深く検討していただきたい。本書では、組織のつくりがＯＩに計り知れない影響を及ぼす点を強く訴えておきたい。

組織の足並みは揃っているか？——七つのチェックポイント

組織の足並みが揃っているかどうかを確かめるには、以下の七点をまず振り返っていただきたい。

1　**組織全体のつくりは、使命達成にふさわしいといえるか？**
2　**方針、ルールなどは事業の優先事項に合っているか？**
3　**業務プロセスは、従業員の働きぶりや生産性を向上させるうえでプラスに働いているか？**
4　**情報システムや業務ツールは、従業員が仕事を効率化するのに役立っているか？**
5　**従業員が顧客に価値をもたらすうえで、情報システムは力になっているか？**
6　**権限や責任は、組織の下層にまで行き渡っているか？**
7　**事業部や部門の使命に食い違いはないか？　組織と組織の関係にヒビを入れるのではなく、協調を促しているか？**

第9章 知識を広め、活かす

無知なままで行動してしまうほど恐ろしいことはない。
――ゲーテ

すっかり言い古されているように、知識はあらゆる企業にとってあらゆる面で、これまでになく重要になってきている。これは言い古されているかどうかにかかわらず、否定できない真実、このうえなく重要な真実だろう。ピーター・ドラッカーによって知識労働や知識労働者という概念が広められたのは、一九五〇年代に遡るが、知識という資産の本質を理解し、どう活かせばよいかは、いまだ十分に理解されていない。

ナレッジ・マネジメントを巡る誤解

近年、情報技術（ＩＴ）分野の論客たちは、「ナレッジ・マネジメント（ＫＭ）」というコンセプトを喧伝しようと努めてきた。その意図をＩＴの切り口から述べれば、①システムを構築して新しい情報が生まれたことをキャッチする、②誰が役立つ知識を生み出したり、取り扱ったりしているかを特定する、③知識を利用しやすくする手段を設ける、などである。何らかの全社的なデータベースを設けて、絶えず新しい知識を蓄積していけば、すべての知識労働者のリソースになるため、それらを仕事の助けや、アイデア源として用いればよいというのだ。

残念ながら、データベースを核に据えてナレッジ・マネジメントを進めようとしたのでは、いくつかの根本的な理由から、おそらく失敗が避けられないだろう。そのようなアプローチは、デジタル的な発想に根差していて、人間味に欠けた偏った考え方に染まっている。人間をたんなる情報システムの一部と位置づけ、データと同じようにプログラムで動かしたり、指示したりできると見なしている。データベース・アプローチの主な欠点は、すでに明らかだ。知識労働者が、自分が何を考えたか、どのような着想を得たかをまったく報告しなくなるのである。ナレッジ・マネジメントが始められた当初、多くの取組みはフラストレーションを生み出した。というのも、知識労働に携わる人々が、仕事の中身について報告するという「つまらない仕事」に注意を向けなかったのだ。

ＩＴを取り入れる際にはよくあることだが、旗振り役はまずメカニズムに着目する。しかし知識を役立てるというのは、技術よりもむしろ文化に関わる課題なのだ。技術者よりも、人類学、社会学、歴史、詩、音楽、美術、著述といった分野の人材から、学ぶべき点が多いだろう。そして、次のような基本的な問いかけをする必要がある。

□文化が未開にせよ、進んでいるにせよ、人々は知識を共有しようとの意識をどう育んでいくのか

□重要な情報をどのように表わし、広めていくのか

□文化を支える精神や英雄についての逸話を、時代や世代を超えて語り継ぐために、どのような手立てを用いているか

□知識の共有化を進めるうえで、社内ポリティクスが障害になるとしたら、どのような意味でだろうか

一言で述べれば、文化を発展させるために、どのように知識を広めているか、ということだ。

本書では、ＯＩの要素として「知識を広めること」を挙げているが、これはナレッジ・マネジメントとは一線を画する。いやむしろ、知識《ナレッジ》をマネジメントしようとの発想そのものに意味があるのかどうか、問い直してみるべきだろう。おそらく、ナレッジ・マネジメントではなく、知識をより円滑に広めるためのプロセスを管理することに力を注ぐべきではないだろうか。ある人が、社内の誰かが有用な知識、洞察、ノウハウ、データなどを持っていると気づき、その人と連絡を取って知識を吸収しようとした場合、この一連の出来事がデータベースに登録されるかどうかに、果たして意味があるだろうか？　重要なのは知識を広めることで、その事実をデータベースに記録することではないだろう。

知識を広めるという取組みをするにあたっては、手始めに、どのような知識を広め、活かそうとしているかを確かめてみるとよい。知識を以下の五種類に分けて考えてはどうだろう。

1　組み込みタイプの知識

専門知識や洗練された知識で、顧客や利害関係者に価値をもたらすためのシステムや業務プロセスに組み込まれているもの。製造コストのさほどかからない半導体チップにも、R&Dの成果や従業員が習得した中身など、何百万ドルにも相当する知識が詰め込まれている。ユーザーに価値ある情報をもたらすソフトウェアにも、設計、コード化、試験などの工程でさまざまな知識が活かされている。最先端の自動車にも、数多くの専門知識が活かされている。

2　業務知識

従業員の持つ基本的なノウハウ、以前から受け継がれている仕事の仕方など。方針、手順、業務プロセス、業務用ソフトウェア、グループ作業の進め方などにも、この種の知識が反映されている。

3　知識の「素」

組織の次代を担う人々が頭の中で考えたり、周囲と語り合ったりしている内容。新しいアイデア、喧喧諤諤の議論、現在進行形の業務、リサーチ結果、試作品やソリューション案などがこのカテゴリーに属する。

4　商品になる知識

市場で売れる知識、製品に添えられた知識。医療上のアドバイス、法律相談、金融・財務分野のアドバイスなど、顧客の成功を後押しするサービスはこの一種である。顧客を対象とした研修、セミナーの類は、それ自体が商品となりえるほか、他の商品の購入を促す役目も果たす。例えばＤＩＹセミナーなどは、さまざまなＤＩＹ手法を伝えることによって、ツールや原材料の販売を後押しするのだ。大学やオンライン情報サービス会社では、情報だけが商品である。特許、商標、著作権、製法その他、知的財産も商品価値を持った知識だといえる。

5　戦略的な知識

ビジョン、使命《ミッション》、価値観、戦略目標などを築き、進化させるうえで欠かせない知識。具体的には、ライバル企業の動き、経済トレンド、顧客動向、技術の進歩、政治社会情勢、法改正、政府の動静など、戦略シナリオを描くのに必要な知識が挙げられる。

このように知識を分類しただけでは、大きな成果とは言えないかもしれないが、タイプ別の違いに着目すると、知識を広める方法が見えてくるのではないだろうか。戦略的な知識を得るには、事業環境をウォッチする、そこから得られた情報を共有する、それが何を意味するかについて話し合いを持つ、戦略立案に関わる人々に結果を伝える、といった取組みを続ける必要がある。知識の素を大きく育てていくためには、組織内の特定メンバーを巻き込むことになるだろう。おそらくは、経営チームの協力も求めるべきだろう。それらの人々が自然に交流を深め、考えを交わし、互いから学び、主なテーマについて折に触れて議論を戦わせる必要がある。場合によっては知識の素を体系化する必要も生まれるかもしれない。

知識を広めるというテーマに、社会や文化といった切り口から挑もうとすると、知識そのものや、知識を処理するテクノロジーよりも、知識を共有するという経験を重んじることになる。これは最初の印象とは裏腹に、さほど難しくないかもしれない。人々の交流を盛んにして、「知識は会社全体の富である」という見方を広めればよいのだ。

知識の生産性――未解決の問題

エドソン・デ・ゴドイ・ブエノ博士（南米で最も成功した健康保険会社アミール・コーポレーションのCEO）は、前回会った際に、真新しい名刺をくれた。そこには、「チーフ・トレーニング・オフィサー」という肩書きが加えられていた。

エドソン（彼は社内の人々や仕事仲間から、敬意を込めてこう呼ばれている）は言った。「ラテンアメリカ諸国にとって最優先の課題は、いかに人材の能力を伸ばすかです。教育水準を上げなければ、経済発展はありえません。経済が発展しなければ、働き口は増えません。そして職がなければ、世の中は安定しませんよね。私はCEOであるだけでなく、教育にも責任を負っています。わが社で働くすべての人々の生活をよりよいものにしたいと思い、腰を上げることにしたのです。そのためには、学習の手助けをすべきでしょう」

ブエノは実に尊敬すべきリーダーだ。私がこれまで接してきた数々のリーダーのなかでも、五本の指に入るだろう。人々の創造性や熱意を引き出す術に長けているのだ。ブエノは折に触れてマネジメントの権威をブラジルに招くのだが、その際には社内の何人かに命じて、その権威の最新著書にくまなく目を通させ、自社に取り入れられそうなアイデアをひとつ残らず見つけ出させる。リーダーであるブエノは、知識の生産性について十分に理解している。洗練されたプレゼンテーションを披露できるかどうかではなく、知識を効果的に応用できるかどうかが重要だと、心得ているのだ。

ピーター・ドラッカーが、知識労働と知識労働者が重みを持つ時代がやってくると世の中に警告したのは一九五〇年代だが、その直後にドラッカーは、もうひとつ警鐘を鳴らしている。ほとんどのビジネスリーダーが聞き逃したその警鐘とは、「知識労働からいかに成果を上げるかが、大きな課題として持ち上がってくるだろう。生産性をいかに測り、伸ばしていくかという課題である」というものだった。これまでのところ、知識労働や知識の生産性についての理論は少しも発展していない。学界、産業界ともに、ドラッカーの問題提起を真剣に受け止めてこなかったのである。

これは驚くべきことだといえる。一九七〇年代、生産性の問題がクローズアップされ、製造プロセスの効率化に多大な労力が傾けられた。事務作業もほとんどはモノ作りと同じように位置づけられ、簡素化、業務プロセスの改善などの対象となった。ところが、次のような問いかけを真剣にした人はいなかったようだ。「大規模な部門で働く高給取りのエンジニアは、どれだけ生産性を上げているのだろう?」「教員の生産性は?」「弁護士や会計士は?」「究極の知識労働者ともいえる経営者やマネジャーはどうだろうか?」

一日中データ端末に向かって、ひたすらキーボードを打ち続けることを仕事とする事務職は、椅子の背に寄りかかって天井を眺めていたのでは、成果を上げていないと見なされる。ところが経営者が同じ仕種をすれば、仕事をしていると受け止められる。なぜだろうか？

困ったことに、先進国あるいは先進的な企業では、どう生産性を測ればよいのかわからない職種が増えている。モノ作りに携わる人々は、成果物が目に見えるため、仕事ぶりを難なく把握、評価できる。ところが考えることを仕事とする人々の場合、成果が見えにくいため、主観的にしか評価できず、歪んだ評価につながりやすい。それどころかそもそも、公正な評価を試みてすらいない。エンジニア、研究者、医師、弁護士、会計士、芸術家、デザイナー、トレーナーといった専門性の高い業務をこなす人々に、業績評価のプロセスを尋ねてみるとよい。たいていはごく形式的なプロセスを踏むだけで、実質的な評価、フィードバック、能力開発はまず行われていないのだ。

多くの組織、いやおそらく大多数の組織は、従業員がどのような知識をどれだけ持っているか、その全体像をほとんどつかんでいないだろう。外国語を流暢に操る人、高度な分析スキルを身につけた人、販売力に秀でた人、専門分野で高い評価を受けている人……社内にこうした人々が何人いるか、どれだけの企業が把握しているだろうか？　マネジメントの視点からは、人間の知識はさほど興味深いテーマとされてこなかった。知識労働の価値、知識労働者を組織にとどめておくことの重要性などをしきりに話題に取り上げながらも、こと実践となると、手付かずのままなのだ。

知識の生産性については、第7章でも触れたお馴染みの「提案箱」を考えてみるとよい。どれだけの組織が、提案制度を有効に活用しているだろうか？　提案制度を設けている企業がどれだけあって、そのうちで形ばかりになっているため、廃止しても誰も気づかない例はどれだけあるだろうか？　提案箱を開けてみて、キャンディーの包み紙よりも提案書の方がたくさん入っている例はどれだけあるだろうか？

記録に残されているかぎり、アメリカで最も古い企業内提案制度は、一八九八年にイーストマン・コダックが設けたものだ。第二次世界大戦中には、提案制度の運営・管理にあたる人々三五人がユナイテッド航空のシカゴ・オフィスに集まって、全米提案制度協議会（ＮＡＳＳ）（現在の名称は従業員参加促進委員会（ＥＩＡ））を旗揚げした。[注1]

ＥＩＡのウェブサイトから引用したい。「現在では、従業員参加制度は正規のものだけで六〇〇〇を超えるとされ、世界各国で広まりつつある。ＥＩＡの海外会員と在外組織は、各国での経験と磨き上げられた手法を、制度の運用にあたるあらゆる国の人々に提供してきた」

多くの企業が、業務オペレーションの改善とコスト削減に目覚しい成果を上げたと胸を張っているが、そのほとんどが従業員の知識や発想を意識的に活かそうとはしていない。

知識労働者を価値プロデューサーと見なす

ここでは紙幅がかぎられているため、知識の生産性を測ったり、押し上げたりする方法を詳しく述べるわけにはいかない（正直なところ、ピーター・ドラッカーと同じように私も答えを知らないのだ）。とはいえ、いくつかの道筋は頭に浮かぶ。例えば、ひとりひとりの知識労働者を、他の従業員を「顧客」として活動する価値プロデューサーと見なしてはどうだろう。

優れた市場調査は、客観的にとらえにくい価値や成果を見事にあぶり出して、顧客によるサービス評価を可能にする。医師や歯科医にかかった人々は、自分が受け取った価値を心の中に思い描いている。診療の効果が上がったか、きめ細やかな治療だったか、痛みや不快感は軽くなったか、治療費は妥当か……。組織との関係で述べれば、聡明な人々は皆、どのような価値を提供すべきかを巡って、周囲と意見を交わしているだろう。このような価値モデルを、知識労働者についても設ける必要があるだろう。

研修部門の知識労働者は、近ごろでは「従業員研修」を見直して「成果の向上」「成果マネジメント」という発想に改めている。たんに研修をほどこすだけでなく、成果を上げる人材に育て上げようというのだ。研修がそのまま成果につながるとはかぎらない。成果というのは、上司・部下の関係、チームワークのあり方など、他の要因にも左右されるのだ。それにそもそも、成果とは何か、その定義を明らかにしなければ始まらないだろう。だが諦めることはない。有能な人々がこのテーマに取り組んでいるのだから。

eラーニングの可能性

経営者ほか事業組織のリーダーは、オンライン・テクノロジーをいかに活かして従業員を教育し、豊かな知識を植え付けようとしているのだろうか。それに成功しているのだろうか。これらはとても興味深い問題である。こうして執筆しているこの間にも、eラーニングは多難な道を歩んでいる。技術オタクたちがわがもの顔に振る舞い、「ビジネスに革命をもたらす」「人々の考え方、学び方を変える」、そしてもちろん、「教室に集まって意見を交わすタイプの研修は不要になる」と盛んにまくしたてている。

言うまでもなく、彼らの主張どおりに現実が進むわけではない。常識よりも資本に富み、いかにも賢そうな社名と不透明性の高いビジネスモデルを持ったスタートアップ企業が、鬼気迫る勢いでeラーニングというチャンス――あるいは難題――に飛び付いている。だが、このような向こう見ずな熱狂ぶりが落ち着けば、「遠隔学習」（eラーニングの別名）の可能性をよりよく見きわめられるだろう。オンラインによる研修・学習をうまく活かす秘訣は、試行錯誤したり、株主の資本を無駄にしたりしなくても、常識を働かせれば推察できるはずだ。

□**オンライン技術が進歩し、情報の設計が高度化してくれれば、研修、研究、日常的な情報交換の区別は薄れていくだろう。**オンラインで**外国の地図を参照する、**CIA（アメリカ中央情報局）**による最新の各国情報**をダウンロードする、その国の商用ウェブサイトをいくつも訪問してみる、**電子メール**で**代理店と連絡を取る、**これらすべての**情報をもとに最も有望そうな事業機会を見きわめる、**といった**活動は、学習と調査**のどちらに当たるのだろう。あるいは両方だろうか？　これらを手際よくこなし、**他の人々にも手ほどきできるようになったら、「オンライン研修を終えた」と胸を張ってよいのだろうか？**

□**オンライン学習技術**だけから**利益を得るのは、非常に難しいだろう。**アプリケーションにしても、**大多数が惨めな失敗に終わると思われる。オンライン上で有料情報サービスを行うのはリスクが大きい。競合他社が無償で情報を提供しているなら、なおさらだろう。先進国では、ほとんどの大学が遠からず、オンライン講座を設けるだろう。図書館、学校、その他数多くの非営利団体が、オンライン上で次々と無償の情報提供に乗り出すだろう。情報の質という点では疑わしいものが少なくないにせよ、利用料がかからないというのは大きな利点に違いない。**

□**オンライン教育を商業ベースで成功させるには、より洗練された、付加価値の高いビジネスモデルに組み込むのが唯一の方法だろう。情報だけを売ったのでは、いかに優れた企画であったとしても、利益を上げるのは至難の業だと思われる。より大きな価値を持った製品やサービスに「ボーナス」として添えたり、組み込んだりして、ニッチ市場向けに仕立てればよいのではないだろうか。**

このような戦略を実行した企業として最も強く印象に残っているのが、HSMである。HSMはビジネス分野のコンファレンス、セミナー、刊行物、マネジメント研修などのマーケティングを専門に行う企業で、各商品にオンライン学習を完全にタイアップさせた。HSMはブラジルのサンパウロを拠点にして（もっとも事業の性格を考えれば、拠点は世界のあらゆる場所や地域だともいえる）、ラテンアメリカで最高のセミナー企画会社となった。次いで一流雑誌をいくつも発刊して、世界各国からの最新マネジメント理論を紹介した。こうして対象市場で揺るぎない地位を手にした後に、満を持してオンライン・サービスに乗り出したのだ。

共同設立者で教育ディレクターのホセ・サリビ・ネートの言葉を引きたい。「設立時に、『アクセス事業』を使命にしようと決めました。ラテンアメリカ企業の経営者やマネジャーに、世界最高のマネジメント理論や理論家に接する手段を提供するのです。私どもは、世界一流のマネジメント理論家や新進気鋭のエキスパートと、苦心して人脈を築き上げてきました。それらの方々とその思想が、いわばわが社の『商品ライン』の柱といえるでしょう。彼らをラテンアメリカに招いて、フォーラムの場で発言してもらい、かぎりなく質の高いマネジメント教育を実現しているのです」

HSMでは総花的なセミナーは実施しない。必ず専門家をひとりだけ招いて、その大家の理論を学び、実践したいと願う聞き手に向けて、特定のテーマでセミナーを開くのだ。タイム・マネジメントを学びたいという人は、他社のセミナーに参加すればよい。HSMではもっぱら、経営の主要テーマについて世界的権威の話を聞きたいという人々に向けて、セミナーを開いている。

HSMはマネジメントの大家たちのビジネス・パートナーとして高い名声を得ている。ブエノスアイレスでピーター・ドラッカーの講演を開いた際には、錚々たるビジネスリーダーばかりが一五〇〇人以上も集まり、アルゼンチン大統領の姿もあった。華々しい著述・講演活動で知られるトム・ピーターズなどは、最先端のアイデアと優れたイベント・マネジメント手腕に支えられたHSMのビジネスモデルを、われを忘れたように褒めちぎっている。「セミナービジネスのあり方を一新したんだ。世界広しといえども、HSMの右に出るセミナー企画会社はない！」

サリビは、「アイデアへのアクセス」事業で押しも押されもしない地位を築くとようやく、マネジメント雑誌の創刊を決断する。そしてそれからほどなく、ラテンアメリカ数ヶ国で「マネジメント・エキスポ」プログラムを始動させて、大成功を収める。エキスポは通常、四〇〇〇人から七〇〇〇人ほどを対象に、キラ星のような専門家によるプレゼンテーションを二日間で集中開催する。これまでに、ピーター・ドラッカー、ビル・ゲイツといった巨人による遠隔プレゼンテーションや参加者との意見交換なども実現させている。

サリビは言う。「あの頃です、オンライン学習に目を向け、わが社の事業コンセプトに合っていると感じたのは。割合早くに取組みを始め、やや時期尚早かとも思いました。ですが、新しいチャネルをとおして商品――大家に接する機会――をお客さまに届けるという事業を、とても熱心に推し進めました」

HSMはありきたりのやり方では満足しない。そこで、他のオンライン情報企業と「どんぐりの背比べ」にならないように、独自の事業手法を探し求めた。それまで一〇年以上にわたって何人もの大家と深い絆を育んでいたため、その多くを説得して、おのおのの専門に応じたコース作りに力を貸してもらった。そして優れたアーティスト、ライター、教育心理学者、ウェブ・プログラマーなどを集めて、HSMエデュケーション・コムというベンチャー子会社を立ち上げた。大家による素晴らしいオーディオ・プレゼンテーションを、年間に一〇コースずつ提供するのだ。[注2]

ふたたびサリビの言葉を引きたい。「かねてから当社のコースに貴重な人材を派遣してくださっていた企業の人材開発マネジャーに、こうお伝えしました。『コースにじかに参加する機会のないマネジャーや、将来が期待されるプロフェッショナルの方々については、どうなさるおつもりですか？　そうした方々は大家の話にじかに耳を傾ける機会はありませんよね。私どもでは、オンライン・コースを設けることにしました。その〝チケット〟を購入いただければ、より多くの方々に、生の講演と同じ話を聞いていただけるのです。きわめて低い料金でね』」

これは、輝かしい成果を上げてきた偉大な商品にオンライン技術を組み合わせた、模範的な事例だといえる。HSMは、たんにオンライン・コースを設けて一般のビジネスパーソンに勧めるのではなく、すでに高い実績を上げていたビジネスモデルの延長として、ごく自然な形で付加価値を生み出したのだ。最初に用意したのはポルトガル語、スペイン語などのコースだが、さらに数ヶ国語を追加しようと準備を進めている。

HSMの経営陣は、ひとたび成功しても、油断すれば市場での地位が揺らぎかねないことを肝に銘じている。「オンライン技術を取り入れるのは時期尚早かもしれないとわかっていました。投資額も莫大でした。けれども、決してビジネスチャンスを逃すわけにはいかなかったのです[注3]」

情報――次の「クオリティ革命」の主役

新たなクオリティ革命が求められている。早ければ早いほどよい。これまでも私たちは、製品やサービスの分野でクオリティ革命を経験してきた。どちらもいまだ進行中で、貴重な教訓を与えてくれている。

次に起きるのは情報分野のクオリティ革命だろう。情報が経済の基盤となりつつあると盛んに唱えられているというのに、困ったことに、情報の扱いを誤ったり、中身に間違いがあったりした場合に途方もないコストがかかるという事実については、ほとんど語られていない。情報のクオリティというテーマはいわば眠れる巨人で、その影響力は製品、サービス両方の革命を合わせたよりも大きいだろう。情報のクオリティは、他のあらゆる品質とは対照的な性質を持っており、情報関連のコストを削ることで、多くの組織がＲＯＩ（投資収益率）を大幅に高める可能性を秘めている。

【事例】医療過誤で命を奪われる人々

アメリカの医療サービスは、世界最高の質を誇るとされている。にもかかわらずアメリカ医師会によれば、年間一〇万人以上が医療過誤で命を奪われているという。この情報クオリティ上の問題がどれだけ大きなコストを生み出しているか、いったいどのように測ればよいのだろうか？

【事例】９・11テロは防げなかったのか？

ＦＢＩ（連邦捜査局）は二〇〇二年、世界に大恥をさらした。９・11テロの情報をかなり以前につかんでいながら、官僚制の弊害によって十分に追求できなかった、とおおやけに認めたのだ。この種の欠点によって、ＦＢＩは何年も前から望ましい成果を上げられずにきたのではないだろうか。一般の人々の信頼を失い、「世界最高の情報機関」という輝かしい名声をくもらせたのは間違いない。

【事例】POSの小さなミスが大きな誤差に

いくつもの調査によれば、何万もの食品マーケット、百貨店、その他小売店で用いられるPOS（販売時点情報管理）スキャナーは、データベースの誤りや、スキャナーそのものの不調が原因で、一〇〇回に一回から三回もの割合で、不正確な価格データを登録してしまうという。九七パーセントの正確性ではあるが、残り三パーセントの誤りが積み重なると、全体では何百万ドルもの誤差が生じてくる。

ビジネスや行政の分野では不正確な情報が氾濫しているため、私たちはたいてい、大きな抵抗もなくその事実を受け入れている。だが、古くからの問いを思い起こしてみよう。「人類を月に送れるというのに、なぜ銀行は外国のクライアントからの電信送金を正しく処理できないのか？」「オンライン証券会社は、なぜ無断で口座を閉じてしまったのだろう。一年前には、こちらが提出した開設申込書を紛失したし……」「マイホームを購入するのに、山のような書類を記入しなくてはならないとは。しかも、訳のわからない書類、同じような書類がたくさんあるのはどうしてか？」

よりよい情報関連サービスを、より低コストで実現できるのは、間違いなさそうだ。

少ないことはいいことだ

情報のクオリティに関連しては、情報量を減らすことも重要だろう。情報革命の最大の課題は、情報を――いかに増やすかではなく――いかに減らすかということだ。先進社会はとうに情報汚染に見舞われている。もちろんアメリカも例外ではない。情報を大切に抱え込むのではなく、いかに捨てるべきかを学ばなくてはいけないのである。

エコロジーの面から考えると、パソコンには自動車とほぼ同じ欠点がある。自動車は道路などのインフラコストを押し上げ、大気を汚染し、最終的にはリサイクルのために追加投資を必要とする。パソコンもコストを押し上げ、情報を撒き散らし（しかもそのほとんどが「汚染」されている）、三年もすれば古くなってリサイクルの必要が生じる。この理屈はインターネットにも当てはまる。新しいウェブサイトが完成すれば、作成者は「サイバー革命の一端を担った」と鼻高々かもしれないが、他の人々にとっては汚染が広がるだけだ。ヤフー、エキサイトなど、絶賛されたインターネット検索エンジンにしても、ガラクタ情報しか探し出せなければ、役に立たないカタログと同じだろう。

私たちは「少ないのはいいことだ」という考え方を受け入れるべきだ。むやみに情報を生み出したり、目的もなく流したりするのを避けることだ。最近では「誰でもわかる」「これ以上やさしく書けない」といった類のコンパクトな書籍が人気を集めているが、こうした現象も、人々が情報の洪水に溺れそうになって、特定のトピックについてかいつまんで知りたいと考え始めていることを示しているだろう。

データ、情報、知識

データ、情報、知識の違いについても理解しておくのが望ましい。これらの用語は同じものを指しているわけではなく、使い分けるべきなのだ。違いを明確に理解しておくと、ひじょうに役に立つ。以下に、私の好む定義を示しておく。

□データ

人間の知恵が生み出した素材。すでに十分に小さいためこれ以上の細分化はできず、文字や数字を充てることで、穀物や米袋と同じように持ち運びが可能となる。データはいわば粒のようなもので、自分から動くことはないが、それが何を意味するのかとは無関係に、私たちの手で並べ替えたり動かしたりできる。

□情報

データを意味をなすように並べたもので、その意味は受け手にも伝わる。言葉、絵、写真、音などがこれに当たり、データを脈絡なく集めたものとは異なる。情報はダイナミック（動的）な性質を持ち、人々に知覚される。

□知識

人間が考えるという営みをとおして生み出した価値あるコンテンツ。情報を知覚し、知恵を絞って操作することからもたらされる。知識はつかみどころがなく、ひとりひとりが自分なりに頭の中にとどめている。知的な行動を引き起こす土台ともなる。

このようにデータ、情報、知識を区別しつつも、一般には「情報」という言葉がこれら三つすべてを指して用いられることも忘れてはならないだろう。情報クオリティの革命も、データ、情報、知識三つを巻き込んだ動きである。

情報クオリティのモデル

ビジネスの世界で情報クオリティ革命を実現するためには、モデル、手法、ツールなどが求められる。データ、情報、知識の違いを念頭に置きながら考えると、少なくとも五つの面でクオリティを改善すべきだと思われる（図9-1を参照）。

1 データの配布

技術畑の人々が真っ先に思い浮かべるのが、おそらくデータをいかに配るかという問題だろう。データを配るためには、ハードウェア、ソフトウェア、データを蓄積・複製・送受信・管理するためのインフラが必要である。ただし、紙、磁気その他の媒体も考慮しなくてはならない。試作品、設計書など、独特のデータ形態もありえるだろう。

2 データの保護

データの損失、盗難、改ざんなどを防ぐためのあらゆる手立てを指す。物理的・電子的なセキュリティの確保、従業員の業務慣行、顧客情報や知的財産を守るうえでの方針などを含むだろう。

図9-1　情報クオリティの５つの側面

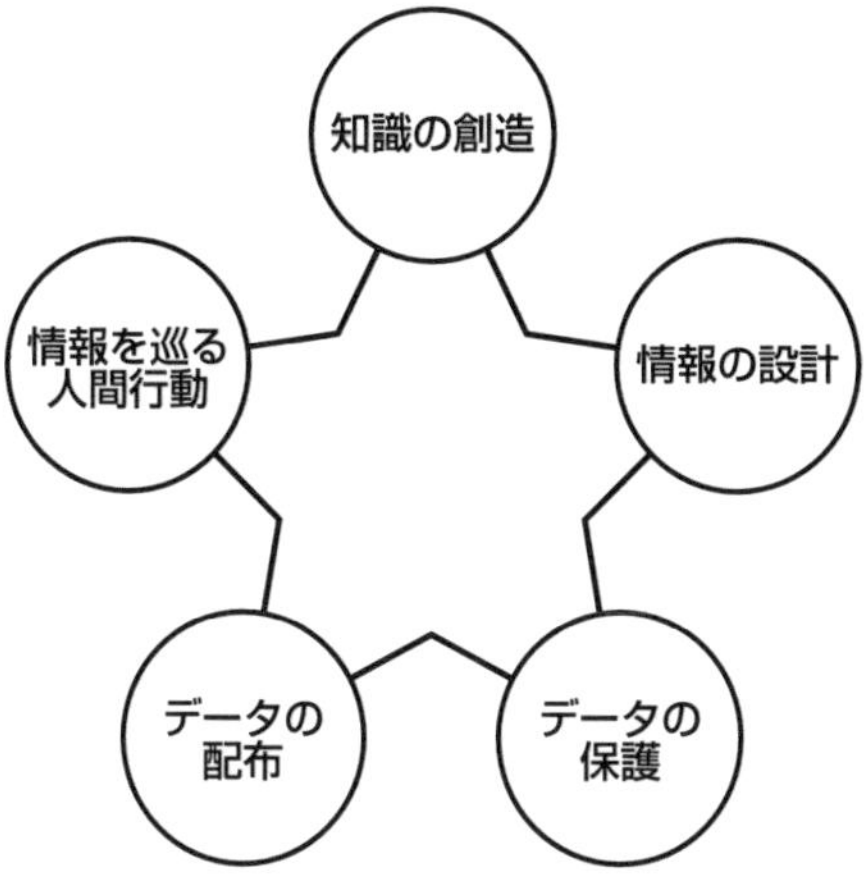

3　情報を巡る人間行動

私たち人間がデータや情報をどのように取り扱うか。具体的には、情報を手作業やコンピュータによって記録する、さまざまなソースを用いて情報を調べる、コピーを取ったり書き写したりする、言い換える、要約する、解釈する、電話や電子メール、手渡しといった方法で情報を受け渡しする、などの行為を指す。

4　情報の設計

ソフトウェアや自分の技能などを活かして情報を加工して、意義深い知識に変える営み。ワードプロセッサー、データベース、表計算ソフトウェア、グラフィック・デザインツール、プレゼンテーション・ツール、ウェブページ、オンライン申込書などがそのための手段だが、他にも古くからの馴染み深い手段が多数ある。

既存の情報をもとに洞察や結論を引き出す力を指す。何かを発明する、新しいコンセプトを生み出す、これまでにない戦略を思いつく、新モデルを構築する、従来の常識を問い直す、といったことも含まれるだろう。

5 知識の創造

これら五つのあいだには、取り組みやすさの面で開きがある。「正しい情報を漏れなく顧客に渡すように」と従業員に徹底させるよりは、コンピュータ内のデータを外部の攻撃から守るためにファイアウォールを構築する方が、容易かもしれない。とはいえ、これら五つの重要性を秤にかけるのは意味がないだろう。従業員に新しい販売方法を考え出させるよりも、顧客情報の漏洩を防ぐ業務慣行を取り入れる方が、苦労が少ないかもしれないが、どちらも注意を払い、改善をほどこしていく価値があるのだ。

情報クオリティに関するこの星形のモデルは、形のあるシステムや慣行から、理解しづらい行動や知覚などまでを幅広く示している。このモデルからは、情報クオリティというテーマが大きすぎて、社内のどこか一部門に収まるものではないことがわかる（決してIT部門だけの課題ではないのだ）。多くの企業が犯す最大のミスは、情報クオリティを「コンピュータ関連の問題」だと見誤ることだろう。情報クオリティの確保はあまりに重要すぎて、情報技術畑の人々だけに任せてはおけない。デジタルデータは数ある情報の一部にすぎないことを、絶えず訴えていく必要がありそうだ。

情報クオリティは、すべての人に関係したテーマとして扱うべきだろう。これからのビジネス環境で仕事をしていくうえでは、情報クオリティ意識という新しいスキルが欠かせないだろう。ごく単純化して述べれば、周囲へのメッセージを忘れずに伝える、上司に催促されなくても与えられた仕事をやり遂げる、といったことが求められるのだ。併せて、仕事の優先順位を自分で管理して、必要に応じて業務に関わる各種記録を残しておくべきだ。

行動に向けて

情報に誤りや不足があったり、情報処理が適切でなかったりした場合、経済全体として見れば計り知れないコストが生じるだろう。「情報化時代」という言葉が盛んに聞かれる昨今、クオリティを上げてコストを下げることが、有形・無形の資産からより高いリターンを引き出すために、私たちに残された最後の手段だろう。あらゆる事業が情報事業としての性格を持ち、情報プロフェッショナルの役割が高まっているという事実が見えてくるにつれて、その効率性や生産性を高める必要が大きくなるのは間違いない。この事業機会をつかみ取れば、潤沢な利益を得られるだろう。

デジタルで私たちは「実際に」何をするのか？

融合《コンバージェンス》。プラットフォーム。ウェブを土台としたビジネスモデル。キラー・アプリケーション。ブロードバンド。アイボールを集める（ウェブへのアクセスを増やす）。メガポータル。バーチャル事業。

これらは、ある金融企業の定例戦略ミーティングで、若手技術者が居並ぶ重役たちを前にプレゼンテーションをした際に、次々と飛び出してきた言葉だ。この技術者は熱が入るにつれて、デジタル事業の秘密の奥深くへと分け入り、さも誇らしげにとうとうと語り続けた。いかにインターネット空間へ事業を拡大すべきか。それによってどれだけ大きな利益源が得られるはずか。

それぞれの分野で高い名声を誇る重役や相談役たちは、一時間以上も色とりどりの図表を眺め、静かにプレゼンテーションを聴いていた。やがて話題が「ウェブベースのビジネスモデル」に及ぶと、聞き手のひとりが尋ねた。「話をさえぎって悪いが、それは実際に何をするのだ?」

「何をするか?」。やり手の若者が聞き返した。「どういう意味でしょう?『何をするか?』……」

質問者が続けた。「私だけかもしれないが、どうにも話が見えないのだ。そのウェブ何とかというのは、事業オペレーションの一種なのか? モノやサービスを売るのかね? だとすればどうやって?」

プレゼンテーションの進行が止まった。マンハッタンのダウンタウンにある会議室で、別々の世界に住むふたつのグループがじっと見つめ合う。

両者のあいだには深い深い溝が横たわっていた。若きテクノロジーの伝道者は、言葉を失っていた。顔は青ざめ、自分の話が少しも相手に伝わっていなかったというおそるべき事実がわかってくるにつれて、茫然自失の状態に陥っていくようだった。

お歴々は、苛立ちと当惑のまじった面持ちで彼を眺めていた。聞き手はおよそ三〇人で、各分野の世界的な権威ばかり。最年少はおそらく六〇代半ばだろう。多くは非常勤だが、首相経験者、ノーベル賞受賞者、企業の取締役会長など、錚々たる顔ぶれだった。申し分のない知性の持ち主ばかりであるのは、疑う余地がなかった。だが彼らの経験をもってしても、プレゼンテーションで次々と飛び出す耳慣れない言葉や奇妙な提案は、理解の範囲を超えていたのだ。

皆さん、「デジタル・デバイド」の世界へようこそ。

プレゼンテーションの後は、昼食の時間だった。デザートが運ばれてくると、私は会長から演壇に向かうように促された。戦略プランニング関連の最新トピックについて話をしてほしい、と依頼されていたのだ。しかし、いまだに午前中に受けた衝撃が頭を離れなかったため、プレゼンテーションの方向性を一八〇度変えようと心に決めた。選んだテーマは「戦略を巡る会話と言葉」。経営者はテクノロジーを、技術者はビジネスをそれぞれ理解する必要がある、と説いたのだ。どちらも当時、立ち遅れが目立っていた。私は、午前中に見られたふたつのかけ離れた世界観を何としても橋渡ししなければならない、とも語った。

おそらく、午前中のプレゼンテーターと比べて、私の方が経験や年齢の面で近かったからだろうが、聞き手は私の話に強く共鳴してくれ、盛んな議論が交わされた。デジタル技術を受け入れ、応用する力が、その会社にどれだけあるか。経営陣はデジタル化のトレンドにうまく乗り、それについて戦略的な視点から考えなくてはいけないだろう。デジタル化を実際に推進する人々には、一〇〇年の歴史を持った企業文化を理解し、尊重することが求められる――。重役や相談役たちも技術用語に怯えることなく、「技術用語をわかりやすいビジネス用語に置き換えるべきだ」と主張した。

優れた事業判断力を備えた経営者と、デジタル技術に詳しい優秀な専門家が揃っていながら、両者の「結婚」が失敗に終わるケースは少なくない。というのも、経営者は技術など学ぶ必要を感じず、技術者の方では事業について知る必要などないと考えるからだ。それぞれの役割を果たしてさえいれば、すべてがうまくいくと思っているようなのである。

ドットコム・バブルの教訓

アメリカ産業界は一九九〇年代後半に入って「ドットマニア」に席巻され、二〇〇〇年にネットバブルの崩壊を迎えたわけだが、バブル崩壊の大きな原因は、技術者と、彼らの後ろ盾となった経営者やベンチャー・キャピタリストのあいだに、世代間のギャップにも通じる世界観の違いがあったことだろう。驚くほど多くの経営者が、世のドットコム熱と、「ドットコム関連の課題に対応しなくてはいけない」という風潮の前に、その本質を理解できず、事業の可能性を判断できないまま、流されていた。そしてテクノロジー関連の起業家たちはこぞって、目の前に大金をぶら下げられて、実現できそうもないビジョンをあえて打ち上げたのだ。ドットコム・バブルのあおりで、一〇〇億ドルあるいは二〇〇億ドルにも相当する生産設備が無駄になっただろう。それだけの犠牲を払ってようやく、人々は目を覚ましたのだ。

とはいえ、痛みはいまだ完全には消えていない。決して消えてはいない。それどころかドットコム・バブルの崩壊は、デジタルの分野で発想の混乱が起きる前触れにすぎなかったのかもしれない。この混乱は何十年も続き、大多数の企業に戦略上、発想上の厄介な問題を突きつけるかもしれないのだ。デジタル・デバイドは現実に存在していて、少なくとも今後しばらくは解消されそうもない。

ここでOIとの関連に触れれば、特定の組織や文化で生まれ育った特定のデジタル・イデオロギーは、その企業の特徴や命運を決定づけるほどの影響力を持つ。デジタル化推進派が主流となれば、顧客接点からは人間味が失われ、フェース・トゥ・フェースが減って電子的なコミュニケーションに取って代わられ、ナレッジ・マネジメントも形ばかりになっていくだろう。他方、実務の現実がわかった人間味を重んじる人々が主流となれば、働く人々を――排除したり、コントロールしたりするのではなく――大きく助けるような技術が取り入れられるだろう。

マネジャーが何時間もコンピュータの前に座り、ひたすら電子メールを読んだり書いたりしているとしたら、その人はいったい何をマネジメントしているのだろうか？　業務内容は以前と同じだが、やり方が違うだけだろうか？　それとも、新しい業務プロセスにすっかり魅せられた結果、対人関係をとおして会社に貢献するのが疎かになっているのだろうか？　わずか数メートルの距離で仕事をしている同僚どうしが、昼食やコーヒー休憩の折に言葉を交わすのをやめ、電子メールでコミュニケーションを図るようになったら、効率は上がるかもしれないが成果はどうだろうか？

テレビが普及して社交に取って代わったが、それと同じように、オンライン・コミュニケーションは人と人の密接な付き合いに代わり得るのだろうか？　電子メールのやりとりは、果たして人々が膝を突き合わせるよりも高い効果を発揮できるのだろうか？　それとも、何も行動せずに、メールの送受信を繰り返すだけになるのだろうか？　互いに顔を合わせる機会が減って、電子的なやりとりだけになると、コミュニケーションの質は高くなるのだろうか、低くなるのだろうか？

【事例】顔の見えない電子メールの落とし穴

ある小規模企業の取締役会が、自社のガバナンス規定を見直して修正案を出す目的で、特別チームを指名した。チームは電子メールの交換によって仕事を進め始めた。メンバー間に意見の開きがあることがわかってくると、メールの文面が徐々にとげとげしさを増し、やがて敵意が剥き出しになった。ひとしきり非難合戦が続いた後、チームはすっかり機能を停止してしまった。取締役会はチームを解散した。結局、打ち合わせは一度も行われないままだった。

狂信的なデジタル化推進派が、人々がいつでもオンラインでつながっている「素晴らしい世界」を盛んに喧伝し続け、他方では地に足の着いた人々、善良な人々がそうした動きに抵抗を強めると、先進国の産業界、さらには社会全体でイデオロギー対立が深まるだろう。「すべてがデジタル化される」という神話は崩れかけており、デジタル化に反対する人々は、「デジタル・ナチス」「テクノ悪漢」など風変わりな一派によって虐げられている、と不満を募らせ始めている。人間らしさ、主観、趣、社会とのつながりなどを重んじる側が巻き返しを図れば、テクノロジー派と人間派のバランスが取り戻されるだろう。

OIや、OIを高めるにはどういったリーダーシップが求められるか、といったテーマを考えるうえでは、これまで述べてきたイデオロギーの対立は、たんに知的好奇心の対象ではすまされない。きわめて重大な問題で、結果も大きな意味を持つ。この問題を社風や戦略に関連づけて真剣に考えようとしない経営者は、会社を滅ぼそうとしているのだ。逆に、知恵と工夫によってこの問題に対処しようとしている人々は、社の将来を切り開く重要な判断に関わっていることに気づくだろう。

知識を広め活かしているか？——七つのチェックポイント

知識を広め活かす素地が組織にあるかどうかを確かめるには、まず次の七つの問いかけをしていただきたい。

1 **メンバーどうしが知識を共有したり、大切な情報を交換したりするのに適した社風か？**
2 **経営者やマネジャーは、知識や研修を経営資源やスキルとして重んじているか？**
3 **アイデアや情報の囲い込みがなく、組織の壁を超えて共有できるか？**
4 **情報システムは、有用な業務情報を組織内に広めるのに役立っているか？**
5 **経営者、マネジャー、核となるメンバーは、ビジネスに関する最新のアイデア、トレンド、調査結果などを絶えず追いかけているか？**
6 **すべての従業員が常に学習やキャリア開発ができるように、制度が設けられているか？**
7 **経営者やマネジャーは、部門のひとりひとりについて、どのような技能、資格、知識を持っているかを十分に把握・評価しているか？**

第10章　「結果を出す」という心構え

並の成果しか目指さなければ、決して挫折しないだろう。
――作者不詳

はるか以前、私が初めてピーター・ドラッカーの話を聞いた時のこと、氏は開口一番、並み居る経営者たちを前に挑発的な言葉を発した。「これから私が述べるのは、皆さんがすでにご存知の内容ばかりです。ひとしきり話を終えたら、皆さんに問いを投げかけるつもりです。『やらなくてはいけないとわかっていながら、なぜ実行せずにいるのか』と」。講演はこの言葉のとおりに進んでいった。

不思議なことに、ドラッカーが語った「基本」は、つまり氏が紡ぐさまざまなストーリー、事例、興味深いアイデアなどは、どれもが聴衆にとって無限の重みを持つようだった。そして事実、きわめて意義深い内容ばかりだった。壮大なアイデアは、文脈しだいで陳腐にも深遠にも聞こえてくる。ドラッカーが知的な魔法をかけ続けると、やがて聴衆はポケットからペンを取り出して、名刺の裏や紙ナプキンにメモを取り始めた。

とりわけ以下のくだりでは、大多数の人々がいっせいにペンを走らせた。「最も重要で最も利益が上がりそうな少数の分野に、経営資源を集めるべきでしょう。進めるべきでない事業にあなたがたの、そして従業員のエネルギーを浪費してはなりません」

二兎を追ってはいけない

あまりにシンプルな内容ではないだろうか？　ところが、あらゆるマネジメント原則の中でも、忠実に守るのがこれほど難しいものも珍しいのだ。ビジネスの世界では誘惑が多すぎて、熱意や経営資源が分散しがちだ。メキシコの経営者たちはドラッカーに「ミスター・ワンシング」（Mr. One Thing）という異名を献上して、氏のシンプルな忠告を実行するのがいかに難しいかを嘆いている。日本には、「二兎を追う者は一兎をも得ず」という興味深いことわざもある。

【事例】エイボンの失敗

アメリカの化粧品会社エイボン・プロダクツは、大々的に訪問販売を展開しているが、どうしたわけかある時、製薬会社を傘下に収めてはどうかとのアイデアに取りつかれた。柱に据えてきた市場の拡大が止まり、販売が伸び悩んだため、経営陣が多角化に活路を求めようとしたのだ。こうしてジョン・フォスターという起業家率いるフォスター・メディカルを買収した。フォスターはエイボン・グループの一員として何とか成果を上げようと奮闘したが、一年も経たずして、憤懣やるかたない思いでベンチャービジネスの世界へと戻っていった。ほどなくしてエイボンの

――医薬品事業は行き詰まり、清算された。後には多額の損失だけが残された。

航空宇宙、軍事分野の各メーカーも、民需生産にシフトしようとして、エイボンと同じ轍を踏んできた。軍需製品が作れるなら民需製品の製造も難しくはないだろう、との目論見は見事に外れることが多い。これまで、ごく一握りの富裕な大規模顧客（軍や連邦機関）から高額の発注を受ける体制を作ってきた企業には、どうすれば一般顧客向けのマーケティング・インフラを築けばよいのかわからない。事業インフラすべてが、政府の調達・管理プログラムといった官僚制に対応してできているため、コスト意識、迅速な対応、畑違いの分野で競争するのに必要な嗅覚などを、ほとんど持ち合わせていないのだ。

外部からの資金を使って互いに無関係な企業をいくつも組み合わせることで、巨大な貸借対照表を作り上げ、自分たちの懐を潤そうとする経営者にとっては、事業のコングロマリット化は意味があるだろう。ただし、買収された企業は新しい価値を得るわけではない。事情に疎い本社から叱咤激励され、「数字を上げなければ何を言われるかわからない」という不安に怯えている場合が少なくないのだが、肝心の本社は、助けが必要な時に一肌脱いでくれるとはかぎらない。

戦略プランニングや業績重視といった問題を考える際には、自社の得意分野が何かを慎重に見きわめるのが重要である。未知の分野に進出してはいけない、といっているのではない。ただ、成功するためには何が求められるのかを冷静に理解して、その成功要因を備えているか、あるいは身につけられるかを明確に判断すべきなのだ。

ビジョン、使命《ミッション》、主要な戦略的コンセプトを見つめ直してみると、突破口が開けてくる場合がある。ロサンゼルスのランターマン地域センターは、経営資源がかぎられているため、需要に応え切れずに苦労していた。そのうえ、発育障害を持つ子どもの親からも対処を求められるケースが増えていた。エグゼクティブ・ディレクターのダイアン・アナンドは、既存プログラムや施策の多くについて、「さまざまな障害に悩む人々に、必要なサービスを提供する」という使命に沿っているかどうかを問い直した。

どのような価値を提供していくべきかを見つめ直すために、障害児の親から協力を得てフォーカス・グループを何度も実施したところ、「支援業務」を行ってほしいという要望が強く出された。現状ではさまざまな行政機関が個別にサービスを提供していて、それぞれに煩雑なお役所仕事が伴うため、専門知識を持ったアドバイザーやヘルパーに全体を取りまとめてほしいというのだ。この要望とも関係するのだが、二番目に強く求められているのは、「自立支援」サービスだった。親は自力で問題を克服するために、その手立てや子どもの障害について学びたい、さらには役所にどのような手続きをすればよいのかを知りたいと考えていたのだ。その他、サービスの質やコーディネート力も問われた。

アナンドはこう述べている。「フォーカス・グループで出された意見を、それまで進めていたプログラムや優先事項の長い長いリストと比べてみました。すぐに、『あれもこれも』と欲張りすぎていたと気づきました。そこで、二の次、三の次でも構わない案件は削って、本来のミッションに近いものだけに力を集中することにしたのです。すると組織全体の足並みが揃い、ミッションの達成に向けて意欲が高まってきました」

ストーリーを売り込め――リーダーは「歩くロゴ」たれ

向かうところ敵なしの小売チェーン、ウォルマート・ストアーズ（以下ウォルマート）の創業者故サム・ウォルトンは、しばしば店舗を訪れては従業員と言葉を交わしていた。店の中を歩き回り、買い物客に商品やサービスについて意見を求め、店長やマネジャーとウォルマート・ウェイ（ウォルマート流の仕事の仕方）について語り合ったのだ。サービスデスクのマイクをとおして、全従業員に独特の語り口で檄を飛ばすことも少なくなかった。年老いたサムが店に姿を現わすと、ほとんどの従業員が何ともいえない高揚感をおぼえ、自分たちは価値ある仕事をしているのだという思いを新たにするのだった。

サム・ウォルトンのメッセージは決して難しいものではない。ロケット科学も、市場シェアの統計も、規制も何も関係ない。いつでもごくシンプルなメッセージを繰り返すだけだ。

「ウォルマートでは誰もが皆、お客さまに価値をもたらすために働いている。胸を張ってほしい。自分の仕事や貢献ぶりに。もし、よりよい仕事をするために店長や私に手助けできることがあったら、ぜひ遠慮なく声をかけてほしい」

サムは伝道師のような役目を果たしていたのだ。ある意味で、「歩くロゴ」ともいえるだろう。

サム・ウォルトンが姿を見せるだけで、ウォルマートで働く人々は特別なメッセージを受け取り、さまざまな思いを抱いた。サム・ウォルトンという「ロゴ」から、「価値を生み出そう」というきわめて重要なメッセージを読み取ったのだ。ウォルトンは目もくらむほどの富を手にしていたが、古びた小型トラックを好んで運転し、小さな商店街の質素なオフィスで仕事をすることも少なくなかった。そこにいるのは、雲の上の億万長者でも、名だたる資本家でもなかった。従業員にとっては、あくまでも馴染みのサムなのである。その口から発せられるのは、「ウォルマートでは誰もが皆、お客さまに価値をもたらすために働いている」という、一〇〇パーセント納得のいくシンプルなメッセージだった。

みずから伝道師役を買って出る経営者の数は、いつの時代にも決して十分とはいえない。産業界には、現状よりもはるかに多くの伝道師がいてよいはずだ。経営者が従業員をよく知り、信頼を寄せ、その悩みを汲み取れば、従業員のあいだから冷めた空気が消え、無関心、不誠実といった態度もすっかり影を潜めるに違いない。そして、価値を生み出すという仕事に大きな熱意を傾けるようになるのだ。従業員をさまざまな欲求を持った人間としてではなく、モノとしてとらえるというのは、西欧流マネジメントが過去からひきずる悪習である。

興味深いことに、顧客をモノのように見なし、行列に並ぶ顧客を皆同じように扱い、事業上の単位としてしか考えられない経営者は、従業員をも「資本」ととらえているようだ。どちらの姿勢も、根っこにあるのは人間味に欠けた同じ価値観である。これに対して、従業員をそれぞれのニーズを持ったヒトとして見ることにあくなき関心を寄せ、顧客価値を生み出すことに注意を向け続ける経営者は、組織のひとりひとりの顔を見ながらリーダーシップを発揮するだろう。

ファーガル・クイン（ダブリンの食品チェーン、スーパークインの設立者兼ＣＥＯ）は、文字どおりこの顧客志向を実践しており、一挙手一投足にそれが表われている。典型的な一日はというと、スーパークインのどこかの店でレジの傍らに立って、大忙しの店員を手伝って顧客のために品物を袋に詰めたり、店内を飛び回って来店者のためにお目当ての品を探したり、自家製ソーセージの作り方を説明したり、商品棚に品物を並べる店員に手を差し伸べたりするのだ。

クインの著書『お客さまがまた来たくなるブーメランの法則』[注1]から一節を紹介したい。

お客さまとの意見交換会を除いて、毎週、仕事時間のおよそ半分を店で来店者と接して過ごしている。ＣＥＯの多くが、「そんなことは時間の無駄だ」と思うかもしれないが、私にとっては少しも無駄ではない。店を訪れると、必ず何かを学べるのだから。

特に好きなのが、レジでお客さまを手伝って品物を買い物袋に詰める仕事だ。くだらない仕事？　とんでもない！　お客さまと出会える素晴らしいチャンスに、私の方でも何かお手伝いできることがあれば、ごく自然に肩の凝らない会話ができる。

経営者の中には、さも偉そうに自社の店舗巡りをする人もいるようだが、私はそんなふうにしてお客さまと接したくはない。お客さまの様子を視察するのではなく、心のこもった応対をすべきなのだ。お客さまと出会うベストの方法は、腕まくりをして店の仕事を手伝うことだろう。

クインは経営者の役割について自分なりの哲学を持っており、こうも語っている。「いつも気の毒に思うんだ。財務・経理畑の人がトップにいる企業をね。そのうちきっと、業績が低迷するに違いない。お客さまにとって何が大切かを理解していない人が、経営の舵をうまく取れるはずがない。なぜって、お金で動く大きな機械としてしか、会社やビジネスを見ていないんだから。ビジネスというのは、人間が別の人間に価値を届けることなのに、それを少しもわかっていない。それさえ心得ていれば、どんなビジネスもまず間違いなく成功へと導けるのに」

数十億ドル規模の事業を展開するマリオット・コーポレーションの会長、ビル・マリオット・ジュニアも、一年のおよそ四分の一は、北米、ヨーロッパ、その他の地域を駆け巡って、傘下のホテルやレストランで人々と触れ合っている。私自身、氏がマリオット・ホテルを訪れて「できるかぎりの時間を割いて従業員と言葉を交わし、仕事についての意見に耳を傾けたい」という志を実践する様子を目にした経験がある。マリオットはホテルのすみずみにまで足を運び、コック、メイド、フロント係、ベルサービスの担当者、修繕係、清掃係などと握手をする。

マリオットにこのような接し方をされると、従業員たちは文字どおり胸を高鳴らせる。「大勢いる従業員のひとりにすぎないのに、マリオットの会長と握手ができるなんて……」というように。多くの経営者や、管理することしか頭にない人々の目には、センチメンタルで野暮ったいと映るかもしれないが、当人たちにとっては実に得がたい経験なのだ。

先代のビル・マリオットと現会長はともに、マネジャーたちに「従業員に心配りを忘れずに。そうすれば、従業員はお客さまへの心配りを欠かさないはずだ」と言葉をかけている。両氏はともに、リーダーの役割とは顧客にどのような価値をもたらすべきかをみずから示すことだと、心得ていたのだ。ビル・マリオットが姿を見せれば、それだけで従業員に「私たちはお客さまに価値を届けるために仕事をしている」というメッセージが伝わる。言葉は、そのメッセージを肉づけするにすぎない。

ふたりのビル・マリオット（シニアとジュニア）は、サム・ウォルトンと同じように「生きたロゴ」としての役割を進んで引き受けた。ファーガル・クインも同様である。伝道師という役割に違和感を感じる経営者もいるだろうが、自分らしく振る舞えば、それだけでたいていは伝道師に近い役割を果たせるはずだ。手本を示そうとしなくてもよい。ビデオその他で従業員に訓話を述べる必要もない。ただ、高い地位にある人がみずから従業員にメッセージを伝えれば、とてつもない影響力を持つということを、肝に銘じておけばよいのだ。文書を配ったり、ポスターを貼ったりしたのとは違う、特別な意味や重みがあるのだと。みずから伝道に努める経営者は、目上の人が従業員と握手をすれば、どのような言葉を添えたにせよ、とてつもなく強力なメッセージを生み出すという事実を知っている。[注2]

フィードバック――従業員たちの元気の素

「私、自分の仕事に意味があるのかどうか、知りたいの。誰かの役に立っているのかを」。オーストラリアの保険会社の研修で、若い女性社員が言った。「自分が機械の歯車だというのは知っている。けれど、その機械がどんなふうに動いているのかも、私のしていることに意味があるのかも、わからない」。この言葉をきっかけにワークショップの進行が止まり、研修テーマそのものが予定とは別の方向に変わっていった。この女性の言葉には、多くの社員が共鳴した。進行役《ファシリテーター》が、職場環境についてのとらえ方を探っていくと、参加者の大半が自分たちを「機械の歯車」と見ていることがはっきりした。

従業員がこのような見方をしている場合、経営陣はたいてい、すでに紹介した「愚かな大衆説」に染まっている。つまり、従業員たちを自動販売機のようなものだと考えているのだ――いくらか金を支払えば、仕事をするだろうと。全社の業績、将来性、成功の可能性などについて話し合う際に、従業員を巻き込む必要などどこにあるのだろう？　そのようなことを考えるのは、われわれ経営者の役割である。一般の従業員は、与えられた仕事だけをこなしていればよい……。

一体感の強い組織では、経営者が従業員と肩を並べるようにしてその業務を支え、同志としてともに会社を成功へと導こうとする。こうした意識があると、部下を持つ人々の振る舞いがまったく違ってくる。「部下には会社の現状がどうなっているか、自分たちの業務が組織全体にどういった影響を及ぼすかを知る権利がある」と感じるほか、意識の高い従業員が会社にとって非常に大きな力になることを強く信じるのだ。

企業によっては、従業員に自社の沿革を学ぶように勧めたり、求めたりしている。業績データを社内に配布する、あるいは業績をテーマに社内会議を開くといった試みをしている企業もあるほどだ。従業員の意識を定期的に調べて、その結果をフィードバックしている例も見られる。マネジャーに対して、部下とのあいだで双方向の評価ミーティングを定例で開くように求める企業もある。そのような場では、年度ごとの業績査定の中身も包み隠さずに伝えられる。

ＯＩの要素のうち、「結果を出す」という心構えに関しては、要点は実に簡潔である。人々は、自分たちの使命を十分に心得て、その達成に向けてどれくらいの成果を上げているかを自覚していれば、大いに知恵を働かせて懸命に働くものだ。一体感や情熱に関して言えるのは、人々は理解していない事柄、一体感を持てない対象には、当然ながら熱意を向けられないということだ。

従業員にフィードバックを与える。情報を提供する、巻き込む、といった試みをとおして熱意を引き出す。これらを実践しない経営者は、自分たちの手足を縛っているといえる。自分たちだけで業績を達成しようとして、周囲から協力を得る道をあえて断っているのだ。本来は、あらゆるレベルの従業員に責任感を持ってもらい、全社が一丸となって使命の達成を目指すべきなのだが。

意気地のないマネジャーが多すぎる

もう何年も前になるが、陸軍に所属していた当時に私は、組織の頂点に立つ人々は、最も聡明だとも、最も有能だともかぎらないということに気づいた。そのうえ、権威があるからといって、それに見合った勇気を持ち合わせているともかぎらないのだ。実際、高官がひどく意気地のない行動を取る姿をこの目で見た。その後も私は、マネジャー、あるいは独立コンサルタントとして仕事をするなかで、リーダーが意気地のない言動を見せるのを、嫌というほど目の当たりにしてきた。

【事例】逃げ腰の中佐

私が属していた部署の女性秘書は、兵曹長とうまくいっていなかった。当時、兵曹長は下士官でもなく、かといって幹部でもない、中途半端な役職だった。戦時中の名残りで、間に合わせ的に設けられたポストだったのだ。その女性は、部署全体の秘書だったため、トップの中佐以下全員のタイピング、ファイリング、連絡などを引き受けていた。兵曹長は、威勢はよいが人間が練れておらず、人との接し方がうまくない、との評判だった。連絡メモを次々と書き、秘書を独占するのもこの兵曹長である。ふたりの間柄はしだいに険悪になっていき、兵曹長に激しくののしられた秘書が、涙ながらに自宅に逃げ帰る、といった事件まで起きた。

秘書はついに意を決して中佐に事情を告げ、兵曹長とのあいだを取り持ってもらおうとした。中佐はお決まりの反応を示した。悪いのは秘書だと言って、彼女を責めたのだ（この中佐のような対応を私は、その後も何度となく見てきた）。中佐は秘書を、人並み以下の仕事しかしていない（これは事実に反する）として叱り飛ばし、次の査定ではマイナスの評価をすると脅したという。この中佐の対応ぶりは、秘書が私に打ち明けてくれたもので、私は秘書の言葉に偽りはないと信じている。中佐は、ことを荒立てずに我慢しろとも言ったそうだ。兵曹長はかなりの仕事量をこなしていたため、中佐としては彼の機嫌を損ねたくなかったのだろう。秘書はまもなく、自分から手を挙げて別の部署へ異動していった。

中佐は、リーダーらしくふたりのあいだに入っていさかいを収めるのではなく、狡猾にも逃げる道を選んだ。有能な秘書によるまっとうな問題提起を握り潰したのだ。いさかいや対立に正面から挑む労を取ることができず、マネジメント上の、そして道義上の責任を放棄したのである。

これはさほど極端な事例ではなく、この種のエピソードは他にも数多い。マネジャーに意気地が欠けるというのは、あらゆる規模の組織がほぼ例外なく抱える〝見えざる問題〟だろうと私は考えている。一般の人々には、軍の高官、企業の経営者などは大きな権力や権威があるため、それ相応の自信があるに違いない、と見えるかもしれない。ところが、パワーと勇気は大きく異なるのだ。権威を身にまとっても、特定の行動についてお墨付きを得られるだけで、決して勇気が湧いてくるわけではない。勇気とは、地位にではなく人柄に備わるものなのだ。

組織の中では長らく、女性に大きなチャンスが与えられてこなかったが、それもひとつには、上層部を占める男性に、男女を同等に扱おうとの気概が欠けるからだろう。社内で男性が女性にセクシュアル・ハラスメントをしたり、暴力まがいの行為をしたりしているのを見ても、目を逸らそうとするような経営者は、意気地なしである。それなりの権威を与えられてはいても、倫理意識はきわめて低いのだ。職場の男女平等を推し進めようとする人々の多くがいみじくも指摘しているように、組織には意図しない差別意識、すなわち男性が女性に取る態度についての不文律がある。女性への差別や蔑視をあえて見過ごしたり、怒りの声を上げた女性を力で黙らせる。

いざこざに巻き込まれて不快な思いをしたくないからといって、このような行動に出る経営者は、不健全な社風を助長しているのだ。そのツケはやがて、組織に大きなダメージを与えるだろう。「男性だから仕方がない」などというフレーズを持ち出したところで、マネジャーの腰抜けぶりは道徳的に見てとうてい受け入れられない。

何年か前、風俗の歪みが職場にまで浸透しているという事実が、ある出来事によって浮き彫りになった。大手ビール会社が、「卑猥なジョークを浴びせられた」という女性社員の訴えを受けて、ジョークの主とされる男性マネジャーを解雇したのだ。伝えられるところでは、そのマネジャーは前夜放映されたTVコメディをジョークの種にしたのだという。女性器を連想させる言葉を面白おかしく取り上げたコメディだ。マネジャーは会社を相手取って、当事者の話を聞くことも、事実を確かめることもしないまま一方的に解雇したとして、訴訟を起こした。その言い分によれば、「会社はセクハラ訴訟によって社内に波風が立ったり、マスコミ沙汰になったりするのを避けるため、自分ひとりに詰め腹を切らせた」という。その後の調査によって、この主張は裏づけられた。女性社員はジョークに大笑いして、いっさい不満を口にしなかったという。にもかかわらず、不意討ちのようにマネジャーを告発したのだ。

どの角度から見ても、経営陣の意気地のなさを示した事例だといえるだろう。経営陣は、厄介を避けたいがために、トラブルの渦中に置かれたマネジャーを切り捨てようとしたのだ。当事者の言い分に食い違いがある場合には、念入りに調べないかぎり、具体的な状況をつかむことも、判断を下すこともできないはずである。問題解決への努力をしないままマネジャーを追い出すようでは、勇気ある経営とはいえない。

経営者やマネジャーが腰抜けばかりだと、OIにも多大なマイナス効果が及ぶおそれがある。もめごとを解決しようとせずに無理にフタをすれば、人々の熱意が涸れ、エントロピーが増える。苦言など、正当な意見を封じ込めれば、士気をしぼませ、人間性を失わせてしまう。ひいては、社内から情熱の灯を消してしまうのだ。

経営者やマネジャーが責任逃れをして、枯れ木のようになった従業員に異動その他の手立てを講じずに放っておくと、その人材が成果を上げられないばかりか、他の従業員のやる気まで衰えさせる。従業員が同僚に害を及ぼすのを黙認すれば、公平感やフェアプレイ精神を損ない、全社のやる気を引き出せなくなる。

地位や権威をかさに着て安易な判断を下してはいけない。勇気ある経営とは、そのような姿勢とは相容れないものだ。気骨と信念に沿って、痛みを伴う決断を下すことを指すのである。

「結果を出す」という心構えは十分か？——七つのチェックポイント

「結果を出す」という心構えが組織にどれだけあるかを知るには、まずは以下の七つのポイントを振り返ってみるとよい。

1 **階層にかかわらずすべての従業員が、自分の役割と責任は何か、どのような貢献が期待されているかを心得ているか？**

2 **経営者、マネジャーなどが、業績目標、期待水準などを折に触れてわかりやすく説明しているか？**

3 **成果の上がらない従業員がいた場合、上司はすぐに決然と対処するだろうか？　そのまま放置したために、できる社員にまで皺寄せが及ぶ、などということはないか？**

4 **任務をまっとうしないマネジャーがいたら、その上役や経営者は、鍛え直す、あるいは職を解く、といった対策を講じているだろうか？　リーダー全員に、高いマネジメント能力を要**

求しているだろうか？

5　各従業員に、業績への評価が伝えられているだろうか？　貢献ぶりが正当に認められているだろうか？

6　従業員は、自分たちの働きが業績向上につながっていると実感しているか？

7　「報償や昇進機会は、業務成果を正しく映し出している」と皆が納得しているだろうか？

第11章 変化に立ち向かう

世界を揺るがす大問題も、小さな芽のうちであれば摘めただろう。
——老子

経営陣が旗振り役となって、意欲的な変革プログラムを全社的に始める？　成功の可能性はダイエットと同じくらいだろう。決して高くはないということだ。変革プログラムとダイエットは同じ壁にぶつかる。意志の弱さ、惰性、古くからの習慣などを克服するのは、おそろしく難しいのだ。

大組織では二、三年ごとに経営陣が落ち着きを失いがちだ。何か大きな仕事、意義深い施策を始めたいとの衝動を抑えられないのである。製品クオリティを飛躍的に高めなくてはいけない。お客さま中心主義をさらに強めなくては。コスト管理を徹底させなければ。組織全体を組み替えなければ……。今こそ、新しい取組みを始めるべきだ！

こうして特別チームが編成され、コンサルタントが雇われ、経営会議が開かれ、社内向けポスターが印刷され、従業員向けにモチベーション・セミナーが企画され、ＣＥＯ出演の社内ビデオが作成される。キックオフを飾るために、ありとあらゆる施策が矢継ぎ早に実行されるのだ。しかしその後は、お決まりのパターンが待っている。ダイエットと同じで、意気込みはいつしかしぼみ、時間が経つにつれて、スタート時と何も変わってないことがわかってくる。興奮と決意が薄れ、しだいに息切れが始まる。予想していなかったトラブル、混乱、対立などに見舞われ、取組みへの関心が失われていく。やがて変革プログラムは見捨てられ、腰砕けに終わるのだ。

なぜ変革プログラムが、ほとんど失敗に終わるのか？

挫折の原因はたいてい、仕掛け役である経営陣の行動と分ちがたく結び付いているため、大きな注意を払うべきだろう。未知の変革を進めようとしながら、各社はなぜ判で押したように同じ失敗をするのだろうか？　各社特有の失敗が少しも見られないのはなぜだろうか？　参考までに、大がかりな変革プログラムが挫折する原因のうち、典型的なものを以下に紹介する。

1　経営陣のコミットメントが足りない

プログラムの推進を部下に委ねたまま、実質的な後押しや激励などは少しもしようとしない。これではプログラムは迷走して、忘れ去られていく。

2　経営陣の足並みが乱れている

熱心に旗を振っているのは、一部の重役のみ。他の重役は苦虫を噛み潰すか、まったく無関心。このような状態に、従業員は右往左往するばかりだ。

3　ふさわしくない人物が指揮をとる

能力に欠ける。自分の立身出世しか頭にない。人望がない。その他もろもろの欠点がある……。このような人物を指揮官に据えたのでは、始める前から失敗が決まっているようなものだろう。

4　形式でがんじがらめにする

運営委員会、検討委員会、諮問委員会、さらにはいくつもの小委員会。評論家然とした人々ばかりで、誰も自分で汗水を流そうとしない。段取りに時間を取られ、いつまでも本格的に滑り出せない。従業員をカヤの外に置いたまま、評価尺度や標準手法ばかりを設け、硬直化を招く。

5　権力争いの道具に使われる

中堅マネジャーが、経営者からのトップダウンに対して、押したり引いたりの駆け引きを挑む。あるいは、本社と現場のあいだで綱引きが起きたり、変革が昔ながらの社内抗争に使われたりする。

6　物言わぬ抵抗に遭う

主要部門のトップが変革プログラムに後ろ向きで、部門の「数の力」を盾にして、物言わぬ抵抗を決め込む。嵐が通りすぎるのを黙って待とうというのだ。

7　進め方を巡って対立が表面化する

社内がいくつもの派閥に分かれて、それぞれ別の手法、考え方、コンサルタントなどを担ぐ。

8　子どもだましで逃げる

スローガンやメッセージがどれも空疎でありきたり。活性化策も空回り。体裁を取り繕い、広告キャンペーンを繰り広げ、顧客や従業員に無理に「以前とは違ってきた」と思わせようとする。

9　拙速に走る

タイミング、順序、はずみのつけ方などをよく考えずに、とりあえず走り始める。しきりに社内を煽っておきながら、あとは熱気が引いていくに任せ、これといったテコ入れもしない。

10　すべての努力をぶち壊す

プログラムの円滑な進行を阻む。例えば、予算を大幅カットする、サービス強化に取り組み始めた矢先にレイオフを断行する、参加型マネジメント、ビジョンの共有などの重要性を訴えた直後に、意味もなく組織を改編するなど。

11　トラブルの兆候が見えただけで変革プログラムを潰す

少し雲行きが怪しくなっただけでビジョンを投げ捨て、手のひらを返したようにプログラム予算を削る。「現状ではこのまま変革を進めるわけにはいかない」という姿勢からは、経営陣が生半可な期待しか持っていなかったことが透けて見える。[注1]

大々的な変革プログラムを何年も間近で眺めてきて、私は確信するようになった。チェンジ・リーダーに強く求められる資質をふたつ挙げるとすれば、組織文化を踏まえながら変革を実行していくための創意工夫、そして謙遜の精神だろう。変革はいかに大規模なものであっても、間違いなく成し遂げられる。ただし成功を手にするためには、旗振り役が自身の資質を活かして全社を率いていくことが欠かせないのだ。

Jカーブ現象――理想と現実のはざまで

意欲的な変革プログラムであっても、最初の期待があまりに現実離れしていると、すぐに躓きかねない。とりわけ、プログラムが脱線したり、大きな困難にぶつかったりした場合、旗振り役は期待と現実の開きにショックを受けるだろう。バラ色の立派なスローガンを掲げただけに、現状にフラストレーションや失望を感じ、いよいよ進退きわまると、絶望に陥るかもしれない。このようにフラストレーションが湧いてきた時点で、鳴り物入りで始まった変革プログラムの多くが挫折への道を歩み出すのだ。

現実を知って期待内容を改めざるを得なくなるのは、決して珍しいことではない。組織で仕事をする以上避けて通れない苦しみだともいえるだろう。このような現象（Jカーブ現象）を、図11-1

図11-1　Jカーブ現象

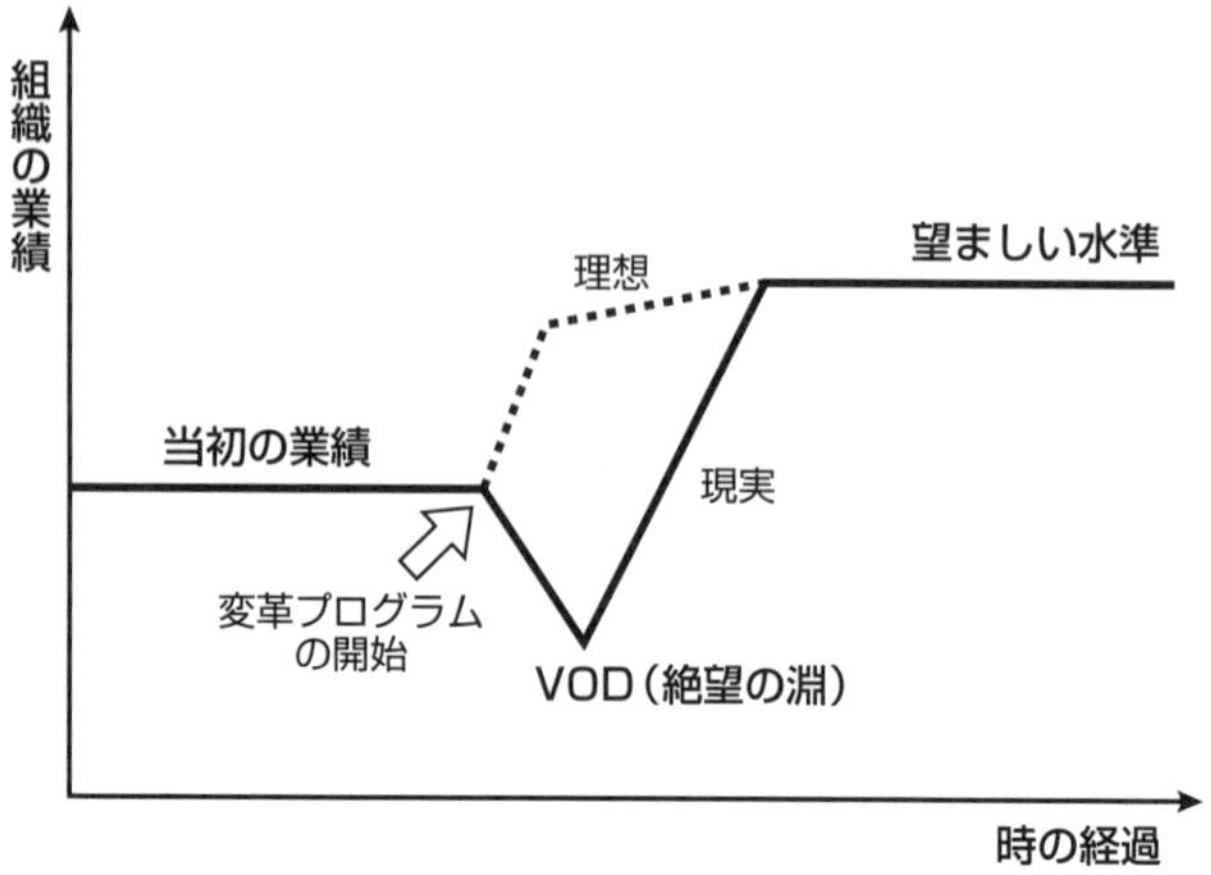

にわかりやすく示しておく。

縦軸は業績レベルを示しており、多くの熱心な変革プログラムの例に漏れず、ここでもスタート時点で業績は一定の水準に達している。業績には市場シェア、コスト比率、技術者の転職率、サプライヤーの仕事ぶり、解約数など、さまざまな指標のいずれかを用い、その尺度にはコスト、時間など客観的なものと、従業員の士気といった主観的なものとがあるだろう。いずれにしても、現状の業績がプログラムの出発点となる。

私たちはともすれば無邪気に理想を追い求めて、プログラムが始まればすぐに業績が右肩上がりを示すと考える。予算を割り当て、特別チームを編成し、CMを打ち、従業員向けセミナーを開講し、業績を押し上げるために考えられるかぎりの方策を用いる。たいていの場合、ことさら疑いを差し挟むこともなく、業績が上がり、望ましい水準に届くだろうと期待する。

ところが……現実には右肩上がりどころか、業績は往々にして下がり始める。人々が慣れ親しんだ快適な仕組みを変え、不安定にしたからだ。組織に手を入れれば、一定の期間は混乱とストレスが避けられず、新しい仕組みがどのように動くのか、見きわめる時間が必要となる。責任分担を改めれば、新しい分担に皆が慣れるまではドタバタが起きる。情報システムを更改すれば、新しい手順を習得しなくてはならない。変化は流れるようにスムーズには進まず、混乱や激しいストレスを伴う。

ある時点で、旗振り役は恐ろしい現実に気づき始める。何かがおかしい。以前より状況が悪くなっているではないか——。非効率ながらも安定していた社内を不安定に陥れたばかりか、変革の意義はいまだにはっきりと見えてこない。予想外の事態が次々と持ち上がってくる。それまで手を携えながら仕事をしていた人々が、いがみ合ったり、対抗心を示したりしている。良かれと思って始めたプログラムが、従業員に不安、猜疑心などを抱かせてしまった。広告キャンペーンも逆効果。顧客を混乱に陥れ、ブランドイメージを引き下げたのだ。変革プログラムに反対していた人々が急に勢いを取り戻して、「そらみたことか」と口々に叫び始める。

変革を後押しする人々は、初めは漠然と、やがてはっきりと、期待と現実の異様な開きに気づかされる。この開きが、何にも増して彼らのやる気を削ぐ。心の中に疑いを芽生えさせ、最初の頃の意気込みをかき消す。期待と現実の開きが最も大きくなった時点（図11-1のＶＯＤ（絶望の淵））で、多くの変革プログラムは腰砕けになる。お偉方が「このプログラムは方向を誤った」「現実的でない」と判断するか、組織全体が意気消沈して、熱意が失われていく。熱意が失われると、いずれはプログラムが骨抜きになってしまう。誰も市場調査など読もうとしない。従業員からの提案も、たなざらしになる。新しいＩＴシステムの導入もまったく重視されなくなる。広告キャンペーンも、別の即席キャンペーンに取って代わられる。そして経営陣は、新たな頭痛の種にどう対処すべきかに注意を切り替えるのだ。

人々の心はＶＯＤを巡って皮肉な動きをする。情報理論では、最大値と最小値は、数値の変動が収まった後に初めて特定できるとされる。それまでのあいだは常に、上昇・下降どちらにも振れる可能性があるのだ。私たちも一生を終えるその日まで、いつが最良の日、最悪の日だったのか知ることはできない。

変革プログラムを後押しする人々が現実的な見通しを立てていたなら、あるいはＪカーブ現象について知っていたなら、絶望の淵に沈んでも何とか耐え切れるだろう。そうすれば、やがて希望の光が見えてくる。期待していた成果が少しずつ形になっていくのだ。従業員たちも自信を持ち始め、新しいやり方にどのような意味があるのかを探ろうとする。士気が高まり、明るい見通しが甦る。何がうまくいき、何がうまくいかないかも見えてくる。様子がわかれば、軌道修正も図れるだろう。こうして、Ｊカーブの残りの部分を駆け上がっていけるのだ。その先の丘には輝く町がある。

意図した成長、意図しない成長

急激に事業が拡大すると、組織全体の知性に暗い影を落とす。事業の拡大あるいは合併によって凄まじい成長を遂げると、社内が混乱に陥りがちなのだ。多くの場合、「終わりのないドタバタ劇」

が幕を開ける。複数の人が同じ作業をしようとする。互いに矛盾した目標に向かって走る。いがみ合うことすら珍しくない。というのも、組織が整っておらず、皆が新しい仕事の進め方に十分に納得していないからだ。

小さな組織から大きな組織へと脱皮するプロセスでは、その時々で異なった問題やトラブルが持ち上がる。成長の節目ごとに、重要な課題を突きつけられ、危機に見舞われるが、何とか乗り越えなくてはならない。

成長プロセスをうまく乗り切るうえでの課題を見通すために、架空の企業をモデルに話を進めたい。この企業はガレージから出発して、何年にもわたって成長の歴史を刻み続け、今や規模と成功の両方を手にしている。市場でも大きな存在感を放っている。以下、成長の節々でこの企業がどのような状況にあったか、次への飛躍を遂げるうえでどのような課題に直面していたかを見ていく。

この架空の企業が、いくつかのステージを経て成長していく様子を、馴染み深い家族や社会になぞらえながら想像していただきたい。ともに苦難に耐え抜いた同志が家族、村、町、そして都市へと拡大していくプロセスでは、機能、複雑さ、リーダーシップやコントロール、資源、日々の業務運営などが変化していくが、企業の成長もそれと同じ道のりを辿る。

成長を続けてそれまでの枠に収まり切らなくなると、新しい枠組みを手に入れるために脱皮しなくてはならない。脱皮には通常、苦痛、ストレス、混乱などが伴う。ある種の危機なのだ。「危機」を「新たな活力を生み出すための脱皮」としてとらえれば、そのプロセスでどのような愚かしさが現われるか、どのような知性が重要となるか、次の成長段階を歩むために組織の人々が何をしなければならないか、が見えてくるだろう。

フェーズ１　ともに苦難に耐える同志

ガレージで事業を行っていたベンチャー時代。設立者はすべての仕事を自分たちでこなし、情報や責任を共有し、ともに判断を下し、起業に付きもののリスクや緊張感を分かち合う。このフェーズでは通常、メンバーは二、三人から多くても十数人だろう。部門や明確な役割分担などはなく、決め事もごくわずかで、方針は日々の挑戦のなかで固まっていく。このフェーズでの問題は、経営資源が足りないということに尽きる。十分な資本を調達し、売上を増やして、事業が軌道に乗るまで何とか持ちこたえなくてはならないのだ。

フェーズ２　家族

企業として曲がりなりにも足腰が定まり、有用なビジネスモデルを構築できたら、さらなる資金と人材、よりよい施設とプランが求められる。メンバー数も一〇人あるいは二〇人ほどへと膨らんでいるだろう。人数を増やし、仕事の割り振りを決め、生産プロセスやサービスプロセスなどを改善しなくてはならない。ここからさらに次のフェーズへと飛躍を目指すうえでは、コントロールの危機を乗り越える必要がある。規模が大きくなりすぎて家族的な運営方法では立ち行かなくなると、社内ポリティクスにいかに対処するかという課題が生まれるのだ。

設立メンバーは、誰が何を判断するか、誰が会議を牛耳るか、さらには誰がトップの肩書きを背負うか、といった問題に答えを出さなくてはいけない。同族経営の企業にとってはこれは実に大きな危機を意味する。規模が大きくなって、家族や親戚どうしの関係が事業運営に影響を与えたり、世代交代の問題が持ち上がったりすると、リーダーシップが揺らぎかねないのだ。

フェーズ3　村

組織が安定して環境に根を下ろすと、第二のフェーズと比べて事業規模もはるかに拡大しているだろう。人数も五〇人は下らないはずだ。誰が頂点に立つかが明確になると、側近たちがその威光を組織に知らせ、末端のメンバーは自分たちの役割は何か、組織がどのような力関係で動いているかを理解する。きまりやしきたりが形作られるのだ。採用や解雇といった権限は特定の人物に集まる。重要な判断に関わるのも一部のメンバーだけである。配置換え、昇格、降格、肩叩きなども行われるようになる。社内がいくつかのグループに分かれるのもこの頃だろう。

ＯＩに関していえば、このフェーズで重要なのは、賢明なコントロールと指示によって、全員が一丸となって使命達成へ邁進する体制を作ることである。組織がいっそう拡大していくとおのずと、いかに組織を固めればよいか、という次の課題が降りかかる。新たなフェーズへと移行するためには、リーダーたちは組織を整えるという課題に取り組まなくてはならない。

フェーズ4　町

ここまでくると、人数は全体で数百、あるいは数千にまで達しているかもしれない。今や部門、給与体系、総務・管理面の制度、諸手続き、職務説明書、各種の様式などができあがっている。ある規模を超えた時点で企業は、狭い地域には収まり切らなくなる。設立メンバーとは少しも面識のない人々が入社してくる。CEOが廊下ですれ違うのも、自分で採用したわけでも、知っているわけでもない従業員たちだ。

社内は町と同じように、いくつもの「隣組」に分かれていく。事業上もさまざまな課題や選択肢に直面して、多くの地域ひいては他国にまで活動の場を広げる必要が生まれるかもしれない。戦略上の優位を手に入れるために、他社との提携が求められる可能性もある。成長街道を歩み続けようとするなら、戦略上の危機が避けられないだろう。より広い世界でどのようなビジョン、使命《ミッション》、価値提案を追求していくべきかという、根本的な問いに答えを出さなくてはならないのだ。

フェーズ5　都市

このフェーズを迎えると、事業は地理的、時間的に広がりを見せ、多くの地域で、そしておそらくは多くの文化で、何種類ものチャネルをとおして商品やサービスを提供しているだろう。もはや町というよりも都市に近く、周囲ではいくつもの衛星都市（＝戦略ユニット）が互いに連携しながら活動している。さまざまな衛星都市は歪んだ形式主義によってではなく、一貫した戦略によって結ばれている。成長と繁栄を目指して、その途上で脱皮を重ねていくなら、「意味づけ」の危機にいや応なく直面するだろう。存在目的を問い直し、当初とは大きく異なった価値の提供を目指し、新しいチャンスをつかみ取らなくてはならないのだ。そのためには、必ずしも多くの人材が必要だとはかぎらない。新しい地域や市場へと乗り出したり、他社を買収したりすれば、数百人規模でもこのフェーズに到達できるだろう。

このように企業の成長を五つのフェーズに分けるのは、仮定にすぎないとの見方もあるかもしれないが、各フェーズで組織がどういった状況にあり、そこでの危機に際してOIの七つの要素がどう活かされるかを考えるのは、意義あることだろう。各社は、どのようなビジネスモデルにもとづき、どのような価値を生み出そうとしているのかに応じて、成長フェーズごとに異なったOIを発揮している。事業拡大の各フェーズで危機が訪れることがあらかじめわかっていれば、リーダーたちは危機への備えができるはずだ。成長に伴ういくつもの問題については、それらが持ち上がった時にではなく、予見できた時に手を打つべきだろう。理にかなった制度を作り、有能なリーダーを育成し、一体感を育み、事業目標に整合性を持たせることだ。そうすれば、OIのあらゆる要素が、今後の成長を後押しするに違いない。

コンサルタントの功罪

かねてから組織のリーダーたちは、社外に助けを求めてきた。コンサルタント、アドバイザー、各種の専門家、コーチ、著名人などに、鋭い読み、知恵、秘訣などを授けてもらおうというのだ。マネジメント・コンサルティングという職業も、相当に古い歴史を持っていると思われる。

事実、ブリガムヤング大学で教鞭を執ったウィリアム・ダイア博士（専門は組織開発論）によれば、中立的な第三者によるアドバイスの意義については、聖書にも示されているという。以下、ダイア博士の言葉を引いておきたい。

モーセの義父エテロは、史実に残る最古のマネジメント・コンサルタントではないだろうか。モーセは、何千ものヘブライ人から問題の解決や仲裁への手助けを求められ、対処し切れずにいた。それに気づいたエテロは、「人々を一〇人、一〇〇人、一〇〇〇人のグループに分けて、それぞれに力あるリーダーを指名してはどうか」と助言したのだ。モーセはエテロの助言に従ってリーダーを選び、判断を下す権限を与えた。そして、手に負えないほど重要な案件についてのみ、自分のもとに相談がくるようにしたのである。[注2]

エテロの時代から時を経て、今やマネジメント・コンサルティング産業は二〇〇億ドル規模にまで拡大している。ここからも、多くの経営者が社外からのアドバイスに価値を見出していることがうかがえるだろう。ただし、その投資に見合った価値を得ているとはかぎらない。

ＯＩをいかに伸ばせばよいかをはじめとして、ＯＩの分野でも社外のプロフェッショナルによる助言はさまざまに活かせるだろう。

組織が社外コンサルタントに頼ろうとする場合、その目的は大きく四つに分けられる。1から3までは状況しだいでは意味があるが、4は企業倫理に反すると言わざるを得ない。

□目的1

社内に十分な人材がいないため、社外の経営資源を活用する。大規模プロジェクトの一部業務を期間をかぎって社外のエンジニアに任せる、従業員研修や法務といった基本業務をアウトソーシングする、といった事例などがあるだろう。

□目的2

社内にない専門的スキル、知識などを手に入れる。具体的には、高度な金融サービス、技術・サイエンス分野の難解な知識、市場調査技術などが考えられる。

□目的3

中立的な立場の専門家から公平なアドバイスを得る。経営陣が複雑なテーマと取り組んでいて、先入観が混じってしまうのではないかと恐れている場合、このような目的でコンサルタントを雇うことがある。とりわけ年次の戦略見直しなど、戦略プランニングの分野を中心として、新鮮な発想、別の視点、反対意見などが求められる。

□目的4

よこしまな目的を達するために、コンサルティング・ファームやコンサルタントを武器あるいは盾として使おうとする。私の目から見れば企業倫理に反するが、このような事例は一般に考えられているよりもはるかに多いようだ。

【事例】コンサルタントが害になる典型的なパターン

ロサンゼルス西部の大病院に、新しい看護師長がコンサルタントを率いて赴任してきた。コンサルタントの親玉は「ミッションの達成に向けて全員の心をひとつに束ねる」異例の手法を開発したというのだが、どうにも風変わりな人物だった。看護師長が、独特の「看護哲学」なるものに従うように部門全体に迫り、次いでコンサルタントたちが看護師全員を対象に面接、セミナー、チーム・プランニング研修などを行った。くだんの看護哲学を徹底させ、耳慣れない用語を浸透させるためである。看護師がスローガンの唱和を拒んだり、疑問を差し挟んだりすると、「ミーティング」と称して別室に連れ込まれ、いじめに近い仕打ちを受けるのだった。ほどなく誰もが、ゴロツキ連中の前ではひたすら言われるままにしているのが身のためだと悟った。

一週間もすると部門全体が極度のストレスに襲われ、患者への対応が改善するどころか逆に綻びが目立ち、若手を指導する立場にあるベテラン看護師の多くが、他の病院に履歴書を送り始めた。やがてCEOが目を覚まして、看護師長とコンサルタントを病院から追ったのだが、すでに看護部門の空気はすさみ切り、病院全体の業務に支障を及ぼしていた。

高い名声を誇る大手コンサルティング・ファームを潤したコンサルティング収入のうち、数十億ドル以上は、経営陣の判断に箔をつけた対価だろうが、そのような判断が後々アダとなる場合もある。M&A、テクノロジーへの大型投資、戦略的な事業再編、組織改編などは、すべて躓く可能性があるのだ。アドバイスをするのはたやすいことだろう。「この施策を進めるべきだというのが、XYZコンサルティングの意見だった。あの時点で得られる最善のアドバイスだったはずだ」。このような説得手法が功を奏するためには、XYZが名門コンサルティング・ファームである必要がある。名もないコンサルタントや、地場のビジネススクールの教授では十分ではないのだ。

コンサルティング・ファームの不適切な利用法として、政府の要請による経営診断が挙げられるだろう。時にはジョークのネタになりそうな事例にすらお目にかかる。一九七〇年代末から八〇年代初めにかけて、アメリカのガス・電気会社は、規制当局である州公益事業委員会とのあいだでギクシャクした関係が続いていた。公益事業委員会は、ガス・電気会社の幹部たちに対してことあるごとに自分たちの権威を振りかざし、外部のコンサルティング・ファームから徹底した経営診断を受けるように、命じるのだった。要は、現経営陣ではふがいないため、第三者に欠点を指摘してもらいなさい、というのである。

こうした目に見えない規制を受けて、ガス・電気会社は大手コンサルティング・ファームに経営陣への忠告を求めざるを得なかった。まるで儀式のようである。コンサルタントはあらゆる部門を視察し、資料に目を通し、マネジャーや担当者を面接し、分厚い報告書を作成する。そこに盛り込まれた提案の数たるや、一五〇は下らないだろう。報告書を受け取った会社は、提言を受け入れ実行するか、実行の必要はないと当局の納得を得るか、どちらかを迫られる。この種のプロジェクトは優に六ヶ月を要し、コンサルティング料も少なく見積もっても二〇〇万ドルは超えるだろう。

そのうえもちろん、経営者やコンサルタントならたいてい知っているように、最大手のコンサルティング・ファームはお定まりのソリューションを用意している。A社は組織改編を、B社は戦略研究を、C社はコンピュータ・システムの更改を勧めるというように、定石があるのだ。

知のパートナーシップ

コンサルティング・ファームをうまく活用するのは難しく、ともすれば落とし穴に陥るのだが、それでも多くのCEO、経営者が、社外からの助言、専門性、ものの見方などがOIを高めるのに有用だと考えているようだ。私自身もコンサルタントとして活動を始めてほどなく、クライアント企業の経営者が私に求めているのは、事業や業務の詳しい内容を理解することではないと感じさせられた。そのような知識は、社内の人々が持っている。私に期待されるのはむしろ、彼らとは違った視点から、違った価値観にもとづいて組織を見るという姿勢だった。社内の人々と意見を戦わせて、よりよい判断へと導くことも求められていた。

私がこれまでに最も楽しんだのは、「知のパートナーシップ」とでも呼べそうなプロジェクトである。そこではメンバーが異なる意見を互いに尊重し、組織と社風を欠点まで含めて十分に理解しながら、知恵を働かせて懸命に真実を探し求めようとしていた。

経営陣は、組織と組織を隔てる壁に阻まれずに、自由に発想を広げるべきだろう。情報、知識、判断、専門性、ものの見方など何にせよ、有用なものはすべて組織に取り込んで活かすのがよい。

第12章 企業に心理療法をほどこす

人生の大いなる目標は知識を蓄えることではなく、行動を起こすことだ。
――トマス・ハクスレー

抽象的で難しい概念と格闘するのが好きな人は、チェンジ・マネジメント（組織変革のマネジメント）に関する文献を楽しく読めるだろう。だが読み終わってみると、ホイップクリームをふんだんに盛った大皿を平らげたが、どれだけ食べ進んでも結局パイには行き当たらなかった、というのに似た気分に陥るかもしれない。

組織開発――変革に「定石」はあるのか？

かれこれ五〇年以上ものあいだ、学者、研究者などさまざまな人々が、組織はいかにして変革を成し遂げるのかについて、歯切れよい理論を構築しようと努力を傾けてきた。とりわけ、大変革を引き起こすにはどうすればよいのか、という問題に焦点を当ててきた。だがこれまでのところ、さしたる成果は上がっていない。

たしかに、さまざまな発想、モデル、プロセスその他が提示されていて、興味を引かれるもの、考える価値のあるものも少なくない。組織開発（この分野に関心を寄せる人々や実務家のあいだでは略してODとも呼ばれる）については、数多くの本も出版されている。注1 各国の大学が、ODの学部コースのほか、修士課程、博士課程などを設けている。著名コンサルティング・ファームの多くが、この分野のエキスパートを揃えている。社内のコンサルティング・チームが経営陣を補佐しながら、社風や業績に関わる全社的な課題に取り組んでいる事例もここかしこに見られる。

にもかかわらず、高名な実務家ならほぼ例外なく認めるだろうが、最新のOD理論を見たかぎりでは、理論家、実務家ともに大いに反省の余地があるようだ。ODというのは、決して一筋縄ではいかないテーマなのである。そもそも気の遠くなるほど幅広く、社会、文化、心理、技術、文化人類学にまで関わりがある。システム理論、カオスと複雑性に関する理論など、いくつもの難解な理論とも関係がある。ODの専門家どうしの会話は理論と「興味深い所見」が入り交じっていて、まるで心理療法士の会話を聞いているようだ。

ODの実務家が一般のコンサルタントやアナリストと違うのは、知性と経験を総動員してあらゆる角度から組織変革を後押しする、とはっきりと述べている点だろう。特定の業務プロセスあるいは手法のみを扱う専門家とは、まったく異なるのである。一例を挙げれば、「リエンジニアリング」と呼ばれる一連の手法は、ODをテコ入れする方法のひとつではあるが、ODの本流とは異なるのだ。では、ODを実践するとはどういうことなのだろうか。多くの関係者によれば、お仕着せの手法をただ当てはめるのではなく、クライアント企業のその時々の状況に応じて変革戦略をカスタマイズするのだという。

ここでは、ODの理論と実践がどういった知識から成り立っているかを調べたり、まとめたりしようというのではない。そのような遠大な仕事をしようとするのは差し出がましいだろう。[注2] むしろ、ODのさまざまなキーコンセプトを、マネジメント分野の言葉でわかりやすく説明していきたい。というのも「OD界」（当事者が自分たちのコミュニティをこう呼んでいる）は、知見の多くをきわめて理論的・抽象的でわかりにくい言葉で表わすという失敗を繰り返してきた。こうした専門用語のせいでOD関係者は、接点を持ちたい、説得したいと願う相手、つまり経営者やマネジャーを遠ざけている。

そこで以下では、組織変革の全体を支える思考プロセスに着目して、その主な要素をやさしい言葉で説明していきたい。経営者やマネジャーも、変革を促すうえでの課題を身近に感じれば、経営資源をより効果的に活かして、変革を実現できるだろう。組織変革の基本用語を使いこなすだけで、みずからチェンジ・エージェントの役割を果たせるのだ。自社をどのように進化させていくべきか、その道筋を明確に思い描くリーダーはきっと、変革に必要な専門家を巻き込み、率いていけるだろう。

わかりやすい組織変革

ODの発想をマネジメント用語で表現すれば、実に簡潔な内容だということがわかるはずだ。

1　組織の現状を示すモデルが必要とされる。リーダーたちが現状についての理解を共有すべきで、目的、ミッション、戦略、顧客に約束した価値などの点から経営の健全性を測るにはどうすればよいか、その方法に関しても意見を一致させなくてはならない。すべてを網羅した複雑な体系を築き上げて、組織の動きをあらゆる面から解き明かそうとするよりも、組織の前進を妨げる一部の要素のみに注目した方が、たいていは理にかなっている。かりに顧客接点がうまく機能していないようであれば、まずはその問題点を探り、有望な解決策を見つけ出すのだ。優れた人材が次々と辞めているとわかったら、原因を突き止めよう。部門間で激しいいさかいが起きている？　ならばその理由を確かめるのだ。

組織の現状を見きわめるには、本書で紹介してきたＯＩの七つの要素にまず着目するのがよいだろう。ビジョン、一体感、変わろうとする意志、仕事への情熱、組織の足並み、知識を広める仕組み、「結果を出す」という心構えなどはそれぞれ、どのような現状にあるか？　日々業務を進めるなかでは、何が欠けているだろうか？　ひどく歯車が狂っているとすれば、どの部分だろうか？　これらの点については、ふだんから考えておくべきで、問題が持ち上がってから対処に取りかかったのでは十分とはいえない。

2　変革には理由が欠かせない。「何」を変えるのかを決める前に、「なぜ」変えるのかを考えてみるべきなのだ。現状のままでは何が不都合なのか。より賢明な事業の進め方を見つけ出したら、どういった利点が得られるのか。「当たり前のことをなぜ改めて考えなくてはいけないのか」と思うかもしれないが、これらの点が見落とされていたために失敗した事例が、きわめて多いのだ。「お客さま主義」を身につけるにはどうすればよいかを考える前に、今求められているのは本当にお客さま主義なのか、それを身につけることによって何が得られるのか、問い直してみよう。「バランス・スコアカード」を取り入れる前に、その手法が本当にメリットをもたらすのか、見きわめよう。経営陣が中心となってこのようなアプローチを実践すれば、流行にむやみに踊らされることなく、組織のミッションに直結した変革を進められるだろう。

3　理想の組織像を掲げるべきだ。漠然と「競争力を高めなくてはいけない」と言ったのでは、あまり意味がない。変革を成し遂げた後に、組織がどのような形をしているか、どのように振る舞っているか、業績はどうか、などを思い描くことが求められる。「イノベーション企業を目指す」というのも、形だけのスローガンに終わらせないためには、具体像を示さなくてはならない。そのためには、組織のさまざまなレベルで慎重な検討、分析、多くの議論を重ねるべきだろう。「業界きっての人材に『ぜひ入社したい』と思われる企業となる」と決意したなら、具体的にどういった条件を満たせばよいのか、説明できなくてはならない。

4　理想と現実のギャップを埋めるために、重点プランを練る。このギャップに目を向けると、どのような施策を打てば理想に近づけるのかが具体的に見えてくる。選択肢は、調査、分析、制度の変更、組織改編、経営陣の交代、従業員教育、方針変更、業務プロセスのリエンジニアリングなど、無数にありえるだろう。いずれにしても、成功のカギは、目的に合った施策を進めることだ。

右に挙げた四点の下敷きになっているのは、マネジメントの分野で古くから推奨されてきた問題解決プロセスだろう。

1　**現状を振り返る**
2　**何を変えるべきかを見きわめる**
3　**何を目指すかを具体的に決める**
4　**目的達成に向けてプランを練る**

では、これらを現実に当てはめるとどうなるか、以下で見ていくことにする。

チェンジ・マネジメントの基本——変革を成功させる五つの秘訣

「組織変革の多く、いやおそらくは大多数が、期待どおりの成果を上げられずに終わる」という事実を受け入れたら、次のような疑問が湧いてくる。成功の可能性を高めるにはどうすればよいのか？　変革を好ましい方向へと導くために、リーダーに具体的にできることが何かあるだろうか？

私の経験と考えでは、どちらの答えも「イエス」である。何年にもわたって数多くの変革プログ

図12-1　変革を成功させる５つの秘訣

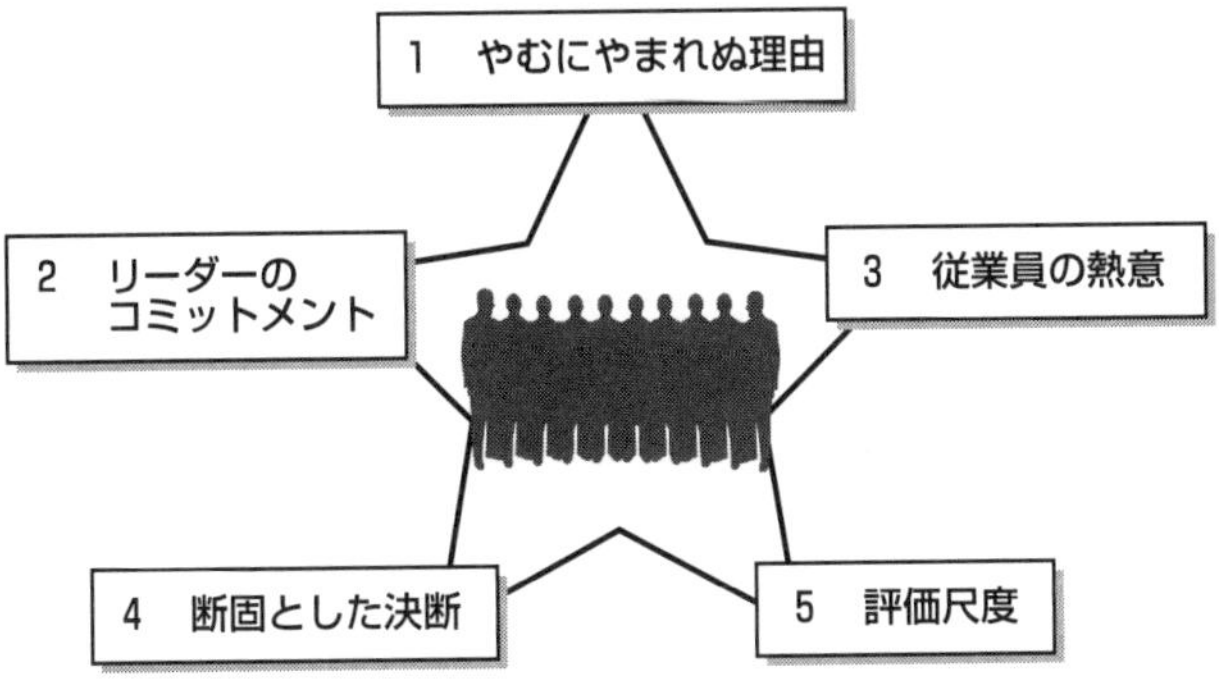

ラムを調査してきた経験から私は、成果を上げるには、いつの時代にも共通の秘訣があると確信するようになった。それらのなかでもとりわけ重要なのは、これから紹介する五点だと考えている（図12-1を参照）。

1　やむにやまれぬ理由

変革を進める理由は往々にして、組織を取り巻く環境にあるのではなく、誰かの頭の中にある。誰かが、顧客サービスや製品品質を改善する必要があると打ち上げる。あるいは、しきりに耳にする新しいマネジメント手法を取り入れるべきだ、と思い立つ。この種の変革プログラムはたいがいは途中で挫折するのだが、それはやむにやまれぬ理由がないからだ。もしベッドの下に怪物が潜んでいて、放っておいたらいつまでも居座りそうなら、あなたもやむにやまれぬ思いで何とかしようとするだろう。ビル・ワターソンは人気コミック『カルビンとホッブス』の中で、主人公カルビンの遊び仲間で奇妙な虎のホッブスに、こんなセリフを言わせている。「『怪物にベッドの下に引きずりこまれて、食べられてしまう』と思うと、もう居ても立ってもいられないんだ」

2　リーダーのコミットメント

リーダーたちが日々、変革に優先的に取り組まなければ、最前線の人々にいくら発破をかけても無駄だろう。中堅マネジャーや支社、支店のリーダーが変革の意義を理解していなければ、最前線の人々を説得できるはずがないだろう。私の知るあるCEOは中堅マネジャーたちに向かって、「信じなくていい。そんな必要はないんだ。ただ、うまく信じているふりをしてくれれば、それで十分だ」と言っていたが、これではあまりにあまりでは……。

3　従業員の熱意

従業員たちが——少なくとも十分な数の従業員が——この変革プログラムには意味があると考えなくてはいけない。儀礼的に賛成するのでも、賛成している素振りを示すのでもなく、自分たちから進んで意義を認め、熱意や労力を傾けようとの気持ちになる必要があるのだ。

4　断固とした決断

多くの変革を実際に進めなくてはいけない。組織、業務プロセス、方針、きまり、報奨制度ほか、日々の業務に関わるさまざまな事柄を改めて、古いやり方を色褪せさせ、新しいやり方に人々の心を惹きつけていくのだ。背水の陣を敷いて、必要であれば幹部の首を挿げ替えたり、伝統を否定したりするほどの覚悟で取り組まなくてはいけない。

5 評価尺度

ＶＯＤ（絶望の淵）に陥った場合、それでも前進する意味があるのかどうか、努力、熱意、勤勉さ、忍耐、自信などを傾け続ける意味があるのかどうかは、どうすればわかるのだろうか？　われわれは楽園を目指しながらも、その途中で糧を得なくてはならない。どの程度前進しているかも、目的地に辿り着ける可能性がどれだけかも見当がつかなければ、あと一歩のところで諦めてしまいかねない。

【事例】「ベッドの下の怪物」に気づいたコーニング

変革を成功させる五つの秘訣を考えるうえで、大いに参考になる事例を提供しているのが、アメリカのコーニングである。一九八〇年代初め、コーニングは自動車向けの触媒コンバーター市場で高いシェアを誇っていた。アメリカでは環境規制によって、すべての自動車に触媒コンバーターを取り付けるように義務づけられていた。ところが、日本のメーカーが突然、安価でしかも機能、信頼性ともに優れた競合製品で殴り込みをかけてきた。アメリカの自動車メーカーは日本車の攻勢に悩まされていたこともあって、日本製をアメリカ製よりも好んでいたわけではないが、価格と品質にあまりに大きな開きがあるため、日本製の触媒コンバーターから目を逸らし続けるわけにはいかなかった。

コーニングでかつて品質担当のバイス・プレジデントを務めたデイビッド・ルーサーが語っている。「ある日重役のひとりが、大手自動車メーカーの購買担当役員との会議を終えて、ひどく暗いニュースとともに社に戻ってきました。その重役はすぐに幹部を集めてこう言ったのです。『これから話す内容にじっくり耳を傾けてほしい。当社は、一年後には触媒コンバーター事業から撤退しなければならないかもしれない。それを避けるには、品質、コストの両面で目覚しい改善を成し遂げるしかないのだ』。この言葉をきっかけに、社の上層部が一丸となって立ち上がりました」

ルーサーはこうも述べた。コーニングに最後通牒を突きつけた自動車メーカーは、何とかコーニングからの調達を続けようとあらゆる方策を尽くしたのだが、品質と価格がネックとなって、自分たちの方針を押し切れなかった。そのうえ、日本の触媒コンバーター・メーカーが「十分な生産能力があるため、注文にすべて応えられる」と豪語していたため、コーニングからは少量の調達すら必要なかった。取引の可能性があるとすれば、予想外の事態が起きた場合だけだろう、というのだ。

コーニングの上層部は事の重大性に目覚め（ベッドの下に怪物がいると気づき）、危機を避けるために全社を動かした。メッセージ、会議、ポスター、研修、特別チーム、士気高揚のためのスピーチ、業績推移の把握、従業員提案制度など、さまざまな施策が取り入れられた。結果を手短に述べると、コーニングは日本のメーカーと肩を並べる品質と価格を実現して、短期間に優位性を強めるのに成功した。

ルーサーが当時を振り返っている。「破滅の瀬戸際まで追い詰められたことで、多くの事柄を問い直しました。『切羽詰まればこれだけの力が出せるのだ。なぜもっと早くに腰を上げなかったんだろう?』と思ったものですよ」

コンチネンタル航空のCEOゴードン・ベスーンも、一九九九年から二〇〇〇年にかけて業績を大きく立て直したが、その際にも、業績低迷による深刻な危機をテコにして従業員たちの力を引き出していった。[注3] ベッドの下に怪物がいるというのも、あながち悪いことばかりではないようだ。

チェンジ・エージェントが守るべき10の原則

社内のチェンジ・エージェントとして、あるいは社外のコンサルタントとして、社風、業務プロセス、組織などを変えようとする際には、変革の大原則を頭に入れておくとよい。よこしまな目的のために使われないように注意しながら、信念を持って、謙虚さを忘れずに役割を果たしてほしい。そうすれば、胸を張れる成果が上がるだろう。少なくとも以下の原則を念頭に置きながら、変革を成功へと導いてほしい。

原則1　クライアントに利益をもたらす

この原則1は本来言うまでもないことなのだが、現実には熱心なチェンジ・エージェントの多くが、「組織に何が必要かは自分が一番よく知っている」との思い込みにとらわれている。変革をうまく促していくためには、謙虚さを失わないように努めなくてはいけない。大切なのは、沿革、社風、組織での力関係、人々の痛み、人間の集まりである以上避けようのないさまざまなひずみなどを、決して軽んじないことだ。すべてが狙いどおりに進むだろう、などと高を括ってはいけない。変革プログラムによって得たものよりも、失ったものの方が多かった、あるいは以前よりさらに大きな問題を引き起こしてしまった、などという結果は何としても避けたいものだ。

原則2　人々とともに額に汗する

腕の立つチェンジ・エージェントは、自分たちを「組織で働く人々に知恵を貸すパートナー（あるいは同志）」として見ている。ところが、従来型の大手コンサルティング・ファームはそれができず、「病んだ組織を治療してやる」との姿勢を取りがちだ。最悪の場合、組織に土足で乗り込んで「叩き直す」のである。大企業をクライアントとする大がかりなプロジェクトともなると、コンサルティング会社はコンサルタントやアナリストを大挙して送り込むのだが、その多くは組織行動に関して十分な素養も経験もなく、周囲の空気や社風を理解できない。

むしろ、新しい知識、技能、ものの見方などを組織に持ち込んで、従業員たちと力を合わせながらそれらを応用しようとするチェンジ・エージェントの方が、変革の土台を築きやすい。変革を後押しするだけでなく、そのためのツールを組織に残していくのである。

原則3　診断してから処方箋を出す

医療だけでなくマネジメントの分野でも、診断もせずに処方箋を出してしまってはまずい。ビジネスモデルだけを申し訳程度に見直すようなことはやめるべきだ。組織の慣習や業務プロセスの多くは、最初は不合理に見えるかもしれないが、事業、製品、製造・流通面の発想などの特殊性を理解すれば、実はきわめて合理的に作られていたとわかるかもしれない。

組織の性格を決定づけているものが何か、つまり組織の動き方にはどのような特徴があるかに目を凝らすとよい。企業行動の裏にある理由が見えてくればくるほど、変革を前に進めるための打ち手が増えるだろう。変革を実行しようとする際には、周囲を納得させられるだけの明確な理由が必要だ。社の現状と変革の必要性を歯切れよく説明できないことには、使命を十分に果たしていないか、自信過剰の罠に陥ったか、どちらかだろう。

原則4　地に足を着ける

変革の進め方を決める際には、自分だけの考えを振りかざさないように気をつけたい。かりにあなたが組織改編、チーム構築、カスタマー・リサーチ、部門間の結束などが有効だと強く信じていたとしても、組織に受け入れられなければ効果を発揮しようがない。高すぎる理想のもとに壮大なソリューションを押しつけようとしたのでは、すべてを台無しにしかねない。むしろ、現実的な施策から取り組んだ方が、成果につなげやすいだろう。身近なところから改善しながら、少しずつ気運を盛り上げ、変革への流れを確かなものにしていくのだ。組織に利益をもたらすためには、時として人々の歓心を買うことも求められる。

原則5　できれば痛みの少ない方法を選ぶ

変革の影響を受けることになる人々を遠ざけるのではなく、味方にすれば、大きなはずみがつくはずだ。そのためには、皆の痛みを和らげるのが最良の方法ではないだろうか？　変革に取り組み始めたらまず、小さくてもよいから、できるだけ多くの従業員の目に留まるように何かを改善できないか、考えてはどうだろう。制度を少し改める。煩雑な手続きを廃止する。業務の一部を進めやすくして、生産性を上げる。自分たちに関係した問題について、従業員が意見を出せる仕組みを設ける。これらはいずれも、あなたと変革プログラム両方への支持を広げるのに役立つはずだ。

原則6　むやみに何かを変えようとしない

モチベーション分野の専門家が自信満々に述べている内容とは反するが、変革を進めることに犠牲やコストに見合った価値があるのか、胸に手を当ててみるべきだろう。ある業務のコストが二〇パーセント削減できるというのは、一見したところ素晴らしいことに思われる。だが、コスト全体に占める比率が二パーセントにすぎないとしたら、果たしてどうだろうか。全コストの〇・四パーセントを削るために大々的な取組みをするのだろうか？　それに関わる投資や混乱を考えた場合、的が外れているとはいえないだろうか？　第11章のJカーブ現象からもわかるように、変革プログラムはほぼ例外なく、当初考えていたよりも多くの時間と労力を要し、予想以上の混乱を引き起こすものだ。

原則7　有力者の後ろ盾を得よう

変革の必要性や課題、スケジュールなどについて、有力者からお墨付きと後押しを得よう。一般にチェンジ・エージェントは、周囲を説得する、人脈を頼りにする、といった努力を積み重ねていく必要があるが、高い権威を持った人であれば、はるかに容易に変革をリードしていけるだろう。できるかぎり経営陣を味方につけて、先頭に立ってもらおう。経営陣と連携せずに水面下で変革を進めようとするのは、無能さ、あるいは傲慢さの表われである。

原則8　手法に溺れるな

状況に合ったソリューションを探すように努めることだ。間違ってもその逆であってはいけない。心理学者のエイブラハム・マズローも述べているように、「道具がハンマーしかなければ、何もかもが釘に見えてくる」ものである。

名門の誉れ高い大手コンサルティング・ファームには、それぞれ十八番のソリューションがある。だが、特定のソリューションしか勧めないのなら、ODコンサルタントあるいはチェンジ・アドバイザーなどと謳わずに、そのソリューションを必要としている顧客だけを対象にビジネスを行うべきだろう。顧客企業の利益を心から考えるなら、何であろうと本当に役立つ手法を勧めるはずではないだろうか。もしその技能がないなら、顧客とともに適任者を探せばよい。

原則9　無理をしすぎない

自分から難題を抱え込んではいけない。最も有望そうな課題から取組み、最も成果の上がりそうな方向へと進めていくとよい。早い段階で取締役会の考え方を探り、従業員にたゆまぬ変革と改善へ向けた意識を植え付け、目標への支持を得る。かりに最大の難題から取り組むとしても、自分たちの強みをできるだけ活かせる方法を探すことだ。トマス・ジェファーソンは「やさしい方法を選ぶとよい」と述べたと伝えられている。

原則10　生き延びろ！

野垂れ死にしてはならない。自分の影響力を弱めたり、何かひとつのために力尽きるまで戦ったりしてはいけないのだ。少なくとも、自分にとって最も大切なもの以外のために大きな犠牲を払うのは、やめておいた方がよい。チェンジ・エージェントは時として、変革に没頭するあまり、社内抗争などの巻き添えとなって本来の目的を見失ってしまう。社内ポリティクスに巻き込まれると、「勝つか負けるか」という争いの格好の標的にされるのだ。老子も述べているように、「真の勝者は戦わずして勝つ」のである。注4

むすびに

以上、企業の頭脳や心の中を歩き回ってみて、明確になった事柄がいくつかある。組織ではごく自然にエントロピーが増えるというのも、そのひとつである。組織が土台から崩れることはまずないとしても、ある程度秩序が失われるのは避けられないようだ。シントロピー（エントロピーの対立概念）は天から降ってくるわけではない。多大な熱意、努力、才能、そしてもちろん知性を傾けて初めて手に入るのである。煎じ詰めれば、知的な組織を築くには知性が求められるということだ。

私たちすべてにとっての教訓は、これだけにとどまらない。謙虚さが大切だというのも教訓だろう。規模の大小にかかわらず、組織を動かしていくのは骨の折れる仕事である。しかもその難しさは長いあいだにわたって徐々に増してきている。傍から眺めて、当事者が七転八倒する様子を嘲るのはたやすいことだ。自分たちの知性を買かぶり、他の組織の躓きについて、「自分たちには無縁の愚かな失敗だ」と切って捨てるのも容易だろう。しかし、組織を率いる人々にも、それを外から眺めたり、手を差し伸べたりする人々にも、いくらかの謙虚さが求められるのではないだろうか。

私の胸にはこんな警句が甦ってくる（作者の名前は、記憶の彼方に消えてしまったのだが）。

専門家と称する人々がひしめき合っている
大きな大きな広場を埋め尽くすほどに
けれども、本当にもののわかった人はひとりだけ
そう、そのひとりこそ、難題に立ち向かえる人物だ

リーダーにとって、組織に呑まれずに使命をまっとうするのは、ますます難しくなってきている。リーダーシップと組織文化の世界的権威ウォレン・ベニス（南カリフォルニア大学教授）も、示唆に富んだ著書『人生を切り開く』[注1]でその難しさを語っている。シンシナティ大学の学長として組織の現実とぶつかった経験を明かしているのだ。

就任して一年も経たないうちに、真実の瞬間が巡ってきた。私はキャンパス内の学長室で、事務処理の山に押し潰されそうになっていた。明け方の四時。身も心も疲れ果て、思わずつぶやいていた。「私の力不足だろうか、それともそもそも、この組織をマネジメントするのは不可能なのだろうか」

状況はこうである。まず、返事を要する手紙が日に一五〇通も押し寄せてくる。デスクの上には、「教室内があまりに寒すぎる」と不平を綴った教授からのメモも置かれている。いったい私にどうしろというのだろう。スパナを片手に、ヒーターを修理しろというのだろうか？　学生の親からは、「フィリップ・ロスの小説に出てくる下品な言葉が英語の講義で紹介された」という苦情。陸上の監督からは、トラックの荒れ具合をじかに視察してほしいという依頼。これらはまだしも、楽な案件の部類である。

私は腰を下ろして、全米でも一、二を争う有名大学で以前に学長をしていた知人を思い起こした。彼は就任当初はビジョンにあふれ、情熱をたぎらせていたものだが、数年後にみずからそのポストを降りた。「やりたいことが何ひとつできなかった」というのがその弁である。

深いしじまの中、私は自分が何かとらえどころのない大きな謀略、悪意のない謀略の犠牲者で、現状を変えようとしてもことごとく阻まれるということに気づいた。不幸にも、その首謀者はほかならぬ私自身だった。この発見をきっかけに、「大学の病理に関するベニスの第一法則」が生まれた。日々の雑務があまりに多いため、創造的なプランニング、大学改革などがすべて脇へ追いやられている、というのがその内容である（これは大学だけにかぎらないかもしれないが）。

私は、自分が多くのリーダーと同じ道を歩んでいるのだと目が覚めた。組織にとっての父親、改革者、警官、オンブズマン、師、セラピスト、銀行家など、ありとあらゆる役目を果たそうとして、燃え尽きそうになっていたのだ。何より愕然とさせられたのは、このような現状のせいで、私の下にいた将来のリーダー候補たちが能力を伸ばせずに（あるいは示せずに）いたことである。

ベニスは、自分を押し潰そうとしていた難題に、凄まじい意志の力で立ち向かった。くじけそうになる心を奮い立たせ、リーダーとして解放を手にしたと宣言したのだ。その一節を引用したい。

あの朝私は、雑然とした学長室で、人間としての深い部分で成長を遂げたのだと思う。「これからは、自分自身をロールモデルにすればよい」と悟り、大学をマネジメントするのではなく、リーダーシップを発揮できる学長を目指そうと心に決めたのである。このふたつには大きな開きがある。多くの組織には優れたマネジャーはいても、優れたリーダーはいない。たいていの人々は、日々押し寄せてくるルーチンワークをそつなくこなし続けるだけで、それらの業務について「そもそも必要なのだろうか」という疑問は決して抱かないのである。

私から一点だけ付け加えておきたい。ベニスはリーダーが抱える課題を鮮やかに描き出しているが、今日では組織の頂点から最前線にいたるまで、およそあらゆるリーダーがその同じ課題に直面している。経営者にしろ、マネジャーにしろ、組織のポテンシャルを最大限に引き出そうとするなら、さまざまな危機、対立、役所的な雑務からの「独立」を宣言しなければならない。

混乱に足をすくわれることなく、本当に大切なものが何かを明らかにすれば、その大切な何かを手に入れるために邁進できるだろう。このような能力こそが、知的なリーダーシップの真髄として、高いＯＩの実現に欠かせないものである。

◆—むすびに

1) Warren Bennis, *An Invented Life: Reflections on Leadership and Change* (Reading, Mass.: Addison-Wesley, 1993), p.29。引用に際しては、形式の一部を変えてある。

◆―第10章

1) Feargal Quinn, *Crowning the Customer* (Dublin: O'Brien Press, 1992)(邦訳『お客さまがまた来たくなる ブーメランの法則』太田美和子訳、かんき出版刊)

2) この項の一部は、以下からの採録である。Karl Albrecht, *The Northbound Train: Finding the Purpose, Setting the Direction, Shaping the Destiny of Your Organization* (New York: AMACOM, 1994), p.194。詳しくは原典を参照していただきたい。

◆―第11章

1) この項の一部はKarl Albrecht, *The Only Thing That Matters: Bringing the Power of the Customer into the Center of Your Business* (New York: HarperBusiness, 1992)(邦訳『見えざる真実』和田正春訳、日本能率協会マネジメントセンター刊), p.206からの採録である。

2) エテロが助言への対価を受け取ったかどうかは、史実には残されていない。

◆―第12章

1) 私自身も自著*Organization Development: A Systems Approach* (Englewood Cliffs, N.J.: Prentice-Hall, 1983) でそのような試みをしている。

2) OD分野の主要な実務家団体はNTL Institute for Applied Behavioral Science (ntl.org)、The OD Institute (odinstitute.org)、The OD Network (odnetwork.org) である。

3) ゴードン・ベスーンの著書を参照されたい。Gordon Bethune, with Scott Huler, *From Worst to First: Behind the Scenes of Continental's Remarkable Comeback* (New York: John Wiley, 2001)(邦訳『大逆転!――コンチネンタル航空 奇跡の復活』仁平和夫訳、日経BP社刊)。

4) ここで挙げた10の原則は、何年も前からコンサルティング業界で論じられている内容をもとにしている。記憶にあるその内容を土台にして、私なりの考えを付け加えたのである。従ってここで、古くからの関係者すべてに敬意を表したい。

4) "The 100 Best Companies to Work For", *Fortune*, February 4, 2002, p.60. 『フォーチュン』誌のウェブサイトfortune.comを参照。

5) Frederic Herzberg, *Work and the Nature of Man* (Cleveland: The World Publishing Company, 1966)（邦訳『仕事と人間性——動機づけ・衛生理論の新展開』北野利信訳、東洋経済新報社刊）

6) 第9章では提案制度と従業員参加について、知識を広めるという切り口からさらに掘り下げている。

7) ガーフィールドは発言の中で私にも触れている。Charles Garfiled, *Peak Performers: The New Heroes of American Business* (New York: Morrow, 1986)（邦訳『成功者たち——米国ビジネス界のピーク・パフォーマーズ』相原真理子訳、平凡社刊）を参照。

◆—第8章

1) *Business Week*, Novmber 12, 2001, p.14による。

2) この項の記述は、Karl Albrech and Ron Zemke, *Service America in the New Economy* (New York: McGraw-Hill, 2001)（邦訳『サービス・マネジメント』和田正春訳、ダイヤモンド社刊）から転載した。

3) "All the Fish in China", *US News & World Report*, December 10, 2001

◆—第9章

1) EIAの連絡先は以下のとおりである。住所: 525 S.W. 5th Street, Suite A, Des Moines, Iowa 50309-4501、電話: 515-282-8192、ファックス: 515-282-9117、ウェブサイト: www.EIA.com。

2) HSMのオンラインプログラムの具体例は、HSMeducation.com.br上で参照できる。

3) 詳しい事実を述べれば、私自身もこの10年間、ラテンアメリカ諸国で何度となくHSM主催の講演のスピーカーを務め、HSMの質が高く素晴らしいマネジメント・プログラムに接してきた。ホセ・サリビ・ネートとその同僚たちは、私にとって尊敬すべき仕事上のパートナー、さらには友人でもある。このような関係がHSMについての私の評価に影響を及ぼしている可能性を考えて、親しい間柄であることをここに記しておく。

9) David C. McClelland, *Power: The Inner Experience* (Boston: Irvington publishers,1995) を参照。

10) Mindex: Your Thinking Style ProfileはAlbrecht Publishing Companyの商品である。詳細についてはKarl Albrecht.comあるいはMindexのウェブサイトmindexprofile.comを参照されたい。

11) この項は、2001年11月にアメリカ・マネジメント協会のウェブサイト上で発表した内容の採録である。

◆―第5章

1) この寒気を誘うような言葉の生みの親は、経営コンサルタントのフリッツ・レスリスバーガーだと思われる。レスリスバーガーは、ハーバード大学のエルトン・メーヨー教授がウエスタン・エレクトリックのホーソン工場（シカゴ）で行った「ホーソン実験」の初期の段階に関わったことでも知られる。

2) 『USAトゥデー』2001年12月19日、3B

3) Arie deGeus. *The Living Compnay: Habits for Survival in a Turbulent Business Environment* (Boston: Harvard Business School Press,1997) (邦訳『リビングカンパニー――千年企業への道』堀出一郎訳、日経BP社刊、後に『企業生命力』として改訳)

4) この一節はKarl Albrecht, *The NorthboundTrain: Finding the Purpose, Setting the Direction, Shaping the Destiny of Your Organization* (New York: AMACOM,1994) 80ページから引用した。詳しくは出典を参照されたい。

◆―第7章

1) Frederic W. Taylor, *The Principles of Scientific Management* (New York: Harper&Row,1911) , p.13. (邦訳『科学的管理法』上野陽一訳、産業能率短期大学出版部刊／『テーラー科学的管理法』技報堂刊)

2) "Shop Management"この論文は1903年6月、全米機械技師協会にて発表された。

3) Douglas McGregor, *The Human Side of Enterprise* (邦訳『企業の人間的側面――統合と自己統制による経営』高橋達男訳、産能大学出版部刊)

◆―第4章

1) 私はロン・ゼンケとともに*Service America!: Doing Business in the New Economy* (Homewood,1ll.:Dow Jones-Irwin,1985)（邦訳『サービス・マネジメント革命――決定的瞬間を管理する法』HBJ出版局刊）を上梓したが、その最初のヒントはSASの事例から得た。

2) Michael Hammer and James Champy, *Re-Engineering the Corporation: A Manifesto for Business Revolution* (New York: HarperCollins, 1993)（邦訳『リエンジニアリング革命――企業を根本から変える業務革新』野中郁次郎訳、日本経済新聞社刊）

3) Karl Albrecht and Ron Zemke, *Service America!: Doing Business in the New Economy* (Homewood,1ll.:Dow Jones-Irwin,1985)（邦訳『サービス・マネジメント革命――決定的瞬間を管理する法』HBJ出版局刊）。先ごろ、ロン・ゼンケと著者は新しい「ニューエコノミー」に対応して*Service America*の改訂版を著した。Karl Albrecht and Ron Zemke, *Service America in the New Economy* (New York: McGraw-hill,2001)（邦訳『サービス・マネジメント』和田正春訳、ダイヤモンド社刊）を参照。

4) Karl Albrecht, *The Northbound Train: Finding the Purpose, Setting the Direction, Shaping the Destiny of Your Organization* (New York: AMACOM,1994), p.148

5) いわゆるウェルチ本として最も優れているのは次の２冊だろう。Jeffrey Krames, *The Jack Welch Lexicon of Leadership: Over 250 Terms, Concepts, Strategies, & Initiative of the Legendary Leader* (New York :McGraw-Hill,2001)、John Welch, with John Byrne, *Jack: Straight From the Gut* (New York: Warner Books, 2001)（邦訳『ジャック・ウェルチ わが経営』宮本喜一訳、日本経済新聞社刊）

6) Fred Fiedler, *A Theory of Leadership Effectiveness* (New York: McGraw-Hill, 1967)

7) Allen J Cox, *Confessions of a Corporate Headhunter* (New York: Trident Press, 1973)

8) Warren Bennis, *on Becoming a Leader* (Reading, Mass.: Addison Wesley, 1989),p.42.（邦訳『リーダーになる』芝山幹郎訳、新潮社刊）。シンシナティ大学の学長を務めた経験も含めて、自身のリーダーとしての経験を語った自伝も、非常に興味深く示唆に富んでいる。Warren Bennis, *An Invented Life: Reflections on Leadership and Change* (Reading, Mass.: Addison Wesley,1993)

注・引用文献

◆―第1章

1) アルブレヒトの法則は拙著 *Brain Power: Learn to Develop Your Thinking Skills* (Englewood Cliffs, N.J.: Prentice-Hall, 1980), p.236で最初に紹介した。

2) Richard Cornuelle, De-Managing America (New York: RandomHouse, 1975), p.43

◆―第2章

1) Elisabeth Kubler-Ross, *On Death and Dying* (New York: Scribner,1997)（邦訳『死ぬ瞬間――死とその過程について』鈴木晶訳、読売新聞社刊）

2) Irving Janis, *GroupThink: Psychological Studies of Policy Decisions and Fiascoes* (Boston: Houghton-Mifflin, 1982)

3) グラッドウェルの著書はその名のとおりティッピング・ポイントに達し、カルチャーの変化を論じた本として大好評を博している。Malcom Gladwell, *The Tipping Point: How Little Things Can Make a Big Difference* (New York: Little, Brown, 2000)（『ティッピング・ポイント――いかにして「小さな変化」が「大きな変化」を生み出すか』飛鳥新社刊）を参照。

◆―第3章

1) Howard Gardner, *Intelligences Reframed: Multiple Intelligences for the Twenty-First Century*（邦訳『MI:個性を生かす多重知能の理論』松村暢隆訳、新曜社刊）を参照。

2) Gordon Bethune, *From Worst to First: Behind the Scenes of Continental's Remarkable Comeback* (New York: Basic Books,2000)（邦訳『大逆転！コンチネンタル航空――奇跡の復活』仁平和夫訳、日経BP社刊）

3) "Innovation DNA,"T&D (*Journal of the American Society for Training & Development*), January 2002,p.26. 著者にはthinksmart.com経由で連絡を取ることができる。

著者紹介

カール・アルブレヒト（Karl Albrecht）

サービス・マネジメントの権威。ジョンズ・ホプキンス大学博士課程修了。カール・アルブレヒト・インターナショナル社社長。北米、南米、アジア、中近東、オーストラリアなどでコンサルティングを行っている。主な著書に『逆さまのピラミッド』『見えざる顧客』『見えざる真実』（以上日本能率協会マネジメントセンター）、「マインデックス」（Mindex Japan）、『コーポレート・レーダー』（日本経済新聞社）、『サービスマネジメント』（共著、ダイヤモンド社）などがある。

訳者紹介

有賀裕子（あるが・ゆうこ）

東京大学法学部卒業、ロンドン・ビジネススクール経営学修士。
通信会社に勤務の後、翻訳に携わる。訳書に『新訳 GMとともに』『戦略の原理』（以上ダイヤモンド社）、『コトラー 新・マーケティング原論』（翔泳社）、『経営者の7つの大罪』（角川書店）ほか。

秋葉洋子（あきば・ようこ）

東京大学教養学部教養学科卒業、マサチューセッツ工科大学経営工学修士。
自動車メーカー、外資系経営コンサルティング会社、金融機関、外資系情報機器メーカー等内外の企業に勤務ののち、翻訳に従事。訳書に『われわれに不況はない 世界最強ＣＥＯ21人の経営術』（扶桑社）。

なぜ、賢い人が集まると
愚かな組織ができるのか
—組織の知性を高める7つの条件—

2003年9月11日 第1刷発行

著者／カール・アルブレヒト
訳者／有賀裕子＋秋葉洋子

装丁／竹内雄二
製作・進行／ダイヤモンド・グラフィック社
印刷／信毎書籍印刷
製本／本間製本

発行所／ダイヤモンド社
〒150-8409 東京都渋谷区神宮前6-12-17
http://www.diamond.co.jp/
電話／03·5778·7233（編集） 03·5778·7240（販売）

ISBN 4-478-37446-5